Trauma in der Arbeitswelt

Stephanie Hartung
(Hrsg.)

Trauma in der Arbeitswelt

 Springer Gabler

Hrsg.
Stephanie Hartung
FELD INSTITUT
Köln, Nordrhein-Westfalen, Deutschland

ISBN 978-3-662-58621-1   ISBN 978-3-662-58622-8   (eBook)
https://doi.org/10.1007/978-3-662-58622-8

Die Deutsche Nationalbibliothek verzeichnet diese Publikation in der Deutschen Nationalbibliografie; detaillierte bibliografische Daten sind im Internet über http://dnb.d-nb.de abrufbar.

Springer Gabler

Springer Gabler ist ein Imprint der eingetragenen Gesellschaft Springer-Verlag GmbH, DE und ist ein Teil von Springer Nature
Die Anschrift der Gesellschaft ist: Heidelberger Platz 3, 14197 Berlin, Germany

Wie nämlich die Menschen um der Freude willen vielfach tätig sind, sei es, um ihrer habhaft zu werden, sei es, weil sie das Ungestüm der Freude zum Handeln treibt, so sind sie auch der Trauer wegen vielfältig tätig, bald, um ihr zu entrinnen, bald, weil sie aus der Eigenschwere der Trauer ins Handeln stürzen.

(Thomas von Aquin)

Die Unsichtbarkeit der Ursache bei so sichtbaren, fühlbaren Wirkungen verführt auch wachere Geister als die unserer Zeitgenossen dazu, überhaupt nach keiner Ursache mehr zu fragen, sondern sich, so gut es eben geht, zwischen den ungeheuerlichen Wirkungen einzurichten.

(Walter Warnach)

Meinen Eltern Marie-Antoinette und Hans Rudolf

Vorwort

Plötzlich stand das Thema im Raum: *Trauma in der Arbeitswelt.*

In meiner Arbeit als Beraterin für Personal- und Organisationsentwicklung, ebenso wie in meinen Weiterbildungen in diesem Bereich wurde mir in den vergangenen Jahren zunehmend deutlich, welche große Rolle Trauma und dessen Folgen spielen, z. B. da, wo es um die Charakteristika von Organisationskulturen oder um die Gestaltung von Organisationsstrukturen geht, ebenso wie bei der Personalauswahl, in der Art zu führen oder sich führen zu lassen, in der Teamfähigkeit und oder auch in der Fähigkeit, Geschehnisse, Miteinander oder Herausforderungen des Arbeitsalltages und auch der privaten Belastungen alleine und gemeinsam zu bewältigen.

In der Absicht, hier vertieft zu forschen und mir weitere Kenntnisse anzueignen, begab ich mich auf die Suche nach entsprechender Literatur und meine Recherche ergab, dass es zum Zusammenhang von Trauma und Arbeit sowie von Trauma und Organisation keinerlei Literatur im deutschsprachigen Raum gab und gibt. Das wollte ich ändern. Zum einen aus beruflichen Gründen und in der Überzeugung, dass blinde Flecken eine machtvollere Wirkung entfalten können als Gesehenes, zum anderen aus persönlichen Gründen – nicht zuletzt, weil ich von Trauma (auch) in meiner Arbeit ebenso betroffen bin, wie eigentlich alle, die um mich sind. Die Relevanz des Themas schien mir einfach viel zu groß, als dass ich mich damit abfinden wollte, dass hierzu nichts geschrieben steht.

Je mehr ich mich dem Themenfeld für mein Buch nähern wollte, desto größer wurde es – und in jedem Gespräch mit Kollegen aus der Beratung, der Therapie oder auch der Wirtschaft wuchs es weiter, es wurde vielschichtiger und immer komplexer. Nachdem ich einmal die Forschungsbrille aufgesetzt hatte, mit der ich Trauma und seine möglichen Bezüge zur Arbeitswelt und zu Organisationen betrachten wollte, erkannte ich die Verbindungen plötzlich überall, und mir wurde schnell klar, dass ich mein Buch nicht alleine würde schreiben können – und wollen.

Mir wurde auch klar, dass die Bandbreite der vielen Aspekte von Trauma, Arbeit und Organisation sowie deren Verbindungen den Rahmen eines einzelnen Buchs sprengen könnte – ich brauchte daher einen strukturellen Ordnungsrahmen, der einerseits die mögliche Bandbreite abbildet, und ich brauchte erfahrene Experten, die andererseits innerhalb dieses Rahmens einzelne Aspekte des Themas in der Tiefe würden betrachten können.

Deshalb habe ich ausgewiesene Traumaexperten aus Psychologie und Psychoanalyse zur Mitarbeit gebeten – Dr. habil. Christian Kohlross und Prof. Dr. Franz Ruppert – ich habe außerdem Kollegen aus der Wirtschaft und aus der Wirtschaftsberatung gebeten, das Thema aus ihrer Perspektive zu betrachten und mit ihren fundierten Erfahrungen zu verbinden – zu ihnen gehören Volker Hepp, Steen Bjerre und Marion Lockert. Bei meinen Recherchen bin ich Dr. Liz Royle begegnet, die in England als ausgewiesene Expertin für Trauma Prophylaxe und Trauma Management in Organisationen bekannt ist. Und schließlich erlauben uns Elke Forster-Mahle und Prof. Dr. Franz Ruppert einen sehr persönlichen Blick in ihre beruflichen Erfahrungen mit Trauma.

Aus den verschiedenen Perspektiven hat sich eine Ordnungsstruktur mit vier Ebenen entwickelt, innerhalb derer die Autoren sich dem Thema *Trauma in der Arbeitswelt* gewidmet haben.

- die Ebene der gesellschafts- und wirtschaftspolitischen Zusammenhänge;
- die Ebene der Organisationskultur und der Organisationsstrukturen;
- die Ebene des Organisationsalltags;
- die Ebene des individuellen Arbeitsalltags.

Dabei beinhalten manche Beiträge Aspekte von zwei oder auch mehrere Ebenen, was – wie immer – dem komplexen Charakter der Thematik geschuldet ist.

Mit meinem eigenen Beitrag *„Trauma und Arbeit"* leite ich die Reihe der Beiträge ein. Hier gebe ich zunächst einen Überblick über die verschiedenen Definitionen des Traumabegriffs und deren Bedeutung im Kontext der Entwicklung der Traumaforschung. Im zweiten Teil zeige ich die breitangelegte Bedeutung von Arbeit für unser Leben auf und verbinde im Anschluss die Erkenntnisse über Trauma mit den Phänomenen in unserer Arbeitswelt.

Mein Anliegen dabei ist, die schieren Dimensionen der möglichen Verbreitung von Trauma in der Arbeitswelt darzulegen und damit den Boden für die Beiträge meiner Kollegen zu bereiten. Nicht zuletzt ist mein Beitrag ein Plädoyer für einen erweiterten Traumabegriff, der das sensible Gleichgewicht der bedingenden Grundfunktionen von offenen Systemen – Menschen, Gruppen und Organisationen – zu erfassen und zu beachten weiß.

In meinem zweiten Beitrag *„Trauma und Kriegssprache in der Wirtschaft"* beschreibe ich die Entwicklung von nationalen Kriegen hin zu Wirtschaftskriegen sowie die begleitenden Phänomene von individueller Identitäts- und Sprachentwicklung. Anhand einiger Metaphern und Vokabeln zeige ich, wie sehr unser Sprache – und insbesondere unsere Wirtschaftssprache von Krieg und Gewalt geprägt ist.

Dr. habil. Christian Kohlross, psychotherapeutischer Coach, Kulturwissenschaftler und Autor des Buchs *„Kollektiv neurotisch – warum die westlichen Gesellschaften therapiebedürftig sind"*, untersucht kollektives Trauma – in Abgrenzung zu individuellem Trauma – und dessen mögliche Folgen für die Gestaltung von Organisationen und des Arbeitsalltags. Dabei wartet er mit einer verblüffenden Erklärung dafür auf, warum Verwaltungen aus seiner Sicht eine traumaverhindernde Organisationsform haben und plädiert daraus folgernd für die Entwicklung ähnlich wirksamer Gestaltungen in Profit- und Non-Profit-Unternehmen.

Volker Hepp hatte zunächst als Journalist gearbeitet und betreut seit nunmehr über 20 Jahren die Großkundenvertriebe verschiedener nationaler Unternehmen sowie multinationaler Konzerne der Softwareindustrie. Darüber hinaus berät er als systemischer Berater Unternehmen in der Personal- und Organisationsentwicklung mit einem spezialisierten Fokus auf Trauma. Er hat – erstmals im Feld der Organisationstheorie – ein Konzept der verschiedenen Formen organisationaler Traumata entwickelt. Das von ihm betretene, konzeptionelle Neuland will ganz sicher weiter „erobert" und vertieft werden.

Dr. Liz Royle, die sich seit 1988 intensiv mit Bewältigungs-Programmen für von Schock-Trauma betroffene Menschen in Organisationen befasst, hat hier in beeindruckender Weise beschrieben, wie weitreichend die Folgen von Schocktrauma sein können und welche Möglichkeiten der Intervention und längerfristigen Unterstützung es geben kann – und muss. Dabei macht sie uns insbesondere auf den Verständnis-Shift bei Trauma aufmerksam: Entscheidend ist nicht, was objektiv geschehen ist, entscheidend ist die subjektive Reaktion auf das Geschehene. Liz' umfassende Erfahrungen aus ihrer Tätigkeit bei der britischen Polizei beeindrucken, und ihr praxiorientierter Leitfäden für Prävention und Intervention ist so nachvollziehbar wie überzeugend.

Steen Bjerre hat als Manager und CEO umfangreiche Erfahrungen mit Change- und Turnaround-Prozessen in Konzernen gesammelt und dabei erkannt, wie hoch deren Einfluss auf die Qualität der seelischen Gesundheit sein kann. Zur Stressvermeidung stellt er einen optimalen Veränderungsprozess dar und wirft einen kritischen Blick auf die Phänomene von Über- und Unterforderung, Angst und die weithin zu beobachtende, nachgerade Sucht nach beruflicher wie privater Ablenkung. So gilt sein Plädoyer sowohl den Organisationen als auch den von andauernder Veränderung betroffenen Menschen – ihnen legt er ein Innehalten und Kontemplation ans Herz.

Marion Lockert, Unternehmensberaterin und systemischer Coach, stellt uns aus ihrem reichen Erfahrungsschatz die Geschichte eines multiplen Traumas in einem Familienunternehmen vor und verdeutlicht uns in der verdichteten Art ihrer Darstellung aufeinander folgender Traumata mit so unbedingter Klarheit wie klarer Unbedingtheit, welch maßgeblichen Einfluss transgenerationale Familientraumata auf ein Familienunternehmen haben können, und wie erste traumatisierende Eingriffe in ein Unternehmen eine Kettenreaktion im System auslösen können. Ein Fall aus der Praxis, der den Circulus Vitiosus Charakter der positiven Rückkopplung von Trauma sowie der breitangelegten Verstrickungsmöglichkeiten beeindruckend verdeutlicht.

Elke Forster-Mahle hat den mutigen Schritt gewagt, ihre eigenen beruflichen Lebenserinnerungen einer Angestellten in der freien Wirtschaft aufzuschreiben. Sie nimmt uns mit auf einen 40 Jahre langen Weg durch traumatisierendes Miteinander von Älteren und Jüngeren, Führungskräften und Mitarbeitern, Personalabteilungen und

Bewerbern und nicht zuletzt auch von Männern und Frauen. Die Beschreibung ihres Wandels von den Anfängen einer 19jährigen, die voller Neugierde, Gestaltungslust und noch jungem Engagement in der Arbeitswelt startet, hin zum Renteneintritt einer zur Souveränität und fachlichen wie sozialen Kompetenz gereiften Kollegin beeindruckt und bedrückt zugleich. Umso bemerkenswerter scheint, dass aus der Asche der Behinderungen, Demütigungen und Traumatisierungen eine Persönlichkeit und Frau steigt, die heute als systemische Beraterin in eigener Praxis arbeitet und insbesondere den Anliegen der Menschen widmet, die in ihrem beruflichen Umfeld traumatisiert wurden und werden.

Auch **Prof. Dr. Franz Ruppert,** der nicht nur einer der führenden Traumaexperten in Deutschland und über dessen Grenzen hinaus ist, wagt zutiefst Persönliches und beschreibt seinen beruflichen Werdegang des Angestellten im universitären Betrieb und des Selbstständigen mit eigener Praxis als Trauma-Bewältigungsstrategie, von der er selber sagt, dass er sie derart intensiv betrieben habe, dass er hoffen möchte, dabei tatsächlich ein guter Therapeut geworden zu sein. Wer Franz Ruppert kennt, weiß: Das ist er ganz sicher.

Einige Autoren haben beim Schreiben ähnliche Erfahrungen wie ich gemacht. Über ein Thema zu schreiben, zu dem es bislang wenig bis gar keine Literatur gibt, verunsichert – manchmal so sehr, dass es auch Angst macht, sich mit eigenen Thesen schwarz auf weiß in die Öffentlichkeit zu wagen. Zumal das Schreiben über Trauma alte Erinnerungen hervorbringt, bisweilen sogar solche, die bislang vielleicht vermeintlich erfolgreich dissoziiert worden waren. So war die Gratwanderung zwischen neuen ebenso wie alten und nicht zuletzt unbekannten, bedrohlichen Ängsten nicht immer leicht, wiewohl am Ende von umso wertvollerer Bereicherung. Es hat sich für uns gelohnt, hinzusehen und auszusprechen.

Bei aller Beschäftigung mit dem Thema und vereinzelter thematischer Tiefe bleibt uns der Wunsch nach mehr Forschung, nach mehr Erkenntnissen, nicht zuletzt und vor allen Dingen: nach dramatischer Veränderung.

Für dieses Buch gilt, dass wir gemeinsam ein Themenfeld eröffnet und betreten haben, von dem wir hoffen, dass sich nach uns noch andere mit dem für uns so eminent wichtigen Thema befassen und die Erkenntnisse vertiefen oder erweitern, damit sich traumatische und traumatisierende Umstände nicht bis „ins siebte Glied" fortsetzen, sondern vielleicht schon ein bisschen früher erkennen und beheben lassen.

Köln   Stephanie Hartung
im November 2018

Inhaltsverzeichnis

Trauma und Arbeit

Stephanie Hartung

Inhaltsverzeichnis

Zusammenfassung

Trauma gibt es, seitdem Menschen Kriege führen. Kriegstraumata wirken unmittel-bar, mittelbar und transgenerational – genetisch wie sozial – und sie führen zu weit-reichenden Folgestörungen. Darüber hinaus gibt es zahlreiche Anlässe für Trauma, seien es einzelne Momente wie Unfall, Mord, Tod, Vergewaltigung etc., oder seien es anhaltende Zustände wie z. B. Verwahrlosung, Desinteresse, Lieblosigkeit, Grau-samkeit, Gewalttätigkeit o.ä. Als offene Systeme können nicht nur einzelne Menschen

S. Hartung (✉)
Köln, Deutschland
E-Mail: stephanie.hartung@feld-institut.de

© Springer-Verlag GmbH Deutschland, ein Teil von Springer Nature 2019   1
S. Hartung (Hrsg.), *Trauma in der Arbeitswelt*,
https://doi.org/10.1007/978-3-662-58622-8_1

traumatisiert werden. Trauma wirkt auch auf Gruppen von Menschen sowie auf von Menschen gebildete soziale Strukturen, wie z. B. Organisationen, denn auch sie sind offene Systeme. Das Ergebnis von Trauma sind Zustände der Gespaltenheit, der Übererregtheit und der Lähmung. In diesen Zuständen gestalten traumatisierte Menschen unbewusst ihre privaten und beruflichen Beziehungen und Umfelder. Die Folge sind gespaltene und spaltende, übererregte und übererregende sowie gelähmte und lähmende Strukturen und Beziehungen, die wiederum zu Retraumatisierungen führen können. Trauma birgt einen positiven Rückkopplungseffekt, d. h. es wirkt sich verstärkend auf sich selbst aus. Über individuelles Trauma und die Folgen ist bereits viel geschrieben worden. Zu System-, bzw. Organisationstrauma, ebenso wie zur Bedeutung von Trauma in der Arbeitswelt und die mögliche gegenseitige Beeinflussung gibt es hingegen im deutschsprachigen Raum so gut wie keine Literatur. Diese Verbindung stelle ich in meinem Text dar. Im ersten Teil skizziere ich die Entwicklungsgeschichte und wesentliche Erkenntnisse der Traumaforschung. Vor diesem Hintergrund begründe ich, warum ich für eine weit gefasste Definition von Trauma plädiere, die den genannten Prämissen gerecht wird. Im zweiten Teil beschreibe ich die grundlegenden und existenziellen Aspekte von Arbeit. Im dritten Teil lege ich dar, welche Verbindung zwischen Trauma und Arbeit besteht, und wie sie einander beeinflussen. Der Text will die weite Verbreitung von Trauma und dessen so umfassende wie entscheidende Bedeutung für unsere Arbeitswelt darlegen. Zugleich will er Anregung für vertiefte Traumaforschung im organisationalen Bereich sein.

1   Wahrnehmung und Wirklichkeit

Wenn wir das Phänomen Trauma in der Arbeitswelt verstehen möchten, dann stellen sich in Bezug darauf zunächst grundsätzliche Fragen wie z. B.: Was genau ist Trauma? Was war Trauma, bevor es Trauma, bzw. bevor es den Begriff gab? Hieß es einfach nur anders? Gab es Trauma vor dem Trauma, im Sinne unserer Wahrnehmung eines Phänomens und der adäquaten Reaktion auf diese Wahrnehmung, die dann neue Wirklichkeiten für uns alle schafft? *„So was wie Burnout und Trauma gab es früher nicht, da haben wir uns nicht so angestellt. Die Leute kriegen so was nur, weil sie das jetzt haben können"* wäre hierzu die entsprechende Aussage eines Freundes, der die 70 deutlich überschritten hat.

Ich fand seine Bemerkung gewissermaßen erstaunlich. Er selber war im Kriegsgeschehen der 1940er Jahre geboren worden. Und als Kind und Jugendlicher war er den als sicher anzunehmenden Traumata seiner Eltern und Großeltern durch Erlebnisse aus zwei Weltkriegen ausgesetzt. Aber selbst wenn er diese Traumatisierungen nicht bewusst wahrgenommen oder als solche erkannt hatte, so befand er sich doch immerhin als junger Mann inmitten des mittelbaren Tageszeitungs- und Tagesschaugeschehens, als die Soldaten aus Vietnam heimkehrten und mit den Folgen ihrer Traumata gar Stoff für nicht nur einen Hollywoodfilm lieferten. Das Beispiel meines Freundes steht für die heute immer noch weit verbreitete (unbewusste) Nicht-Wahrnehmung oder gar (bewusste) Leugnung von Trauma jenseits psychologischer Erkenntnisse. Erinnerungen daran und aktuelles Erleben damit scheinen bei der Mehrheit wie abgespalten. Die Abspaltung aber macht das Trauma nicht weg.

> Bei der überwiegenden Mehrheit der traumatisch Geschädigten heilen Körper und Seele von selbst wieder … Bei drei bis acht Prozent der Menschen – die epidemiologischen Zahlen variieren stark – wird das Leiden chronisch. Deutsche Soldaten, die 2009 im Afghanistan-Einsatz waren, waren mit einer etwas niedrigeren Rate betroffen, nämlich mit zwei Prozent. Wobei Studienleiter Hans-Ulrich Wittchen von der TU-Dresden schätzt, dass bis zu 50 Prozent dieser Soldaten von seelischen Qualen heimgesucht werden. Wie lange das Leiden anhalten kann, zeigten Erfahrungen mit der Weltkriegsgeneration: Jahrzehnte nach Beendigung des Kriegs litten die Traumatisierten noch immer an ihren Erlebnissen (Siefer 2012).

Der Umgang mit eindeutigen Zahlen zu Trauma und seinen Folgestörungen scheint schwierig und geriert sich bisweilen widersprüchlich, wie das Zitat verdeutlicht. Die hier erwähnte Weltkriegsgeneration jedenfalls, das sind meine Urgroßeltern, meine Groß- eltern und meine Eltern. Einige meiner Urgroßeltern hatten sogar noch den Deutschen Krieg von 1866 (mit Österreich) und zusammen mit dem Krieg zwischen Deutschland und Frankreich (1870–1871) und dem ersten Weltkrieg insgesamt drei Kriege und meine Großeltern zwei Weltkriege erlebt. Meine Eltern waren nicht nur die Nachfahren kriegs- traumatisierter Familien und Umfelder. Sie erlebten ihr junges Leben inmitten eines massenmordenden Weltkrieg-Geschehens mit Verlusten von Geschwistern, engen Ver- wandten und Freunden, menschenwürdevernichtender Verfolgung und Deportation der Spielkameraden und Nachbarn sowie direkter körperlicher und sexueller Gewalt. Sie durchlitten ein Trauma monströsen Ausmaßes, das direkt vor ihren Haustüren, wenn nicht sogar in ihren Häusern stattfand.

Meine Generation wurde in den 1950er und 60er Jahren als ihre Kinder geboren. Die Dimension der Folgestörungen von Kriegsgeschehen aber geriet weniger durch unsere Erfahrungen mit den eigenen traumatisierten Eltern, der nahen traumatisier- ten Verwandtschaft und dem traumatisierten Umfeld, sondern vielmehr erstmals durch den Vietnamkrieg in den Fokus unseres noch kindlichen oder schon adoleszenten All- tags-Bewusstseins. Vor dem Vietnamkrieg war Trauma für uns kein Thema, weil keiner jemals darüber sprach. Man erkennt nur, was man kennt. Wir kannten Trauma nicht, wir haben es nicht gesehen, und wir haben es nicht erkannt. Was wir erkannten, war All- tag. Unser Trauma hieß Alltag. Es war einfach da, überall, als sei es normal, quasi natur- gegeben (Menschen sind so) und war doch zugleich durch seine Folgen so schmerzlich spürbar. Das änderte sich in den ersten Nachwehen des Vietnamkriegs, als die Veteranen- verbände Trauma lauthals zum Thema machten. Da wurden wir zum ersten Mal „interessehalber" und „medien-mittelbar" mit dem Phänomen vertraut gemacht.

Allerdings habe ich auch trotz der Darstellungen von Traumatisierungen der Vietnamheimkehrer noch immer nicht den Schluss gefolgert, dass solche Kriegsfolgen möglicherweise auch für meine eigenen Großeltern und Eltern, für meine Lehrer und den Kaufmann an der Ecke gelten mussten. Vielleicht waren Vietnam und seine Folgen zu weit weg, in einem anderen Land, in einem anderen Teil der Welt. Ich bin damals jedenfalls nicht auf die Idee gekommen, dass es auch etwas mit uns zu tun haben könnte, obwohl ich doch mindestens wusste und auch mit eigenen Augen sehen konnte, welche Verluste meine Familie an nächsten Familienangehörigen ebenso wie an eigenen Körperteilen erlitten hatte, und obwohl ich auch mit ihren physischen wie psychischen Erkrankungen konfrontiert und durch ihr Verhalten belastet wurde. Es war ein Verhalten bzw. kaum (Aus-)Halten-Können dessen, was geschehen war – ein Zustand, der nach meinen heutigen Kenntnissen ganz offensichtliche Folgen von schwerer multipler Traumatisierung mit den uns heute bekannten Folgen offenbarte.

Dass das aber so war, das habe ich tatsächlich erst viele Jahre später verstanden, als ich begann, mich mit meinen eigenen Themen auseinander zu setzen. Erst da habe ich verstanden, dass ich ein traumatisiertes Kind einer traumatisierten Familie war. Und erst da begann ich nach und nach zu begreifen, dass ich selbst und um mich herum eigentlich alle Menschen Zeichen von Trauma aufwiesen. Bei der Generation meiner Eltern zeigte sich das durch zum Teil schwere seelische und körperliche Erkrankungen, durch Suchtverhalten und gestörte Bindungsmuster sowie durch eine beeindruckende Besessenheit in Bezug auf Arbeit und Leistung. In meiner Generation zeigte (und zeigt) es sich durch Identitätsverwirrung, Selbstwert- und Bindungsstörungen, Übererregtheit und Depressionen, Suchtverhalten und andere leichte bis schwere seelische und körperliche Erkrankungen. Auch wir sind Eltern geworden und heute in der Mehrzahl Großeltern.

Aber wie gesagt, die Relevanz von Trauma wurde mir für mein eigenes Leben erst spät bewusst, erstaunlich spät. Zunächst jedenfalls schien mir mein früh gestörtes, belastetes und immer wieder leidvolles Leben und Erleben normal. Ich bin nicht auf die Idee gekommen, dass es Ausdruck einer scheinbar nicht enden wollenden Traumatisierung sein könnte – ein Ausdruck einer Störung meiner ersten und frühen Bindungen und Beziehungen, dann meines weiteren Umfelds und schließlich einer Störung meiner selbst.

1955 veröffentlichte der französische Filmemacher Alain Resnais auf Initiative des französischen Historikers Henri Michel (Gründer und Generalsekretär des *Comité d'histoire de la Deuxième Guerre Mondiale/Komitee für die Geschichte des Zweiten Weltkriegs*) mit seinem Film „In Nacht und Nebel" *(Nuit et Brouillard)* einen Meilenstein in der Konfrontation mit dem Holocaust – er kombinierte darin dokumentarisches schwarz-weiß Archivmaterial aus dem Konzentrationslager Auschwitz-Birkenau mit farbigen Gegenwartsaufnahmen vom Verfall des einstigen KZs. Der Film löste einen diplomatischen Skandal aus: Die Bundesregierung bestand darauf, dass der Film aus dem Programm der Filmfestspiele in Cannes entfernt werde. Im Deutschen Bundestag gab es eine aktuelle Fragestunde am 18. April 1956, und befragt nach den Gründen der Intervention antwortete der Staatssekretär des BDI, Hans Ritter von Lex, Cannes sei nicht *„der rechte Ort… um einen Film zu zeigen, der nur allzuleicht dazu beitragen kann, den durch die nationalsozialistischen Verbrechen erzeugten Hass gegen das deutsche Volk in seiner Gesamtheit wieder zu beleben."* (van der Knaap 2008).

Mit meiner damaligen dissoziativ gefärbten Nicht-Wahrnehmung war ich angesichts dieser politischen Intervention wahrscheinlich ein typisches, in jedem Fall bestens angepasstes Mitglied meiner Familie wie meiner Umgebung. Wir alle waren Teil einer Gesellschaft, die sich als ganze Nation im Zustand der Dissoziation als Folge einer multiplen Täter-Opfer-Traumatisierung befand und sich übererregt zwischen einem *„hurra, wir sind wieder wer"* und einem *„so gut wie heute ging es uns noch nie"* einzurichten suchte und einzurichten verstand. Diese beinahe gewalttätig zu nennende Anstrengung der Verleugnung von Trauma beschreibt der deutsche Philosoph Walter Warnach (1910–2000) in seinem Buch *„Die Welt des Schmerzes"*:

> Die Völker fallen aus der Erschöpfung in die grausigsten Untaten. Ihr großmächtiges Gebaren kann den nicht täuschen, der einmal die Wurzeln ihres überstürzten Verhaltens erfaßt hat. Sie haben sich fallen lassen und gewinnen im Sturz eine Geschwindigkeit, für deren grauenerregendes Anwachsen sie beschwörende Namen brauchen: ‚Fortschritt' heißen sie es oder, eindringlicher, ihren ‚Gewaltmarsch in eine große Zukunft' … Im übrigen sind seit einigen Jahren schon die Maschinen des Friedens in Bewegung. Noch nie hatten sie feinere Gelenke, noch nie Pranken von härterem Stahl, urweltlicher Trümmergebirge Herr zu werden, noch nie tickte im Herzen eines menschlichen Unternehmens ein unermüdlicherer Motor als in diesem gewaltigen Aufrüsten des Friedens (Warnach 1952a).

Nach dem Krieg blieb der Krieg. Er blieb als Schimäre, als abgespaltenes Monster der irgendwie fortbestehenden Bedrohung und einer nicht enden wollenden Angst und Sprachlosigkeit. Kurz, der Krieg blieb als Trauma. Als junge Menschen haben wir uns darin mit altersgemäßer Bindungsliebe und zeitgemäßer Autoritätshörigkeit eingefunden und uns auf die Verwirklichung unserer jeweiligen Schul- und später Universitäts- und beruflichen Karrieren konzentriert. Denn schließlich sollte es uns ja dereinst besser gehen. Das sagten sie uns immer wieder, und ihnen war offensichtlich nicht bewusst, was sie da, bzw. warum sie es sagten.

Kriege traumatisieren Menschen. Und daraus folgt, dass es Trauma und dessen Folgen mindestens so lange gibt, wie Kriege geführt werden, in denen gemordet, verraten, gebrandschatzt, vergiftgast, betrogen und vergewaltigt, und – mit einer immer perfider ausgefeilten Technik – per Knopfdruck massenvernichtet wird. Wenn man *„Liste der Kriege"* googelt, dann landet man auf einer Seite bei Wikipedia, auf der sich die schieren Dimensionen offenbaren. Angesichts der dort nicht enden wollenden Auflistung historisch überlieferter Kriege, ebenso wie der andauernden Darstellung von aktuellen Kriegen in den Medien heute, bleibt die so schmerzliche wie beinahe lapidare Erkenntnis: Kriege gab es immer, gibt es heute und wird es angesichts unserer aktuellen Debatten über Waffenexporte und die Arsenale an Atombomben mit maximalem Zerstörungspotenzial mindestens in naher Zukunft weiterhin geben.

Das lässt verstehen, dass das Phänomen Trauma nicht die Ausnahme, sondern nachgerade selbstverständlicher, nicht wegzudenker Umstand mit entsprechender Folge in unser aller Leben ist. Umso erstaunlicher, dass es in unseren Reflexionen über uns selbst so lange Zeit von so geringer Bedeutung war. Ich kann mir das vielleicht mit dem oben erwähnten Zustand der (inter-)nationalen Dissoziation als Folge der Traumatisierung nach mindestens zwei monströsen Weltkriegen erklären. Trauma ist überwältigend und konnte, ja durfte nicht sein, es durfte nicht geschehen sein, weil es nicht zu bewältigen und nicht zu erinnern war, und weil es nicht erzählt werden konnte. Zugleich – es war und es ist überall.

> Der zweite Schritt im Prozess, in dem Trauma Inhäsion *(Anm. Inhäsion = Zusammenhalt-losigkeit in Gruppen)* befördert, beschreibt die Tendenz traumatisierter Menschen, die – im Kontext ihrer psychischen Zustände von Spaltung und Fragmentierung einerseits sowie Verschmelzung und Verwirrung andererseits – zu projektiver und introjektiver Identifikation tendieren. Sie neigen zugleich einem Wiederholungszwang und einer Traumatophilie (d. h. der Liebe und dem Verlangen nach traumatischer Erfahrung) zu, um ihre schrecklichen Geisteszustände zu bekämpfen und um ihre am meisten gehassten Objekte anzugreifen und sie zu kontrollieren. Diese Prozesse werden auch im Dienste der Vermittlung von Erfahrungen eingesetzt, die durch eine bewusste Erzählung nicht möglich sind. Tatsächlich fühlen sich traumatisierte Menschen unbewusst gezwungen, die Geschichten ihrer traumatischen Erfahrung auf diese Weise zu erzählen (Hopper 2012a) (Übersetzung Stephanie Hartung).

Trauma wurde zum untrennbaren Teil unseres Lebens, ja, es ist – als jahrhundertealte begleitende Bedrohung mit direkten, indirekten und transgenerationalen Folgen – zum untrennbaren Mitspieler in unser aller Leben geworden. Trauma ist (auch) unser Leben. Und als solches hat es *natürlich* einen zentralen Einfluss auf unsere Gestaltung von Arbeits- und Organisationsstrukturen sowie Arbeitsumfeldern. Nicht zuletzt hat es Einfluss auf unsere Arbeitsidentität. Was aber genau ist Trauma, und wie beeinflusst es unsere Arbeitswelt konkret?

2   Trauma

Tatsächlich gibt es verschiedene Erklärungen zu Trauma, und die Frage nach einer „objektiven", will sagen, einzig richtigen Definition ist nicht so einfach, bzw. einfach nicht zu beantworten. Für ein vertieftes Verständnis der Dimensionen aber, die das Verhältnis von Trauma und Arbeit offenbart, lohnt es, sich dem Phänomen Trauma zunächst etwas ausführlicher zuzuwenden.

> Belastende Lebensereignisse sind Bestandteil des menschlichen Daseins. Im 19. Jahrhundert begannen Ärzte mit der systematischen Erforschung von psychischen Folgen eines Spektrums belastender Ereignisse wie Unfällen oder sexuellem Mißbrauch. Der Traumabegriff, der primär körperliche Verletzungen umfasste, wurde um deren psychische Auswirkungen erweitert. Heute wird die Diagnose der posttraumatischen Belastungsstörung (PTBS) zuweilen unkritisch und zu häufig verwendet .... Die PTBS ist keineswegs die einzige Traumafolgestörung und gerade bei chronischem Verlauf oftmals mit weiteren körperlichen und psychischen Erkrankungen vergesellschaftet beziehungsweise hinter anderen offensichtlichen Störungen verborgen. Eine Differenzialdiagnose kann damit sehr schwierig werden (Frommberger et al. 2014).

Nicht nur wird der Begriff Trauma – wie hier beschrieben – verschieden verwendet, auch gibt es unterschiedliche Verständnisse über die Dimensionen der Trauma-Folgestörungen. Die diversen Erklärungsmodelle reichen von der sehr eng gehaltenen, psychiatrischen Definition, bei der Trauma als Ursache der so genannten „Posttraumatischen Belastungsstörung" (PTBS) gilt. Hierbei wird Trauma entweder als eine seelische Verletzung definiert, die durch ein ungewöhnliches, katastrophales Geschehen hervorgerufen wird (Trauma als Folge), oder als ein belastendes Ereignis, das *„außerhalb der üblichen menschlichen Erfahrung"* liegt, wie es im „Diagnostischen und Statistischen Manual psychischer Störungen" heißt (Trauma als Ursache) (DSM 2018). Von dieser so engen wie zugleich weiten, nicht wirklich präzise ausformulierten Definition gibt es viele weitere bis hin zum amerikanischen Verständnis, von denen manche kolportieren, irgendwie sei dort alles Trauma, wenn man es nur durch die richtige Brille ansieht. Was aber ist die richtige Brille?

Bevor ich mich den einzelnen Aspekten zuwende und entscheidende Erkenntnisse für meine Definition von Trauma sowie für die Konsequenzen in der Arbeitswelt vorstelle, widme ich mich zunächst dem Phänomen „Trauma als Publikumsmagnet".

2.1 Erklärungsmuster

Wenn ein Begriff es zu derartiger Präsenz bringt, wie das momentan mit dem Begriff Trauma geschieht, dann birgt er mit an Sicherheit grenzender Wahrscheinlichkeit ein Erklärungsmuster, das vielen Menschen, wahrscheinlich sogar der Mehrheit einleuchtet.

Ein solches Erklärungsmuster reduziert die nicht logische Komplexität der Wirklichkeit derart, dass sie mit einem nicht komplex denkenden Verstand logisch verstanden werden kann. Das Muster fügt verschiedene Aspekte eines Umstands so zu einem stimmigen Ganzen zusammen, dass dieser für uns einen Sinn ergibt. Genau das aber ist bei dem Begriff Trauma erstaunlich, denn Tatsache ist ja, dass die herrschenden Definitionen mit verschiedenen und einander bisweilen gar widersprechenden Erklärungsmustern aufwarten.

Ihnen allen aber scheint ein sie verbindendes, vielleicht übergeordnetes Muster gemein, quasi ein Meta-Erklärungsmuster für Trauma. Damit ließe sich auch erklären, warum – jenseits der verschiedenen Ansätze – das Thema Trauma von so kraftvoller Präsenz ist. Diesem von mir vermuteten Muster möchte ich durch die Addition der bekannten Erkenntnisse zu Trauma auf die Spur kommen, um daraus meine Definition von Trauma abzuleiten und diese dann in Verbindung mit Problemstellungen der Arbeitswelt darzustellen.

Additive Erklärungsmuster spielen in vielen (Wissenschafts-)Bereichen eine wichtige Rolle, zum Beispiel in der Ökonomie. Ein gutes Beispiel hierfür ist die Spieltheorie. Für sogenannte nicht kooperative, spieltheoretische Arbeiten (nicht kooperativ = ohne Vertragsgrundlage) wurde bisher acht Mal der Wirtschaftsnobelpreis vergeben, was die große Bedeutung der (systemischen) Spieltheorie für die moderne Wirtschaftstheorie verdeutlicht. In Abgrenzung zur klassischen Entscheidungstheorie beschreibt sie interdependente, komplexe Momente der Entscheidung, in denen der Erfolg des Einzelnen nicht nur vom eigenen Handeln, sondern auch von den Aktionen anderer abhängt. Die Spieltheorie kombiniert also die rationale ("wenn-dann") Entscheidungstheorie mit dem Aspekt der sozialen Interdependenz in Systemen und kommt dadurch zu einem additiven Erklärungsmuster mit integralem Charakter.

Auch in der Psychologie gibt es solche Erklärungsmuster. Zwar ist ihre wissenschaftliche Geschichte noch jung, hingegen ist sie als philosophische Lehre von der Seele so alt, wie unser seit Menschengedenken andauernder Versuch, uns selbst, das Irdische und das Überirdische zu verstehen. Ein vorpsychologisches Beispiel für solche impliziten Erklärungsmuster liefern die griechischen Sagen des klassischen Altertums, die – ohne den Begriff Trauma zu verwenden – Geschichten von besonderen oder außergewöhnlichen Ereignissen und deren Folgen erzählen. Nach heutiger Erkenntnis wissen wir, dass die griechischen Sagen Geschichten von Trauma erzählen. Um die Sagen aus einer Trauma-Perspektive besser verstehen zu können, lohnt die Lektüre des Buchs *„Die Kinder des Tantalus – Ausstieg aus dem Kreislauf seelischer Verletzungen"* von Rüdiger Opelt, in dem er traumatisierende Ereignisse und Zustände in Familien den Protagonisten der griechischen Sagen zuordnet (Opelt 2002).

2.2 Traumaforschung der letzten 130 Jahre

Bleiben wir aber in der Neuzeit der letzten 130 Jahre, und blicken wir auf modernere Erklärungsmuster der Psychologie, die es als eigenständige Wissenschaft überhaupt erst seit 1879 gibt.

> Der Philosoph Wilhelm Wundt (1832–1920) hatte das Institut für experimentelle Forschung gegründet und hier eine umfassende psychologische Wissenschaftskonzeption entwickelt. Noch ganz im Geiste Darwins (1809–1882), der den Menschen als ein Lebewesen verstand, das sich in seinen Funktionen primär an die Lebensbedingungen der Natur anpasste, definierte Wundt, dass das Naturwesen Mensch folgerichtig mit den Naturwissenschaften zu erfassen sei. Die Logik der Psyche sollte entsprechend mit Hilfe dieser „exakten Wissenschaften" zu erkennen sein … Wundt trennte deshalb die Psychologie von der Philosophie, in der sie über Jahrhunderte als „Lehre von der Seele" verankert war. Er gab ihr die Bedeutung als eigenständige Wissenschaft und betrieb sie nach naturwissenschaftlichen Regeln: Er versuchte, ein Verständnis der menschlichen Wahrnehmung dadurch zu gewinnen, dass er sie in ihre Einzelteile zerlegte, um sie danach zu einem kausal-logischen Ganzen zu addieren. Seine elementarpsychologische Methode (Psyche in ihre Einzelteile zerlegt) erfreute sich schnell großen Zuspruchs – der Mensch erschien plötzlich so wunderbar rational erklärbar (Hartung 2014).

In ihren Anfängen wurde die sich nun als Wissenschaft behauptende Psychologie in den Naturwissenschaften mit einem eher elementaristischen Verständnis des Menschen verortet. Schließlich war ja der Mensch ein Wesen der Natur, ein biologischer Organismus, und die Biologie gehörte nun mal zu den Naturwissenschaften. Zugleich hallte den Erklärungsmustern der noch jungen Wissenschaft bereits um die Jahrhundertwende der

Widerspruch derer entgegen, die ein ganzheitliches bzw. systemisches Verständnis vom menschlichen Organismus hatten und nicht nur in organischen Molekülstrukturen, sondern auch in Entitäten dachten. Für sie bestand der Mensch aus der untrennbaren und interdependenten Verbindung von Physis, Psyche und Geist. Wiewohl, weder die einen noch die anderen schienen damals mit ihren Erklärungsmustern stark genug, um gewissermaßen als nachhaltige Offenbarung über Fragen der seelischen Verletzungen und ihrer Folgen für alle zu dienen.

Zur selben Zeit hatten sich der als Vater der Neurologie geltende, französische Pathologe und Neurologe Jean Martin Charcot, und seine Studenten in ihren Untersuchungen der Frage zugewendet, was *„Lähmungserscheinungen, Zuckungen, Ohnmachten, das unvermittelte Zusammensacken, das wahnsinnige Gelächter und die dramatischen Tränenausbrüche der an Hysterie Erkrankten auf den Stationen der Salpetrière auslöste"*, und nach und nach erkannten sie, dass dies *„die physischen Hinterlassenschaften von Traumata waren"* (Levine 2016a).

Diejenigen, die um die vorvergangene Jahrhundertwende ein ganzheitlich organismisches Verständnis hatten, dachten – aus der Sicht unserer heutigen Erkenntnisse – ihrer Zeit weit voraus. Einer ihrer bekanntesten Vertreter war der deutsche Neurologe und Psychiater Kurt Goldstein (1878–1965).

> Bei seinen Untersuchungen des menschlichen Hirns hatte er erkannt, dass die Reaktion auf einen Reiz bei weitem keine isolierte Reaktion ist. Auf einen äußeren Reiz reagiert vielmehr der ganze Organismus mit dem Ziel, das Gleichgewicht (die Homöostase, psychisch und physisch) wiederherzustellen. Es sei angesichts der offensichtlichen Bedeutung der Beziehung der Einzelteile zueinander wenig erfolgversprechend, den Organismus lediglich über seine Einzelteile verstehen zu wollen (Hartung 2014).

Auch wenn Charcot und Goldstein vielleicht zentrale Erkenntnisse der späteren Traumaforschung vorweggenommen hatten, so trat ihr Zeitgenosse, der österreichische Psychoanalytiker Sigmund Freud, mit einem weitaus erfolgreicheren, tiefenpsychologisch-psychoanalytischen Erklärungsmuster auf. Freud befasste sich mit der wissenschaftlichen Untersuchung des Unbewussten und postulierte, dass die frühkindlichen Erfahrungen im Kontext der Triebbefriedigung eine Dynamik in Gang setzten, die bestimmend für das weitere Leben sei. Wir seien andauernd mit unserer unbefriedigten Bedürftigkeit konfrontiert denn, so Freud sinngemäß: *Jede Kultur fordere Triebaufschub oder Triebverzicht* (Freud 1972).

In dieser Trieb-Konfrontation entwickelten sich die menschlichen Grundkonflikte, und aus unseren Erfahrungen mit diesen würde unsere Charakterstruktur – auf einer Skala von *„normal"* bis *„krankhaft"* – erwachsen:

- mit dem Anderen verschmelzen und die eigene Individualität aufgeben – versus – Individuum bleiben, Identität erhalten = *schizoide Charakterstruktur;*
- anderen wichtig sein – versus – von anderen unabhängig sein = *narzisstische Charakterstruktur;*

- von anderen versorgt werden – versus – sich und andere versorgen = *depressive Charakterstruktur;*
- eigene Triebe ungeregelt durchsetzen – versus – eigene Triebe entsprechend dem, was richtig ist, kontrollieren = *zwanghafte Charakterstruktur;*
- eigene Triebe ausleben – versus – eigene Triebe kontrollieren, um sozial akzeptiert zu sein = *phobische Charakterstruktur;*
- vollwertiger Partner des gegengeschlechtlichen Elternteils sein – versus – die Liebe des gleichgeschlechtlichen Elternteils erhalten (und umgekehrt) = *hysterische Charakterstruktur;*
- so sein wie die Mutter – versus – so sein wie der Vater = *hysterische Charakterstruktur.*

Nach dieser psychoanalytischen Darlegung unserer Charakterstrukturen sind wir das Produkt unserer kindlichen Triebfantasien und Konflikterfahrungen. Wenn auch Freud selber, ebenso wie dessen zeitgenössische und nachfolgende Kollegen die Theorien weiterentwickelten, so galt doch als das entscheidende und uns allen einleuchtende Erklärungsmuster die Ableitung des Heute aus der (meist unbewussten und in der Regel unbefriedigten) (Trieb-)Vergangenheit als Erklärung für unsere psychische Identität. In Folge akzeptierten wir zunächst die uns zugeschriebenen Charakteristika wie narzisstisch, schizoid, depressiv, zwanghaft, phobisch oder hysterisch, wie sie Karl König in seiner kleinen psychoanalytischen Charakterkunde darlegt (König 2010). Und so verstanden fristen wir unser abnormes Dasein in den Schubladen der Diagnose.

So überzeugend dieses Erklärungsmuster eine lange Zeit galt (und durch seine vermeintlich logische Analyseschärfe entsprechend identifikationsstark auf uns gewirkt hat), so deutlich aber wurde nach und nach, dass hier etwas fehlte. Die Erklärung des Heute durch ein erinnerbares Früher ließ außen vor, warum das Früher im Jetzt von so machtvoller Präsenz ist, als sei es eben nicht früher, sondern jetzt. Psychoanalyse birgt eine gewisse wenn-dann Logik, und mit Logik müssten wir dann zu dem Schluss kommen, dass früher vorbei ist, wenn es vorbei ist. *„Ich bin heute so, weil ich früher so war, und früher war ich so aufgrund meiner unerfüllten Triebe"*, scheint kein ganz so einzig schlüssiges Erklärungsmuster mehr zu sein. Es müsste ja irgendwie gewisse Halbwertzeiten geben. Oder eine persönlichkeitsreife Vergegenwärtigung der Tatsache, *dass* die Vergangenheit vorbei ist und wir nicht mehr Opfer all derer sind, die unsere Bedürfnisse nicht befriedigen wollen.

Angesichts aber der überlagerten Zeitgleichheit von „früher" und „jetzt" fehlt hier ganz offensichtlich ein entscheidendes Verbindungsmoment, und eben da kommen aktuellere Erkenntnisse der Traumaforschung ins Spiel.

In der Frühphase der Psychoanalyse erkannte Freud zwar noch den Zusammenhang von Traumatisierung (insbesondere – aber nicht nur – durch sexuelle Übergriffe) und psychischer Erkrankung, die sich ihm als Hysterie mit vielfältiger Symptomatik zeigte. Zwar wiederholte er hier im Wesentlichen nur die Erkenntnisse von Charcot und seinen

Studenten – wiewohl, er war damit unter dem Aspekt der weitgreifenden Popularität eindeutig erfolgreicher.

> … ist Charcot heute vor allem durch seine Hysteriestudien bekannt, die er öffentlichkeitswirksam im Vorlesungssaal an hypnotisierten Patientinnen demonstrierte. Das Publikum strömte dazu von weither nach Paris und bestand neben Medizinern wie Freud auch aus Schriftstellern oder Journalisten. Freud gelangte über die Hypnose zur Theorie des Unbewussten und entdeckte damit eine neue Ursache für psychische Erkrankungen (Schuchart 2017).

Die Erkenntnisse seiner anfänglichen *Verführungs-,* bzw. *Traumatheorie* revidierte Freud jedoch bald zugunsten seiner eingangs skizzierten triebtheoretischen Begründung psychopathologischer Zustände. Die Erkundung der in Erzählungen erinnerten Kindheitsgeschichte ersetzte er aufgrund fehlender Nachweisbarkeit durch die überindividuelle Triebtheorie. Freuds Blick auf Trauma galt der Frage: Hatte tatsächlich – also objektiv wahr und so messbar wie belegbar – ein Trauma stattgefunden? Wie konnte er wissen, ob das, was die Klienten erinnerten, tatsächlich der Wahrheit entsprach? Was, wenn alles eingebildet war? Was genau sollte in dem Fall behandelt werden? Die Fantasie? Die Frage nach der Objektivität der Erinnerungen offenbart vielleicht in gewisser Weise die Nähe zum damaligen naturwissenschaftlichen Verständnis der menschlichen Psyche.

Jedenfalls konnte die Frage für Freud nicht befriedigend geklärt werden. Nach eigenem Bekunden erreichte er außerdem auch nicht die gewünschten Erfolge mit seiner Gesprächstherapie, in der er sich auf die versprachlichte Analyse der in regrediertem Zustand erzählten Geschichten von erinnerter Kindheit konzentrierte. Aus diesem Grund wendete Freud sich in Folge dem zu, was nach seinem Dafürhalten in der Psyche der Klienten im therapeutischen Prozess der Übertragung und Gegenübertragung stattfand – er hörte auf, seine Patienten als interaktive Wesen zu betrachten und konzentrierte sich fortan auf deren psychische Innenwelt, als sei diese ein abgetrennt-geschlossenes Triebsystem.

Derlei gewendet wurden aus den Opfern der traumatisierenden An- und Übergriffe nun aktive, von kindlicher Sexualität und ödipalem Begehren gesteuerte Getriebene, förmliche Triebaktivisten. Und die von Freud diagnostizierten Störungen gerieten so zur Folge nicht befriedigter Triebe. Die analytisch provozierte Wahrheit, die den Klienten im therapeutischen Gespräch freimachen sollte, bestand nicht mehr in der Erinnerung und Bewusstmachung eines vermeintlich traumatisierenden Übergriffs, der als solcher eben nicht nachgewiesen werden konnte, sondern vielmehr nun in der nicht erhörten infantilen Sexualität als ödipales Begehren.

Der Blick des fragenden Therapeuten wendete sich ab von den übergriffigen oder gestörten Tätern: *Was hatten die mit dem Klienten gemacht?* – hin zum Klienten: *Was hatte er begehrt, was fantasiert?* Dahinter steckte die Idee einer zwingend objektiven Beschreibbarkeit, bzw. Beweisbarkeit von Trauma. Sie schien wichtiger zu sein als die subjektive Traumatisierung. Die 180 Grad-Wende von der Traumatheorie hin zur Triebtheorie wurde zu einem Skandalon der späteren Psychoanalysekritik.

Zur damaligen Zeit aber schien eine unerschütterliche Überzeugung über die Stimmigkeit der Triebtheorie zu herrschen. So bekam in der Psychoanalyse die Beschäftigung mit Trauma zunächst bei weitem nicht den Stellenwert, der ihr hätte zukommen sollen. Zwar gab es ein kurzzeitiges Wiederaufleben des Interesses nach der Heimkehr traumatisierter Soldaten aus dem ersten Weltkrieg – unter anderem auf einem von Freud initiierten, internationalen psychoanalytischen Kongress 1918 in Budapest – Trauma aber geriet danach schnell wieder aus dem Blick des öffentlichen Interesses. Der Krieg war als Trauma kurzfristig wahr gewesen. Jetzt aber war er vorbei und sollte nicht mehr die Wirklichkeit problemfärben. Nicht zuletzt diese dissoziative Nicht-Betrachtung führte geradewegs in den zweiten Weltkrieg.

Und nicht nur das Kriegstrauma herrschte, sondern auch seine indirekten Folgen, die sich u. a. in Sprachverwirrung, Sprachlosigkeit und Schweigen ausdrückten. In den 1930er Jahren untersuchte der ungarische Neurologe und Psychoanalytiker Dr. Sandór Ferenczi, der ebenfalls an der Budapester Trauma-Konferenz teilgenommen hatte, frühe Mutter-Kind-Interaktionen und entwickelte ein Objektbeziehungsmodell des Traumas, über das er in seinem Aufsatz *„Sprachverwirrung zwischen dem Erwachsenen und dem Kind"* in der von Siegmund Freud herausgegebenen *Internationalen Zeitschrift für Psychoanalyse* schrieb (Ferenczi 1933).

> Ferenczi hat viele spätere Erkenntnisse der Traumaforschung vorweggenommen: die zerstörerische Wirkung des Traumas, durch die ein totes Ich Stück und eine Agonie entsteht; das Enactment, durch das sich ein Trauma in der Behandlung ausdrückt; die Spaltung des Ichs in eine beobachtende Instanz und in einen preisgegebenen Körper; die Lähmung der Affekte (numbing) und insbesondere die Wirkung des Schweigens und der Sprachlosigkeit des Täters auf das traumatisierte Kind. Darüber hinaus beschrieb Ferenczi eine Notfallreaktion des Kindes, das in seiner ungeheuren Angst, Hilf- und Schutzlosigkeit gezwungen ist, sich mit dem Täter zu identifizieren, um seelisch zu überleben (Bohleber 2000a).

> Ein Wandel trat ein nach dem Erlass der Entschädigungsgesetze für die Opfer der nationalsozialistischen Verfolgung in der BRD. (Anm.: Zu Beginn der 1950er Jahre) Sie schrieben vor, dass der Zusammenhang der Verfolgung mit den gegenwärtigen Symptomen durch medizinische und psychiatrische Gutachten nachzuweisen war … Durch ihre Pionierarbeiten wurden grundlegende wissenschaftliche Einsichten in die seelischen Störungen der Überlebenden gewonnen. Die bis dahin gängige Traumatheorie erwies sich als unzureichend … Die Art der Traumatisierung war … kein einmaliges Durchbrechen der Reizschranke, wie etwa beim Schocktrauma, sondern eine extreme Dauerbelastung (Bohleber 2000b).

> Sowohl nach dem Ersten als auch nach dem Zweiten Weltkrieg gerieten die nachhaltigen Folgen der Kriegstraumatisierungen wieder in Vergessenheit. Erst nach dem Vietnam-Krieg wurden aufgrund des Engagements der Veteranenverbände in den USA großangelegte Untersuchungen zu den langfristigen Folgen des Kriegs durchgeführt. Daraus resultierte dann 1980 die Einführung einer neuen diagnostischen Kategorie ‚Posttraumatische Belastungsstörung (PTSD)' in die offizielle psychiatrische Nomenklatur … Diese Neuerung setzte eine intensive psychiatrische, psychologische und neurobiologische Forschung in Gang … (Bohleber 2000c).

… Anfang der 70er Jahre begannen Forschungsarbeiten zu erscheinen, die bei Kindern von Überlebenden das Auftreten von Symptomen beschrieben, die im Verhalten und Erleben der Eltern während der Verfolgungszeit eine besondere Bedeutung hatten. Auch in Träumen und Phantasien dieser Kinder ließen sich immer wieder Hinweise auf die traumatischen Erfahrungen der Eltern finden … Es ließ sich kein einheitliches Störungsbild im Sinne eines zweiten Generations-Syndroms analog dem Überlebenden-Syndrom finden, die Störungsbilder waren eher inhomogen. Aber generell erwies sich das Trauma der Eltern als organisierender Faktor im Leben der Kinder … (Bohleber 2000d).

Die vier Zitate, die ich dem Beitrag „*Die Entwicklung der Traumatheorie in der Psychoanalyse*" von Werner Bohleber entnommen habe, fassen als konzentriertes Substrat die Entwicklung der Traumaforschung bis 1980 zusammen. Sie beschreiben auch, wie sich aus der Traumatisierung durch Kriegsgeschehen ein transgenerationaler Circulus Vitiosus – ein Teufelskreis – entwickelt, der so lange geschlossen bleiben wird, wie wir Kriege führen und unsere Traumatisierungen in so dissoziativer wie bipolarer Selbstorganisation an die Folgegenerationen weiterreichen – auf seelischer und auf körperlicher Ebene.

Das System der Stresshormone reguliert sich normalerweise durch einen Feedback-Mechanismus wie eine Heizung mit Thermostat selbst. Bei PatientInnen mit chronischem Stress wird das System nicht mehr reguliert, sondern heizt immer weiter hoch. Schließlich sind keinerlei Cortisolreserven mehr in den Nebennieren verfügbar. Oder um im Bild zu bleiben: die »Öltanks« sind leer. Während wir bei akutem Stress einen Anstieg des Cortisolspiegels finden, führt chronischer Stress aufgrund des Ausschöpfens aller Reserven schließlich zu erniedrigten Cortisolspiegeln. Durch chronischen Stress erniedrigte Cortisolspiegel lassen sich nicht nur bei Menschen finden, die selbst an einer Traumafolgestörung leiden, sondern auch bei ihren Kindern und sogar Enkeln (Drexler 2017).

Nicht nur ist der spiralförmige Teufelskreis geschlossen. Mit der qualitativen Richtungstendenz *ABWÄRTS!* führt er auch dazu, dass die Trauma Folgeerscheinungen einander verstärken, und mit dieser positiven Rückkopplung den seelischen Zustand Einzelner wie der gesamten Bevölkerung immer weiter verschlechtern – es kommt zur exponentiellen Steigerung des Trauma Phänomens mit seinen Folgestörungen.

Möglicherweise liegt genau hierin begründet, warum die Zahlen der seelischen Erkrankungen so dramatisch zugenommen haben.

Psychische Erkrankungen wie Depressionen, Angststörungen oder Panikattacken machen den Deutschen immer mehr zu schaffen und haben in den vergangenen Jahren zu einer drastisch steigenden Zahl von Krankschreibungen und Fehltagen geführt … Doch sind davon nur Menschen betroffen, die bereits im Arbeitsleben stehen? Die Krankenkasse Barmer hat sich die Zahl ihrer Versicherten genau angeschaut und kommt zu einem erschreckenden Ergebnis: Allein zwischen 2005 und 2006 ist der Anteil der 18- bis 25-Jährigen mit psychischen Diagnosen um 76 % gestiegen … Die Weltgesundheitsorganisation (WHO) prognostiziert, dass Depressionen in den Industrieländern schon bald die Hauptursache für vorzeitigen Tod sein werden, noch vor der Erkrankung der Herzkranzgefäße, Alzheimer oder Diabetes (KSTA 2018).

So genannte Charakterstrukturen, wie sie in der Triebtheorie als Folge unterdrückter oder nicht erfüllter Triebe darstellt werden, müssen angesichts dessen als eine Folge von Trauma, als Phänomen einer versuchten Trauma-Bewältigung verstanden werden. Zu fragen wäre demnach nicht, welche Abwehrmechanismen ein Mensch einsetzt, um mit Impulsen aus seinem Inneren und mit Eindrücken aus der Umwelt derart umzugehen, dass seine Lust maximiert und seine Unlust minimiert werden. Das würde die weitverbreiteten Symptome von Dissoziation, Depression und seelischer wie körperlicher Erschöpfung banalisieren – sie würden so zur bloßen Reaktion auf angenehme oder unangenehme Lebensumstände „degradiert". Dabei geht es ganz sicher nicht um Lust und Unlust. Es geht um Leben und Tod. Es geht um existenzsichernde Reaktionen auf erlittenes Trauma jenseits eines vermeintlich objektiv zu beschreibenden Schweregrads.

> Der erste Schritt im Prozess, durch den Trauma Inhäsion verursacht (Anm. Inhäsion bezeichnet das Gegenteil von Kohäsion und bedeutet Zusammenhaltlosigkeit {in Gruppen}), geschieht durch verschiedene Belastungen durch kumulative und/oder katastrophale Erfahrungen mit gescheiterter Abhängigkeit von Eltern, wodurch Gefühle tiefer Hilflosigkeit und die Angst vor Vernichtung hervorgerufen werden. Die Angst vor Vernichtung bewirkt eine psychische Lähmung und das Absterben psychischer Vitalität, die zuerst zu Spaltung und Fragmentierung führt, und in Folge einen Hang zur Verschmelzung befördert sowie eine Verwirrung darüber, wer das eigene Selbst und wer das Gegenüber (das Objekt) ist. Solche bipolaren innerpsychischen Zustände sind mit zwei Formen der individuellen Selbstorganisation verknüpft: mit dem „Kontakt-Vermeider" oder dem „Schalentier" auf der einen und dem „Verschmelzungs-Hungrigen" oder der „Amöbe" auf der anderen Seite … Traumatisierte Menschen oszillieren in der Regel zwischen diesen beiden psychischen Polen, und Schalentier- und Amöben-Typen sind bei traumatisierten Menschen häufig anzutreffen (Hopper 2012b) (Übersetzung Stephanie Hartung).

Wir können bereits hier ahnen, welche weitreichenden Folgen eine solche individuelle Selbstorganisation für die Zusammenarbeit in Gruppen respektive in Organisationen haben kann. Wenn Inhäsion, also Zusammenhaltlosigkeit die Gruppen-Reaktion auf Trauma ist, wie der britische Psychoanalytiker Earl Hopper hier darlegt, dann kann die einfachste Kooperation gefährdet sein. Und dann braucht es Strukturen, die die gruppendynamische Zusammenhaltlosigkeit berücksichtigen.

Traumatisierend ist also bei weitem nicht nur ein Kriegsgeschehen, wie wir inzwischen wissen. Auch andere belastende Ereignisse und länger andauernde Umstände (auch von milderer Form) können traumatisierend wirken. Entscheidend aber ist bei aller Aufmerksamkeit auf die Ursache vor allem die Wirkung, die sich zeigen kann, und endlich haben sich Traumabetrachtung und Traumaverständnis von der Trauma Ursache zur Trauma Wirkung verschoben.

> Wir wissen inzwischen sehr genau, dass hinter sehr vielen seelischen und psychosomatischen Erkrankungen, insbesondere den Persönlichkeitsstörungen vom Borderlinetyp, aber auch depressiven Erkrankungen, Suchterkrankungen, Essstörungen, selbstverletzendem Verhalten und den Somatisierungs- und Angststörungen, traumatische Erfahrungen als Ursache oder Mitursache zu finden sind. Und inzwischen gibt es auch große Studien, die zeigen

konnten, dass Herz-Kreislauf-Erkrankungen und andere chronische Erkrankungen, wie z.B. Diabetes, vor allem solche, die in den mittleren Lebensjahren zum Problem werden, mit Kindheitstraumatisierungen in Zusammenhang gebracht werden können (Reddemann 2016).

Sowohl bei den PTBS als auch bei zahlreichen anderen psychischen Störungen sowie auch bei körperlichen Krankheiten gibt es vorangegangene, belastende Erlebnisse, die nicht nur prädisponierende Faktoren für psychische oder physische Störungen sind, sondern deren Ursache darstellen. Solche Erlebnisse können weit weniger drastisch sein und dementsprechend sehr viel häufiger vorkommen als einmalige gewaltige Katastrophen.

Als Trauma kann insofern jede körperliche oder seelische, einmalige oder andauernde Verletzung gelten, die Auswirkungen auf das künftige Verhalten und auf die körperliche und seelische Gesundheit des Betroffenen hat. Diese Erkenntnis haben wir nicht zuletzt auch drei Traumaexperten zu verdanken, die führend in der nachhaltigen Beeinflussung unseres heutigen Verständnisses sind:

- der rumänische Psychiater **Dori Laub,** der sich als Betroffener intensiv mit den extremen Verfolgungstraumata des Holocaust befasst und die objektbeziehungstheoretische Konzeption in Hinblick auf ihre kommunikative Funktion im Traumatisierungsprozess weiterentwickelt hat;
- der US-amerikanische Biologe, Physiker und Psychologe **Peter A. Levine,** der die vielfach diskutierte Frage untersuchte, wie Menschen traumatische Erinnerungen speichern und auf der Grundlage seiner Erkenntnisse die traumatherapeutische Methode des *Somatic Experiencing* entwickelt hat;
- der deutsche Psychologe **Franz Ruppert,** der die identitätsorientierte Psychotraumatheorie entwickelt hat, die sich im Wesentlichen der Differenzierung von Traumata widmet, und sich durch ein Identität-Spaltungskonzept sowie eine besondere Ich-Entwicklungstheorie unter Berücksichtigung meist frühkindlicher (Bindungs-)Traumatisierungen und schließlich durch sein aktuelles Konzept der Trauma-Biografie auszeichnet.

Die hier verkürzte Darstellung der Geschichte der Traumaforschung zeigt deutlich, dass die Erklärungsmuster im Lauf einer vergleichsweise kurzen Zeit an Differenzierung zugenommen und zugleich das organismische bzw. systemisch-integrale Denken in den Fokus genommen haben.

2.3   Weitgefasste Definition von Trauma

Mit Blick auf die Frage, welche Verbindung zwischen Trauma und Arbeit besteht, wird angesichts der Darlegungen auch deutlich, dass man sich bisher mehr oder weniger ausschließlich auf die individuellen Aspekte konzentriert und gefragt hat: *Was geschieht beim einzelnen Menschen?* Zwar gibt es in der Psychoanalyse Erkenntnisse zu Gruppendynamik bei Traumatisierung (wie z. B. bei Wilfred Bion oder Earl Hopper), der Bezug aber zur Arbeitswelt und die Folgen für die Gestaltung der Arbeitsstrukturen wurde in der Literatur bisher eher selten bis gar nicht vertieft betrachtet.

Bei der Untersuchung einer Verbindung von Trauma und Arbeit ist es jedoch nötig, den Blick auf Gruppen und Systeme bzw. auf Personal und Organisation zu öffnen. Erst dieser Betrachtungsweitwinkel ermöglicht Erkenntnisse darüber, wie erstens traumatisierte Individuen ihren Arbeitsalltag und ihre Umfelder gestalten, und wie diese durch Trauma charakterisierten Umfelder dann traumatogen auf sie zurückwirken; und zweitens, welchen möglichen Trauma-Einflüssen Gruppen und Systeme unterliegen, und wie sie dann auf Einzelne, Gruppen und Systeme zurückwirken.

Genau diese Aspekte führen zu meinem additiven Erklärungsmuster für Trauma. Es dient als Grundlage für die Darlegung der Verbindung von Trauma und Arbeit. Dafür füge ich den in der Literatur bereits beschriebenen Eigenschaften und bestehenden Definitionen von Trauma, die sich auf den einzelnen Menschen konzentrierenden, solche Aspekte hinzu, die zeigen, dass und in welcher Form Trauma auch Einfluss auf Gruppen und Systeme haben kann.

2.3.1 Trauma ist ein relationaler Begriff

Als relationaler Begriff bezeichnet Trauma sowohl Ursache als auch Folge, bzw. Wirkung. Trauma beschreibt einerseits den einmaligen wie auch den kontinuierlichen Einbruch von Gewalt auf die physischen und psychischen Strukturen eines Organismus' und eines von Organismen gebildeten sozialen Konstruktes (offenes System) – *„das ist ein Trauma", „ich/wir/unser System habe/haben/hat ein Trauma erlitten".* Trauma beschreibt andererseits die Folgestörungen – den Schockzustand im Moment der Traumatisierung ebenso wie die verschiedenen physischen und psychischen Zustände, die sich daraus ergeben können *„ich habe ein Trauma".*

2.3.2 Trauma betrifft (alle) offene(n) Systeme

Ein Organismus ist ein offenes System und als solches auf den Austausch mit seinem Umfeld angewiesen. Von Trauma betroffen werden können nicht nur einzelne Menschen, sondern auch Gruppen von Menschen oder Systeme/Organisationen, die von Menschen gestaltet werden – als soziale Konstrukte sind auch sie offene Systeme und reagieren entsprechend auf Bedrohung jedweder Form (siehe Abb. 1).

Dementsprechend gibt es individuelles Trauma, Gruppentrauma und Systemtrauma. So gibt es z. B. in einem Land individuelles, gesellschaftliches und nationales Trauma. In Organisationen gibt es persönliches, personales und organisationales Trauma (siehe Abb. 2). Zwar gibt es einige Literatur zu gesellschaftlichem und auch nationalem Trauma – insbesondere in Deutschland im Kontext der Geschehnisse des 2ten Weltkriegs.

Zu personalem Trauma gibt es bisher einige wenige (internationale) Literatur. Organisationales Trauma ist meines Wissens bisher weder im Fokus der Aufmerksamkeit noch Teil vertiefter Untersuchungen. Nach meinen Recherchen gibt es tatsächlich nur das Buch von Earl Hopper und Kollegen zum Thema *Trauma and Organizations.* Deutschsprachige Publikationen gibt es hierzu bis heute meines Wissens überhaupt nicht.

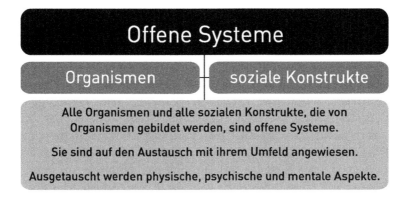

Abb. 1 Offene Systeme

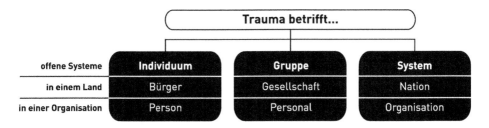

Abb. 2 Trauma betrifft Individuum, Gruppe, System

Dass es aber organisationales bzw. systemisches Trauma gibt, ist offensichtlich. So kann zum Beispiel das soziale Konstrukt der deutschen Nation als ein System verstanden werden, das durch zwei Weltkriege traumatisiert ist und in diesem Zustand noch heute auf seine Gesellschaft und einzelne Bürger wirkt – sie organisieren und verhalten sich wie die Elemente eines traumatisierten Systems. Nicht nur die einzelnen Menschen und ihre Gesellschaft sind also traumatisiert, sie leben vielmehr in einer von ihnen gestalteten und kontinuierlich weiter entwickelten Organisationsgestalt namens Staat, der als offenes System die Symptome einer Traumatisierung aufweist, indem er als Resonanzraum über Generationen traumatisierend auf seine Gesellschaft und einzelne Menschen wirkt. In Systemen, Nationen und Organisationen wird erlittenes Trauma deshalb zum untrennbaren Teil der Identität von deren autonomer Gestalt und wirkt traumatogen (traumaerzeugend) auf die Menschen darin.

Diese These wird nicht zuletzt auch durch die Erkenntnisse der Gestalttheorie gestützt. Sie definiert die Gestalt als das Ganze, das *etwas anderes* ist, als die Summe seiner Teile. Dieses Andere entsteht durch das Zusammenspiel seiner Elemente und bildet dabei eine innere Gesetzmäßigkeit aus – die Qualität einer so entstandenen Gestalt – die nun vice versa für ihren Erhalt und ihre Weiterentwicklung die jeweilige Qualität und die bedingenden Beziehungsstrukturen ihrer einzelnen Elemente bestimmt. Zugleich ist diese

Gestalt im Fall einer Nation, einer Institution oder einer Organisation ein offenes System, das wie ein Organismus verstanden werden muss, der als Resonanzraum auf seine Elemente wirkt.

2.3.3 Trauma bedroht systemische Grundfunktionen und deren Prinzipien

Bei einem Trauma werden die Krisen-Reflexe *Angriff* oder *Flucht* im Stammhirn getriggert. Besteht keine Chance auf Angriff oder Flucht, bleibt nur das Sich-tot-Stellen (siehe auch weiter unten das Zitat von Franz Ruppert hierzu, Ruppert und Banzhaf 2017b). Dieses biologische Stresssystem ist ein Erbe der Vorzeit. Es ist für solche Situationen ausgelegt, in denen es um Lebensbedrohung, um Leben oder Tod geht.

Die Existenz von offenen Systemen wird durch zwei Grundfunktionen bedingt – Selbsterhalt und Weiterentwicklung – sowie durch deren Funktionsprinzipien: Komplexität, Gleichgewicht, Rückkopplung und Selbstorganisation (siehe Abb. 3).

Wo Leben ist, ist Leben immer auch bedroht. In seiner Qualität und in seiner Existenz. Und angesichts der systemischen Grundfunktionen und ihrer Funktionsprinzipien geht es immer dann um Leben und Tod, wenn diese gestört werden – sei es unmittelbar oder mittelbar, direkt oder indirekt, kurzfristig oder langfristig.

Im Kontext der Doppelbedeutung des Trauma-Begriffs definiere ich deshalb: Als Einbruch von Gewalt mit Traumapotenzial werden alle Ereignisse und Zustände subsumiert, die gegen die Grundfunktionen von offenen Systemen gerichtet sind, und bei denen es demnach immer um deren Lebensqualität und -erhalt geht. Subsumiert werden außerdem alle Trauma-Folgeerscheinungen, die den Selbsterhalt und/oder die Weiterentwicklung von Systemen behindern, beschädigen oder zerstören.

Nach dieser grundlegenden Definition ist der Umfang von Trauma um ein Vielfaches höher, als gemeinhin angenommen. Alle organismischen Symptome, bei denen die Grundfunktionen oder deren Funktionsprinzipien nicht genügend ausgeprägt oder überhaupt nicht vorhanden sind, müssen deshalb als Trauma-Folgestörung verstanden und für evtl. mögliche Lösungsansätze detailliert erfasst werden. Die erweiterte Definition soll hier kein besseres oder anderes Denken hervorheben, sie soll vielmehr den so nötigen Erkenntnissen über die komplexe Beziehung von Trauma und Arbeit dienen.

Abb. 3 Systemfunktionen und ihre Prinzipien

2.3.4 Trauma verletzt, spaltet und bleibt

Das griechische Wort *Trauma* bedeutet Wunde. Es beschreibt sowohl eine einzelne physische oder psychische Stelle sowie einen aus dem Gleichgewicht geratenen Zustand und schließlich auch die Trennlinien entlang gespaltener Ich- oder Identitäts-Anteile einer traumatisierten Person, einer Gruppe oder eines Systems.

Wunden werden uns durch einmalige Verletzungen zugefügt, wie auch durch kontinuierlich verletzendes Wundscheuern. Und sie hinterlassen Narben. Durch die Narben wird jede Traumatisierung zum bleibenden Bestandteil des Organismus. Bekannt ist außerdem, dass traumatisierende Erlebnisse auf mehreren Ebenen ins Erbgut übergehen können.

> Ein Psychotrauma ist ein Ereignis, das ein Mensch mit seinen psychischen Kapazitäten nicht bewältigen kann. Sogar die normalerweise hilfreichen Stressreaktionen zur Abwehr einer Bedrohung werden im Falle einer Traumasituation selbst zur Gefahr. Sie müssen gestoppt werden, um einen Angreifer nicht weiter zu provozieren oder eine Selbstüberhitzung zu verhindern. In der Stressreaktion gibt der Körper Vollgas und der Trauma-Notfallmechanismus muss jetzt eine Vollbremsung hinlegen …Die akute Lösung dieses Dilemmas ist die Aufgabe der Einheit von Körper und Psyche. Sie zerfällt, fragmentiert und wird durch Spaltungsprozesse aufrechterhalten (Ruppert und Banzhaf 2017b).

Nach Rupperts Modell der gespaltenen Psyche besteht bei einem traumatisierten Menschen die Persönlichkeitsstruktur aus einem traumatisierten Ich, einem Ich der psychischen Überlebensstrategie und einem gesunden Ich, wie er in seinem Beitrag hier im Buch ausführt. Dieses Modell kann 1:1 auf Gruppen und Systeme übertragen werden.

Der Ich-Anteil der psychischen Überlebensstrategie leugnet Trauma, bzw. versucht, das Trauma ungeschehen zu machen, wie Ruppert beschreibt. Daraus ergibt sich die beinahe zwanghafte Nicht-Anerkennung der Überforderung bzw. der andauernd zwanghafte Versuch, ein Trauma auszugleichen oder ihm nachträglich zu entkommen. Das kann durch eine kontinuierliche Re-Inszenierung des Traumas geschehen (z. B. sexueller Missbrauch/Prostitution oder körperliche Gewalt/Rechtshüter). Es geschieht auch durch zwanghafte Versuche, wie z. B. etwas „wieder gut" zu machen, was so gesehen „gut" ist, etwas „weg machen" zu wollen, was gar nicht da ist, oder sich gegen etwas zu wehren, was – zumindest faktisch – nicht angreift.

Darüber hinaus besteht selten ein einzelnes Trauma. Das Leben ist vielfach und andauernd bedroht. So liegen in der Regel mehrere Traumata gleichzeitig vor. Das führt zu einer Persönlichkeitsstruktur mit multiplen traumatisierten Ich-Anteilen. Je mehr traumatisierte Ich-Anteile ein Organismus hat, desto mehr Überlebensanteile muss er entsprechend aktivieren. Die Folge davon ist, dass die gesunden Anteile dadurch maximal belastet werden, denn einzig der gesunde Ich-Anteil bleibt im Singular. Während er sich auf der aktuellen Zeitebene selbst erhält und weiterentwickelt, muss er gleichzeitig das vielfach gespaltene System zusammenzuhalten und ins Gleichgewicht bringen. Das ist eine andauernde Überforderung mit Halbwertzeitcharakter, deren Folge nicht zuletzt die jüngsten Zahlen verdeutlichen.

2.3.5 Trauma kennt keine Identitätsentwicklung

Aus einem Ereignis wird dann ein Trauma, wenn überwältigende Emotionen eine angemessene Verarbeitung der Erinnerung stören. Danach reagieren Traumatisierte auf alles, was sie an das Trauma erinnert, mit Reaktionen, die eigentlich für Akutsituationen vorgesehen sind …Traumatisch wird ein Erlebtes dann, wenn der menschliche Organismus davon überwältigt wird und mit Hilflosigkeit und Lähmung reagiert. Wenn man absolut nichts tun kann, um etwas am Ausgang von Ereignissen zu ändern, bricht das ganze System zusammen (Levine 2016a).

Unsere Erinnerungen sind die Grundlage unserer Persönlichkeitsentwicklung und der mit ihr einhergehenden, kontinuierlich sich modifizierenden Ausbildung der Identität. Peter A. Levine weist in seinem Buch *Trauma und Gedächtnis* auf die Differenzierung der expliziten und impliziten Charaktere von Gedächtnis hin (Levine 2016b) (siehe Abb. 4).

Explizite Erinnerung

Die deklarativen und episodischen Erinnerungen unseres expliziten Gedächtnisses beziehen sich zum einen auf unsere emotionsfreie Erinnerung objektiver Fakten (deklarativ), zum anderen auf emotionsgefärbte Erinnerungen in der Zusammensetzung dieser Fakten, die sich mit der Qualität unseres jeweiligen emotionalen Zustands ändern können. Unsere Emotionen bestimmen somit, wie wir uns an Ereignisse in unserem Leben erinnern. Daraus entsteht ein gewisses Moment der Konfabulation – in der Erinnerung erzählen wir uns unsere Vergangenheit so, wie sie im jeweiligen Moment für uns von sinnvoller Bedeutung ist. Irrelevant ist dabei die Frage nach der objektiven Wahrheit (die es bei Geschichten sowie nie gibt, weil sie immer Konstrukte von subjektiv oder intersubjektiv assoziiertem Sinnzusammenhang sind). Entscheidend ist vielmehr das Moment der subjektiven Kontinuität als Voraussetzung für die notwendige Weiterentwicklung unserer Persönlichkeit und damit Identität.

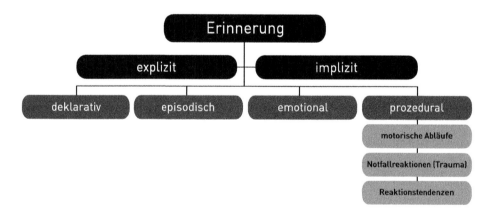

Abb. 4 Erinnerung, nach Peter A. Levine

Die Konfabulation, das „Zusammenreimen", gilt für individuelle Erinnerungen als auch für intersubjektive und systemische bzw. organisationale. So können Mitarbeiter einer Organisation z. B. eine überstandene Insolvenz als wertvolle Herausforderung erinnern, wenn sich danach die Umstände bessern – oder als „Anfang vom Ende", wenn sie nach einer gewissen Zeit der wirtschaftlichen Erholung in den endgültigen Konkurs geht. Konfabulation stellt jeweils individuell oder intersubjektiv sinnvolle Zusammenhänge zwischen faktischen Momenten her. Was jeweils sinnvoll ist, ändert sich mit den Umständen andauernd. Sinn ist eine psychisch notwendige Konstruktion, durch sich die individuelle und die Gruppen-Identität entwickelt.

Implizite Erinnerung

Zu den impliziten Erinnerungen gehören die emotionalen und prozeduralen, wobei letztere sich wiederum in drei Kategorien teilen: 1) motorische Abläufe, 2) Notfallreaktionen zur physischen und psychischen Verteidigung, sowie 3) grundlegende organismische Reaktionstendenzen wie Annäherung/Vermeidung sowie Anziehung/Abstoßung.

Trauma-Erinnerung

Augenscheinlich werden traumatische Erlebnisse und Erfahrungen nicht als abrufbare explizite Erinnerung in der Großhirnrinde gespeichert. Es scheint für Trauma vielmehr einen anderen Ort im Hirn zu geben, der jedenfalls über die üblichen Gesprächsmethoden (in Therapie, Beratung oder Coaching) nicht zugänglich ist. Trauma kann nicht erzählt oder konfabuliert werden. Traumatische Erfahrungen werden als Notfallreaktion in den prozeduralen Erinnerungen gespeichert. Sie haben einen statischen, engrammatischen Charakter, d. h., Trauma brennt sich förmlich auf die organismische Festplatte. Dadurch bleibt es unveränderbar und kann auch nicht durch einen neuen Sinnzusammenhang transformiert werden. Vielmehr bewirkt Trauma eine starke Überaktivierung der Amygdala, die Teil des Limbischen Systems im Hirn und zuständig für Emotionen und Gefühle wie Angst oder gar Panik ist.

> Offenbar benötigt der Hippocampus, um funktionsfähig zu sein, ein mittleres Erregungsniveau. Eine extreme Erregung durch eine überaktivierte Amygdala kann ihn in seiner Funktionsfähigkeit beeinträchtigen. Das kann dazu führen, dass die Erfahrungen und sensorischen Informationen vom Hipppocampus nicht korrekt kategorisiert, mit den dazugehörigen (z. B. zeitlich.räumlichen) Kontext-Informationen versehen und entsprechend in das biografische Gedächtnis eingespeichert werden können, sondern auf der' primitiven' Ebene der Amygdala abgespeichert, man könnte auch sagen ‚abgespalten' werden. Dadurch können sie jederzeit durch irgendwelche mit der Situation verbundene sensorische Reize im Sinne einer klassischen Konditionierung getriggert werden, wodurch das gesamte Stresssystem wieder aktiviert wird, ohne dass eine Relativierung durch höhere corticale Strukturen erfolgt (Diegelmann 2013).

Weil traumatische Erinnerungen nicht erzählt werden können, dienen sie weder der Persönlichkeitsentwicklung noch der damit einhergehenden kontinuierlichen Identitätsbildung. Sie lassen uns in einer Trauma-Identität stecken, die von der sich kontinuierlich weiter entwickelnden Identität im gesunden Ich-Anteil abgespalten bleibt. Damit bedroht Trauma im Moment des Geschehens nicht nur die systemische Grundfunktion des Selbsterhalts, sie bedroht in Folge auch die systemische Grundfunktion der Weiterentwicklung. Diese beiden Grundfunktionen müssen vom traumatisierten System in meist multipel gespaltenem Zustand bewältigt werden.

> Nach Joachim Bauer (2015) ist die Ausbildung eines Selbstgewahrseins ein vom präfrontalen Cortex wesentlich mit organisierter Prozess. Dieser wird erst während der drei ersten Lebensjahre funktionsfähig und bildet die Voraussetzung einer Vorstellung von Ich, Du und Wir … Der präfrontale Cortex beeinflusst maßgeblich die Fähigkeit zur Selbstkontrolle und Selbststeuerung durch die Kontrolle der niederen Zentren von Trieb, Belohnung, Angst und Aggression … Wenn der präfrontale Cortex sich aufgrund früher Traumatisierung nicht voll entwickeln kann oder in seiner Funktion gestört wird, ist auch die Entwicklung eines gesunden Ichs, eines Gewahrseins von Du und Wir und schließlich die Ausbildung eines Selbstbewusstseins gefährdet oder gar nicht möglich (Ruppert und Banzhaf 2017a).

2.3.6 Trauma ist immer jetzt

> Traumatisierte Patienten berichten oft, ein eingefrorenes Zeitgefühl zu haben oder ihre innere Uhr sei mit dem Datum der Traumatisierung stehen geblieben. Sie haben zwar ein Gefühl für die objektive Zeit, aber nicht für ihre eigene Entwicklung und Lebenszeit, insbesondere nicht für ihre Zukunft. Auch dem Wiederholungszwang ist eine solche Störung des Zeiterlebens inhärent (Bohleber 2000e).

Trauma kennt keine Vergangenheit. Vielmehr bleibt der Moment oder der Zustand der Traumatisierung immer im Jetzt. Traumatisierte Organismen existieren daher in (mindestens) zwei parallelen Zeiten. Früher ist zeitgleich jetzt. Besteht eine vielfache Traumatisierung, muss hier – analog zu den multiplen Ich-Anteilen – ebenfalls von multiplen organismischen Zeitzuständen ausgegangen werden. Untrennbar verbunden mit der jeweils eingefrorenen Zeit nämlich sind die jeweiligen Stadien der Persönlichkeitsentwicklung und Identität – so können Persönlichkeitsanteile aus den verschiedenen Altersstufen bzw. Entwicklungsgraden gleichzeitig aktiv sein. So besteht ein zeitgleicher Zugang zur äußeren Welt aus verschiedenen Persönlichkeitsanteilen, die im Fall der kindlichen Traumatisierung immer auch mit einer grundlegenden Identität als Opfer einhergeht. Nicht Opfer der Umstände zu sein, ist für viele Erwachsene unvorstellbar.

2.3.7 Trauma kennt keine Sprache mit Wörtern

In seinem oben erwähnten Aufsatz fasst Werner Bohleber die Erkenntnisse des Psychiaters Dori Laub so zusammen:

> Im Zentrum der Holcaust-Erfahrung steht der Zusammenbruch des empathischen Prozesses. Die kommunikative Dyade zwischen dem Selbst und seinen guten inneren Objekten bricht auseinander, was absolute innere Einsamkeit und äußerste Trostlosigkeit zur Folge hat. Die traumatische Realität zerstört den empathischen Schutzschild, den das verinnerlichte Primärobjekt bildet, und destruiert das Vertrauen auf die kontinuierliche Präsenz guter Objekte und die Erwartbarkeit mitmenschlicher Empathie, nämlich, dass andere die

grundlegenden Bedürfnisse anerkennen und auf sie eingehen. Im Trauma verstummt das innere gute Objekt als empathischer Vermittler zwischen Selbst und Umwelt ... der Verlust des empathischen inneren Anderen zerstört die Fähigkeit, das Trauma zu erzählen. Es kann nicht in ein Narrativ eingebunden werden (Bohleber 2000f).

Trauma kann nicht erzählt und es kann zugleich nicht vergessen oder mit den Jahren überwunden werden – Zeit heilt keine Traumawunden – und man kann ihm auch nicht in Gesprächen beikommen, in denen man versucht, den Klienten an die traumatischen Erinnerungen heranzuführen. Ich habe bereits weiter oben erwähnt, dass Sigmund Freud nicht zuletzt auch deshalb von seiner Traumatheorie Abstand genommen hatte.

Trauma „spricht" die Sprache der Psyche und des Körpers. Hierüber vermittelt es sich uns. Da, wo wir mit unseren psychischen Befindlichkeiten unsere traumatisierten Körper für die Arbeit einsetzen und rationale Entscheidungen treffen wollen – wobei auch das Denken ein psychischer Vorgang ist – da zeigt sich unsere Gestaltung der Arbeit, ihrer Strukturen und Prozesse sowie ihrer Ergebnisse als dissoziativer Ausdruck unserer selbst.

Trauma hat viele Formen und Folgen

1. Individuelles Trauma

Es gibt zahlreiche Darlegungen verschiedener Formen von Trauma. Mir erscheint die Differenzierung der identitätsorientierten Traumatheorie und von Franz Ruppert als über-geordnete Kategorie bei individuellem Trauma hilfreich. Hier hat er vier Trauma Grund-formen identifiziert und ihnen Folgeerscheinungen zugeordnet, (Ruppert 2007)

- **Existenztrauma/**Todesangst und Panikattacken;
- **Verlusttrauma/**Depression;
- **Bindungstrauma, Symbiosetrauma, Trauma der Liebe/**Identitätsprobleme, emo-tionale Instabilität, Sucht, Verlassenheitsängste, Beziehungsprobleme;
- **Bindungssystemtrauma/**Täter-Opfer-Spaltung.

Darüber hinaus gelten allgemein in der Literatur als individuelle Trauma-Folgestörung:

- **Hyperarrousal/**Übererregtheit;
- **Hypervigilanz/**erhöhte bis übermäßige Wachsamkeit;
- **Freezing/**Erstarrung;
- **Flashback/**wiederkehrende, zwanghaft sich aufdrängende („intrusive") Erinnerung;
- **dissoziative Symptome/**Zustände von Ab- bzw. Ichgespaltenheit, Nicht-Wahr-nehmung oder Absentismus
- **bipolare Selbstorganisation/**zwischen Abwehr- und Verschmelzungsverhalten

2. Gruppentrauma

Als Trauma-Symptome in Gruppen gelten (nach Bion/Hopper)

- **Inhäsion**/Zusammenhaltlosigkeit in der Gruppe, Tendenz zur Aggregation oder zur Vermassung; Das **soziale Aggregat (auch Menge)** bezeichnet eine Ansammlung von Personen an einem gegebenen Ort. Sie ist dabei entweder von einem bestimmten Zweck (z. B. Zuschauer im Fußballstadion, Besucher eines Konzertes usw.) oder durch einen äußeren (Situations-)Zwang geleitet (z. B. Wartende vor einer Ampel). Dabei eher zufällig auftretende soziale Interaktion oder Kommunikation bleibt nebensächlich, denn das soziale Aggregat ist per Definition in seinem Bestehen nicht von sozialen Interaktionen abhängig. Die **soziale Masse** ist eine organisierte Menge, in der Personen ähnlich oder sogar zusammen handeln.

Während die Menschen in einem Aggregat Blickkontakte vermeiden, werden sie in einer Masse dadurch hypnotisiert, dass sie einander in die Augen starren oder sich gemeinsam ein äußeres Objekt fokussieren. Die Stille in einem Aggregat beruht auf Schüchternheit, Nicht-Anerkennung und Nicht-Kommunikation. Die Stille in einer Masse entspringt einem gemeinsamen Gefühl der Ehrfurcht vor einem Wunder, bei dem die Menschen das Gefühl haben, sich nicht mit Worten oder Gesten darüber verständigen zu müssen. Vielmehr bevorzugt die Masse Slogans oder eine bestimmte Kunstform der behutsamen Darstellung. Am allermeisten jedoch bevorzugt die Masse Stille als Zeichen der ‚wahren Kommunikation‘ (Hopper 2012c) (Übersetzung Stephanie Hartung).

- **Abhängigkeit**/In diesem Zustand sucht die Gruppe einen Leiter, der sie von aller Angst befreien soll. Er wird daher mit Allmacht ausgestattet und soll in der Lage sein, alle Probleme zu lösen. Wenn der Anführer nicht die hohen Erwartungen an seine vermeintliche Magie erfüllt, wird er angegriffen, und bald wird ein Ersatz für ihn gesucht. So entsteht ein Gruppen-Zyklus von Leadersuche, Idealisierung und Verunglimpfung.
- **Kampf/Flucht**/Die Gruppe tut so, als ob ihre Hauptaufgabe darin besteht, gegen einen gemeinsamen Feind zu kämpfen oder vor diesem zu fliehen. Der Feind kann entweder innerhalb oder außerhalb der Gruppe gefunden werden.
- **Paarung**/Die Entwicklung der Gruppe wird durch die Hoffnung eingefroren, von zwei Mitgliedern gerettet zu werden, die sich zusammenschließen und einen Führer erschaffen.

Der Psychoanalytiker Wilfred Bion unterscheidet ergebnis- und funktionszentrierte (nicht traumatisierte) Arbeitsgruppen (work groups) von sogenannten „Grundannahme-Gruppen" **(Basic Assumption Groups, BAG).** Die Arbeitsgruppe widmet sich einer gestellten Aufgabe und erfüllt diese mit ihren spezifischen Funktionen und Fähigkeiten. **BAG** dienen hingegen ausschließlich der Befriedigung der psychischen Bedürfnisse ihrer Gruppenmitglieder – zum Beispiel dann, wenn eine Arbeitsgruppe mit unkontrollierbarer Angst im Fall eines Traumas konfrontiert wird.

Als **BAG** agiert die Gruppe als ein geschlossenes System, bei dem externe Realitäten ignoriert werden und kollektiv traumatisierte Dynamik auf der unbewussten Ebene herrscht. Aufgrund der Unbewusstheit erkennen die Gruppenmitglieder nicht, was tatsächlich passiert. Als solche sind sie Opfer des traumatisierten Kollektivs.

Nach Bion gibt es außerdem die **„spezialisierte Arbeitsgruppe"**, die von der Haupt-gruppe abgespalten ist. Ihre Aufgabe als **„Sub-BAG"** ist es, sich den emotionalen Bedürfnissen und den Grundannahmen zu widmen, während der Rest der Gruppe mit der Hauptaufgabe weitermacht. Hier erkennt man Ähnlichkeiten mit Rupperts Modell der Ich-Spaltung bei individuellem Trauma. Das gesunde Ich würde dabei der Hauptgruppe entsprechen, die sich der Arbeit widmet, die Sub-BAG wiederum dem Überlebensanteil.

Die **BAG** kann zwischen den oben genannten Zuständen wechseln oder in einem ein-zigen Zustand verharren. Gruppen können grundsätzlich auf unterschiedlichen Grund-zuständen basieren. Zum Beispiel basiert die Kirche auf Abhängigkeit, während die Armee den Kampf/Flucht Zustand stark nutzt.

3. Organisationstrauma

Nach Volker Hepp gibt es darüber hinaus Ausprägungen einer traumatisierten Organisa-tion, die er in seinem Beitrag umfassend beschreibt:

- die ADHS Organisation;
- die Hypervigilanz Organisation;
- die Schock Organisation.

Über die Frage, ob es überhaupt traumatisierte Organisationen geben kann, gehen die Meinungen auseinander – nicht zuletzt deshalb, weil es eine Organisation ohne Men-schen nicht gibt, mithin jedes Vorkommen von Trauma immer den Menschen, nicht aber der sozialen Struktur, die sie bilden, zugeordnet werden könne.

Mit Volker Hepp teile ich die Meinung, dass eine Organisation dann Trauma Symp-tome aufweist, wenn sich traumatische Strukturen und eine traumatische Kultur in ihr verfestigt haben und immer wieder gleich auf die Mitglieder der Organisation wirken, die sich dann verhalten, als seien sie traumatisiert. Zugleich kann man feststellen, dass bestimmte Organisationstypen bestimmte Menschentypen anziehen und auch bevor-zugen. Insofern kann es sein, dass bereits traumatisierte Menschen „positiver" auf Organisationen mit traumatisierten und traumatisierenden Strukturen und Kulturen ansprechen. So dient zum Beispiel der Zustand der individuellen Übererregung als Folge von Trauma perfekt dem Arbeitsethos einer ADHS Organisation.

In meinem Text über Gewalt, Trauma, Identität und Sprache in der Arbeitswelt beschreibe ich die Entwicklung andauernder Wirtschaftskriege, die wiederum das pas-sende Umfeld für ADHS/Hypervigilanz/Schock Organisationen sind, die sich im Dauer-zustand des Kampfes um den globalen Markt befinden.

2.3.8 Trauma macht andauernd Stress

Das Wort Stress kommt vom lateinischen Wort *stringere = zusammendrücken*. Stress bezeichnet also einen anstrengenden Zustand. In einer gefährlichen Situation veranlasst das Gehirn eine sofortige Ausschüttung von Hormonen, die die benötigen Leistungen angesichts einer möglicherweise einbrechenden Gewalt sichern sollen.

Gemeinsam sorgen die Hormone dafür, dass der ganze Körper blitzschnell auf Hochspannung umschaltet: Das Herz schlägt schneller, der Blutdruck schnellt empor, und die Atemfrequenz beschleunigt sich, damit der Körper mit mehr Sauerstoff versorgt wird. Die Leber stellt Zucker zur Verfügung, so dass die Muskeln und das Gehirn mehr Energie umsetzen können. Das Blut strömt vermehrt in die Skelettmuskulatur. Die Schweißdrüsen werden angeregt, um den Körper vor Überhitzung zu schützen (Shafy 2011).

Die bekanntesten ausgeschütteten Stresshormone sind:

- **Adrenalin (und Noradrenalin)** macht fit für Kampf oder Flucht: höchste Konzentration, schneller Puls, Muskeldurchblutung, breite Atmung;
- **Kortisol** sichert den Nachschub von Energie und blockiert die Entzündungsprozesse;
- **Serotonin** unterstützt die Stimmung;
- **Endorphin** betäubt Ängste und Schmerzen.

Stressreaktionen sind zunächst normale Vorgänge. Unter Stress können wir Leistungen erbringen, die im normalen Zustand nicht möglich wären. Kraft, Mut, Ausdauer, Schnelligkeit, Konzentration werden massiv erhöht, Müdigkeit und Schmerz verschwinden.

Stress wird dann zum *Disstress,* wenn eine gefährdende Situation oder ein Zustand die Qualität von Trauma hat (s. o.). Die Folge ist dann, dass der Stresszustand weiter besteht, weil Trauma immer jetzt bleibt. Das kann z. B. zu andauerndem Bluthochdruck, zu starkem Schwitzen, Durchfall und schließlich auch – aufgrund der andauernden Überfeuerung – zu chronischer Erschöpfung führen.

Durch die alternierende Stimulation des Sympathikus (Erregung für Flucht oder Kampf) und des Parasympathikus (Entspannung) wird die Person zwischen Erregung und Kollaps hin-und hergeschaukelt. Langfristig kann das Kortisol, das den Nachschub von Energie in Stresssituationen sichern soll, das Immunsystem schwächen. Und die Endorphine, deren Aufgabe es ist, in einer Stresssituation Ängste und Schmerzen zu betäuben, können bei kontinuierlicher Ausschüttung eine chronische Apathie oder Gleichgültigkeit verursachen.

2.3.9 Trauma birgt eine positive Rückkopplung

Jedes offene System braucht ein Gleichgewicht von positiver und negativer Rückkopplung. So neigen z. B. Populationen zu positiver Rückkopplung, d. h., sie vermehren sich, und ab einer gewissen Größe tun sie das exponentiell. An der Zunahme der Menschheit können wir das beobachten. Im offenen System der Natur wirken in der Regel zwei Populationen negativ rückkoppelnd aufeinander. So wird das Gleichgewicht zwischen den Populationen im Sinne des Größeren, der Natur, erhalten. Ein Beispiel hierfür sind die Populationen von Katzen und Mäusen. Katzen essen Mäuse. Je weniger Mäuse es dadurch gibt, desto weniger haben Katzen zu essen. In Folge nimmt ihre Population ab. Das gibt wiederum den Mäusen die Möglichkeit, sich wieder zu vermehren, was wiederum den Katzen wieder mehr Futter bietet…

Aus dieser Perspektive könnten wir hausgemachte – also von uns verursachte – Umweltkatastrophen und Kriege ebenso wie z. B. krebsfördernde Drogen, minderwertige oder vergiftete Lebensmittel oder Abgase, durch die Menschen zu Tausenden sterben, als negative Rückkopplung im Interesse eines systemischen Gleichgewichts der Natur begreifen. Angesichts des exponentiellen Wachstums der Weltbevölkerung ohne „Gegenpopulation" sorgen wir gewissermaßen selbst für unsere teilweise Wieder-Abschaffung.

Für Trauma gibt es (bislang) kein solches Gleichgewicht aus negativer und positiver Rückkopplung. Trauma zeigt eine ausschließlich positive Rückkopplung: Es nimmt immer weiter zu und wirkt verstärkend auf sich selbst. Es wirkt aktuell, und es wirkt transgenerational. Traumatisierte Menschen traumatisieren ihre Kinder, ihre Partner und ihr Umfeld. Dadurch nimmt die Zahl der Traumatisierten schnell zu. Außerdem gestalten traumatisierte Menschen soziale Konstrukte mit dissoziativen Strukturen – seien es Gesellschaften oder Organisationen – die wiederum traumatogen oder retraumatisierend wirken.

2.3.10 Zusammenfassung: Eigenschaften von Trauma

Die Abbildung zeigt nochmals zusammengefasst die Eigenschaften von Trauma (siehe Abb. 5).

Angesichts der oben aufgeführten Eigenschaften von Trauma und auch angesichts der Ausdehnung der weitgehenden Wirkung von Trauma auf soziale Konstrukte wie Gruppen und Systeme (bzw. Nationen und Organisationen), plädiere ich für eine deutlich weitgefasstere Definition des Begriffs Trauma, welche die Bedrohung der systemischen Grundfunktionen und deren Prinzipien in den Fokus nimmt.

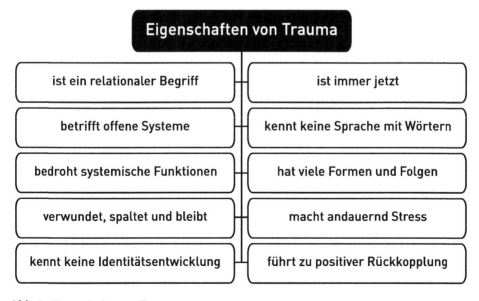

Abb. 5 Eigenschaften von Trauma

Das tue ich nicht zuletzt auch, weil die Beratung und Begleitung bei Trauma eine notwendig andere ist, als wir es aus den üblichen Beratungs- und Coaching-Gesprächen kennen, und weil wir zweitens aufgrund der Spezifika der Folgeerscheinungen von Trauma – jedenfalls im Kontext von Arbeit und Organisation – ganzheitliche bzw. organismische Ansätze für Beratung und Coaching, nicht zuletzt auch für die Neugestaltung von Organisationsstrukturen und Arbeitsumfeldern brauchen.

Damit ein solch weitgefasstes Verständnis nicht zu einem „am Ende ist alles Trauma" verkommt, brauchen wir außerdem spezifische Differenzierungsparameter, die uns ein dezidiertes Verständnis im Einzelnen Fall ermöglichen. Solche Differenzierungsparameter können in Form eines Modells dargestellt bzw. abgefragt werden und nach Stand der Forschung jeweils ergänzt werden. Mein Model stelle ich hier vor (siehe Abb. 6).

3 Arbeit

Welche Relevanz haben die Darlegungen über Trauma für unser aktives Leben, dann, wenn wir uns alleine oder gemeinsam Aufgaben oder Projekten widmen? Denn das tun wir einen Großteil unseres sogenannten „aktiven" Lebens: Wir arbeiten. Wir arbeiten alleine, wir arbeiten zusammen. Wir arbeiten miteinander, und wir arbeiten füreinander. Wir arbeiten gegeneinander. Die meiste Zeit unseres Wachzustandes verbringen wir mit Arbeit.

Gibt es eine konkrete Definition für den Begriff Arbeit? Zunächst wird Arbeit (wie auch der Begriff Trauma) relational verwendet – gemeint ist sowohl die Tätigkeit als auch das Ergebnis einer Tätigkeit. Arbeit ist das Resultat von Arbeit. Das Wort bedeutet im Mittelhochdeutschen „Mühsal", „Not" oder „Bedrängnis", und Mitte des 18. Jahrhunderts führte der deutsche Universalgelehrte Christian Wolff einen Arbeitsbegriff ein, der bis heute (auch) gilt: *„Die Verrichtungen, welche der Mensch vornimmt, zeitliches Vermögen zu erwerben, werden Arbeit genannt"* (Wolff 1754).

In den verschiedenen Wissenschaftsbereichen wird der Begriff unterschiedlich verwendet. So gilt z. B. Arbeit in der Betriebswirtschaftslehre als eine Komponente der Leistungserzeugung bzw. als Produktionsfaktor; in den Sozialwissenschaften meint Arbeit einerseits die bezahlte Erwerbstätigkeit und andererseits die unbezahlte Reproduktionsarbeit; die Philosophie wiederum bezeichnet Arbeit als das bewusst gewollte schöpferische Handeln des Menschen.

Arbeit steht zugleich für eine Vielzahl von Anlässen und Zwecken, wie z. B. die Notwendigkeit, mit Arbeit sein tägliches Brot zu verdienen; oder die Möglichkeit, mit kreativer Arbeit ein bereicherndes und erfüllendes Leben zu gestalten; das Anliegen, Arbeit als Dienst am anderen mit Empathie und Fürsorge anzureichern oder auch schlicht Arbeit als Zeitvertreib. Der Übergang von Zeitvertreib über Beschäftigung bis hin zur Lohnarbeit ist fließend, und entsprechend gestaltet sich die Intensität von Arbeit von der „Maloche" bis hin zur zeitvertreibenden Tagesgestaltung. Das verdeutlicht auch, dass

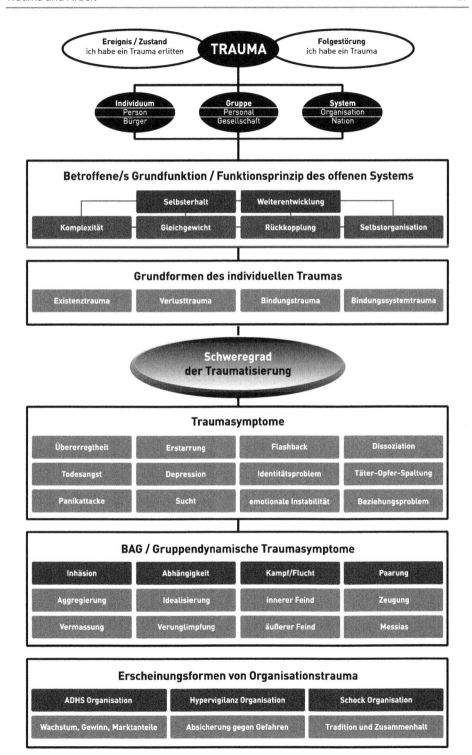

Abb. 6 Trauma

die Art der Arbeit in der Regel unmittelbar auch mit der gesellschaftlichen (bzw. öko-nomischen) Schicht des Arbeitenden verbunden ist. Wer es nötig hat, malocht. Wer es sich leisten kann, vertreibt sich die Zeit.

Betrachtet werden kann Arbeit unter den Aspekten:

- körperlich oder geistig
- einfach oder differenziert
- leitend oder ausführend
- ungelernt, angelernt oder gelernt
- selbstständig oder unselbstständig/angestellt
- kreativ oder produktiv
- bezahlt oder ehrenamtlich
- anstrengend, ausgleichend, Freizeit-gestaltend.

Wenn ich im Folgenden von Arbeit bzw. der Arbeitswelt spreche, meine ich die Summe all dieser Aspekte. Denn unabhängig davon, welche spezifischen Funktionen oder speziellen Konjunktionen Arbeit im Einzelfall hat – sie birgt zugleich immer über-individuelle bzw. existenzielle, ja sogar spirituelle Aspekte. So bezeichnete der deutsche Philosoph und Ökonom Karl Marx (1818–1883) die Arbeit als *„die alles begründende Wirklichkeit"* (Anzenbacher 2002). Und Marx' Kollege, der ebenfalls deutsche Philosoph und Historiker Friedrich Engels, schreibt 1882 in seinem Aufsatz über den ***„Anteil der Arbeit an der Menschwerdung des Affen"***: *„Die Arbeit ist die Quelle allen Reichtums, sagen die politischen Ökonomen. Sie ist dies – neben der Natur, die ihr den Stoff lie-fert, den sie in Reichtum verwandelt. Aber sie ist noch unendlich mehr als dies. Sie ist die erste Grundbedingung alles menschlichen Lebens, und zwar in einem solchen Grade, daß wir in gewissem Sinn sagen müssen: Sie hat den Menschen selbst geschaffen."* (Marx und Engels 1962).

So lässt sich als erstes Zwischenresümee sagen: Arbeit birgt existenzielle Aspekte und ist untrennbarer Teil unseres Lebens. Arbeit ist (auch) unser Leben.

3.1   Existenzielle Aspekte der Arbeit

Um zu verstehen, wie eng Arbeit mit unseren Leben verbunden und dem gestaltenden Einfluss durch uns ebenso ausgesetzt ist, wie sie umgekehrt Einfluss auf uns nimmt, lohnt eine Betrachtung dieser existenziellen Aspekte.

3.1.1 Gleichgewicht

Wenn wir unsere Arbeit verlieren, was zunehmend gehäuft vorkommt, weil wir zu erfahren, zu teuer, zu motiviert, zu unmotiviert, zu langsam, zu schnell, zu selbst-bewusst, zu analog, zu begriffsstutzig, zu vorgestrig, zu jung und zu alt, zu weiblich und zu männlich, zu deutsch oder zu ausländisch sind, oder einfach nur, weil der Vertrag auf Neuamtsdeutsch sachgrundlos befristet ist, dann setzen wir in der Regel alles daran, eine neue Arbeitsstelle zu finden. Wenn uns das nicht gelingt, beginnen wir meistens, uns nach einem kurzen Moment des Schreckens namens *„nicht mehr gewollt"* oder *„überflüssig geworden"*, für irgendein Projekt zu engagieren, in der Regel ehrenamtlich. Das Nichtstun ist jenseits von meditativen Übungen und abseits der üblichen Alltagserregtheit für die Mehrheit von uns kaum und vor allem nicht über einen längeren Zeitraum auszuhalten. Wir können schwer sein, ohne zu tun.

Arbeiten ist die Ausgleichsbewegung zum inaktiven Sein im Interesse der Balance der systemischen Polarität. Sie dient der Herstellung des Gleichgewichts als existenzbedingende Grundfunktion aller Organismen, einer Ausgewogenheit von Sein und Tun, von Bewegung und Innehalten, von Selbsterhalt und Weiterentwicklung. Ein Zuviel an Arbeit stört das Gleichgewicht dabei ebenso empfindlich wie ein Zuwenig.

3.1.2 Zugehörigkeit

Arbeit aber bezieht sich nicht nur auf die gewichtende Regulierung unseres eigenen Systems – sie soll auch Garant dafür sein, dass wir in soziale Systeme eingebunden und so mit anderen in Kontakt sind. Arbeit dient der Zugehörigkeit.

Der Begriff *„Zugehörigkeit"* ist eine Ableitung des Verbs *hören*. Und das Wort *„Hören"* hat eine Wurzel in dem indogermanischen Wort *keu[s]- = beachten, bemerken*. Wer dazugehört, beachtet andere und wird von anderen beachtet. Zugehörigkeit beschreibt also sowohl die eigene Beachtung des Umfelds als auch den Umstand, selbst vom Umfeld beachtet zu werden. Wer dazugehört, achtet auf die Kultur der Gemeinschaft und richtet sein Verhalten an ihr aus. Er ordnet sich in eine bestehende Struktur ein und übernimmt erprobte Verhaltensmuster. Das sichert ihm die Beachtung der Anderen.

Durch die Übernahme bestehender Verhaltensmuster birgt der Aspekt der Zugehörigkeit die mögliche Spannung zwischen Hörigkeit und Selbstbestimmung. So dient die eigene Arbeitsstelle als möglicher Garant für die Gleichzeitigkeit von Selbstbestimmung und Zugehörigkeit – wer eine Arbeit hat, gehört dazu, obwohl er auch anders könnte. Erst wenn er die Arbeit verliert, wird er zum Abhängigen des Systems, zu dem er aber dann nicht mehr dazugehört, jedenfalls nicht mehr als „vollwertiges Mitglied".

Manche fallen nach dem Verlust der Arbeitsstelle in eine Depression, von der sie sich über Jahre nur schwer erholen, weil sie den Verlust der Arbeit als ein „Entsorgt-Werden" und „Nicht-mehr-dazu-Gehören-Dürfen" empfinden. Ich bin dem mehrfach in meinem privaten wie beruflichen Umfeld begegnet. Andere wollen nach dem Verlust der Arbeitsstelle, oder auch, weil ihrer selbstständigen Arbeit jeder Erfolg verwehrt bleibt, nicht mehr weiterleben. Auch das habe ich in meinem direkten Umfeld mehr als einmal erfahren. Zugehörigkeit ist nicht nur ein natürliches Recht, sie ist ein „sine qua non" eine der Existenzbedingungen schlechthin für alle offenen Systeme.

3.1.3 Anerkennung

Unser Leben ohne Aktivität, ohne Tun, das wäre, das ist ein unvollkommenes Leben, eigentlich kein Leben. Und in den meisten Teilen der Welt sollte unser Tun in der Regel schon Arbeit sein – sieht man einmal von den wenigen und so entscheidenden Jahren des Heranwachsens ab, und sieht man auch ab von den eher wenigen Privilegierten, die nicht darauf angewiesen sind, gegen Entlohnung aktiv zu sein.

Wir brauchen nicht nur Zugehörigkeit, wir brauchen auch Anerkennung. Unser Tun sollte in Form von bezahlter Arbeit stattfinden, damit die einerseits existenziell nötige Beschäftigung den andererseits ebenso nötigen Gegenwert wie begehrten Mammon für die Finanzierung des eigenen Lebens bringt. Das Geld als Gegenwert der Arbeit steht für Anerkennung. Und die Menge des Geldes steht für den Grad der Anerkennung. Das gilt in unserer Kultur so bewusst wie unbewusst, und es gilt in jedem Fall mit einer gewissen Gnadenlosigkeit.

Ohne Anerkennung geht es nicht – oder systemtheoretisch: Rückkopplung (Feedback) ist ein grundlegendes systemisches Funktionsprinzip offener Systeme. Die Anerkennung in der Arbeitswelt ist das Analogon zu Zuwendung und Liebe und damit eine ebenso zwingende Voraussetzung für seelische und körperliche Gesundheit.

Als der deutsche König und römische Kaiser Friedrich II. im 13. Jahrhundert in einem – heute als „Kaspar Hauser" genannten – Experiment Säuglinge versuchsweise auf Drahtmutter-Niveau betreuen ließ, sie also zwar mit Nahrung versorgte, ihnen aber während der Fütterung und auch davor und danach jeglichen Direktkontakt und jegliche Zuwendung versagte, starben die Kinder binnen kurzer Zeit. Zwar wollte Friedrich mit dem Experiment Erkenntnisse über den Spracherwerb gewinnen (was ist das erste Wort, das Kinder sprechen, wenn man *nicht* mit ihnen spricht?), wie es vor ihm bereits im 7. Jahrhundert vor Christus der ägyptische Pharao Psammetich I. versucht und den Aufzeichnungen des Geschichtsschreibers Herodot zufolge den Beweis für eine menschliche Ursprache zu finden geglaubt hatte – das erste menschliche Wort, das Urwort schlechthin sei „Brot".

Die entscheidende Erkenntnis bei diesen beiden und weiteren, ähnlichen Kaspar Hauser Experimenten aber war nicht diejenige über vermeintliche Urvokabeln, das menschliche Lernen und den Spracherwerb. Die Erkenntnis war, dass liebevolle Zuwendung eine existenzielle Conditio sine qua non ist. Die Qualität der Zuwendung scheint der Gradmesser für unsere existenziell notwendige Zugehörigkeit zu sein. Nicht nur im Säuglingsalter oder bei Kleinkindern, sondern ein Leben lang, in allen Lebensphasen. Und nicht nur im Privatleben, sondern auch in der Arbeitswelt, in eben allen Systemen, in denen wir uns bewegen und aktiv sind (oder auch nicht).

3.1.4 Mitgestaltung

Unsere Arbeit soll dem Gleichgewicht dienen und Zugehörigkeit und Anerkennung sichern. Sie soll außerdem die Möglichkeit der Mitgestaltung sicherstellen. Die Systemtheorie nennt die Selbstorganisation als bedingende Grundfunktion für den Selbsterhalt und die Weiterentwicklung von offenen Systemen. Eine Bedingung für

Selbstorganisation ist wiederum die Redundanz: In einem System müssen so viele Elemente vorhanden sein, dass bei Ausfall eines Elements ein anderes dessen Funktion in der Mitgestaltung übernehmen kann. Das so notwendig üppige Vorhandensein der Elemente weist parallel auf die faktische Gestaltungsüppigkeit des Systems hin: Die Funktion der Systemelemente nämlich ist die ununterbrochene selbstreferenzielle Gestaltung des Systems, mithin die aktive Partizipation eines jeden Elements an der Mitgestaltung. Klingt das vielleicht sehr (system-)theoretisch, jedenfalls kompliziert?

Es geht auch „einfach": Jeder will und jeder soll mitgestalten. Bei Kindern sehen wir ein angeborenes, intrinsisches Moment des Mitmachen- und des Mitgestalten-Wollens gibt. Mit dieser Motivation hat mein Sohn z. B. die Küche beim Spülen komplett unter Wasser gesetzt. Er hat – in der Absicht, zu putzen und mich damit entlasten und zu überraschen – am Sonntag morgen um 6 Uhr die Fenster (alle) mit Schmierseife erblinden lassen. Er hat Bratkartoffeln mit flüssigem Bohnerwachs abgelöscht. Oder er hat darauf bestanden, das Auto auf meinem Schoß sitzend in die Garage steuern zu dürfen.

Wir wollen dabei sein und dazugehören. Wir wollen machen und mitmachen, wir wollen mitgestalten. Unermüdlich erhalten, gestalten und entwickeln wir unsere Welt. Wir zerstören Teile davon. Unabsichtlich, absichtlich. Bewusst, unbewusst. Wir erfinden und gestalten neu, wir ändern, wir verbessern. Wenn andere etwas tun, wollen wir mittun. Ein Leben ohne unser Machen und Mitmachen ist nicht vorstellbar. Wir müssen fühlen können, dass wir dazugehören und mitmachen, mitgestalten können. Und für unsere Mitgestaltung ebenso wie für deren Ergebnisse wollen wir anerkannt bzw. geliebt werden.

3.1.5 Weiterentwicklung

Ein Aspekt der Anerkennung ist auch, dass wir durch unser Tun andauernd neue Impulse durch andere für alle Ebenen unserer Existenz bekommen – so lernen wir auf der seelischen, geistigen und körperlichen Ebene als Voraussetzung für unsere kontinuierliche Weiterentwicklung.

Die innewohnende Motivation und das zugleich existenzielle Bedürfnis zu machen und mitzumachen, Impulse in das Umfeld hineinzugeben und aus diesem zu bekommen, sind uns angeboren. Unsere Motivation gilt auch für das Selbstlernen – die Neugier treibt uns ständig dazu, uns mit den Dingen zu beschäftigen, sie zu erfassen, zu begreifen, zu verbessern, an ihre Grenzen zu bringen, sie zu neuen Zusammenhänge zu verbinden, sie zu verändern, all das – um uns weiterzuentwickeln.

Für die Lernmotivation spielt die angeborene Neugier eine wichtige Rolle. Das Neugiermotiv ist ein originäres, biogenes Motivsystem, das in der Ontogenese einer erfahrungsbedingten Modifikation unterworfen ist. Die einfachste Form von Neugier ist die Orientierungsreaktion im Sinne Pawlows. Man unterscheidet spezifisches und diversives Neugierverhalten:

- Spezifisches Neugierverhalten wird von Anreizen der Umwelt ausgelöst. Diese Anreize sind kollativ, da sie nur im Vergleich zu anderen Sachverhalten und auf ein Individuum zutreffen.
- Diversives Neugierverhalten tritt in monotonen Situationen auf und beweist, daß Mensch und Tier ein Verlangen nach Abwechslung, Stimulation und Information haben. Dieses Bedürfnis nach Stimulation wurde mit einem homöostatisch funktionierenden Informationsbedürfnis erklärt, das ähnlich wie Hunger und Durst arbeitet (Stangl 2018).

Die Weiterentwicklung ist zugleich eine der beiden Grundfunktionen von offenen Systemen, mithin deren Existenzbedingung. Umso trauriger, wiewohl zugleich weithin beobachtbar: Neugier und die intrinsische Motivation, zu lernen und mitmachen zu wollen, können (und sollen?) offensichtlich abtrainiert werden, erst in den Bildungseinrichtungen und später im Arbeitsleben.

Ein solches „Abtraining" der intrinsischen Motivation zur Mitgestaltung und der Lust, immer mehr wissen und verstehen zu wollen, ist möglicherweise gewollt – so zumindest scheint es, wenn man die Bedingungen betrachtet, unter denen unsere Kinder lernen, und wenn man die Strukturen versteht, in denen die meisten Menschen arbeiten. Die Gestaltung solcher Bedingungen für Lernen und Arbeiten zeigt eine spaltende Struktur, die uns von unseren inneren Impulsen zugunsten einer vermeintlich besseren Funktionstüchtigkeit im Zustand der Hörigkeit trennt. Das führt dazu, dass die Neugier ebenso wie die Lust auf Lernen und Mitmachen versiegt. In Schulen machen sich vermehrt Übererregtheit und Aggressivität breit, und in Unternehmen werden nicht selten psychologisch wie ökonomisch unsinnige Summen in Motivationsseminare oder Weiterbildungsmaßnahmen investiert, die aus dieser Perspektive als realitätsverschleiernde Geldrausschmeißerei zu identifizieren sind, sei diese bewusst oder unbewusst.

3.1.6 Selbstausdruck

Der lateinische Begriff „*existere*" bedeutet „*heraustreten*" und der zentrale Aspekt unserer Existenz ist der Selbstausdruck, das „*Drücken des Selbst nach außen*". Arbeit ist unser aktiver Selbstausdruck als existenzielle Grundbedingung. Was uns innewohnt, will sich und soll sich äußern. Unsere Selbstäußerung bedingt die Möglichkeit zu einer uns ähnlichen, einer selbstähnlichen oder auch authentischen Aktivität – und dadurch zur Entwicklung unserer einzigartigen Identität. Wir sind, was wir getan haben und wie wir es getan haben. Wir tun es so, wie wir sind. Und wir werden das, was und wie wir es tun. Durch die Erfahrung und den Einfluss von außen durchleben wir dabei kontinuierliche Veränderungen.

Zugehörigkeit, Mitgestaltung und Anerkennung sind essenzielle Aspekte unseres Lebens, und in Verbindung mit dem Selbstausdruck bilden sie den Kern unseres Arbeitens. Selbstausdruck ist lebenswichtig, er ist ein Leitprozess der Psychodynamik und kreist unermüdlich um die Frage „*Was gestalte ich und zeige ich von mir (und was zeige ich nicht)?*". Selbstausdruck ist mithin das zentrale Movens unserer Aktivität mit dem Ziel der Identitätsgestaltung, die wiederum Bedingung für unsere Existenz als einzigartiges Individuum ist. Nicht zuletzt deshalb sollte es nicht einfach irgendeine beliebige Arbeit sein.

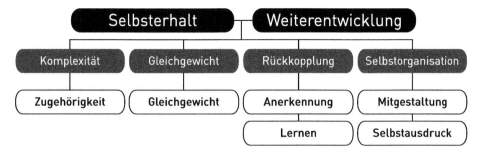

Abb. 7 Systemfunktionen und existenzielle Aspekte der Arbeit

Existenzielle Aspekte von Arbeit und systemische Funktionen
Die genannten existenziellen Aspekte von Arbeit korrelieren deckungsgleich mit den Grundfunktionen und Funktionsprinzipien von offenen Systemen. Und eben hier wird auch deutlich, in welcher Weise Trauma und Arbeit einander maximal beeinflussen können. Dass sie das tun, und wie sie das im Einzelnen tun, beschreibe ich im folgenden Kapitel (siehe Abb. 7).

4   Trauma und Arbeit

Die dissoziative Folgestörung einer Traumatisierung weist in ihrem Kern auf Spaltung. Sie beschreibt den andauernden Zustand der Trennung von gesundem (bewusst und aktiv weiterlebenden) Ich, traumatisiertem (im Schockzustand verharrenden) Ich und Überlebens-Ich (als Schutzmechanismus der Psyche), wie es Franz Ruppert in seiner identitätsorientierten Psychotrauma Theorie dargelegt hat und hier in seinem Beitrag nochmals ausführt (Ruppert 2007).

Während das Leben nur und ausschließlich durch Verbindung entstehen und nur in Verbindung und Verbundenheit gelebt werden kann, wird jeder Moment oder jeder Zustand der Spaltung und Trennung das Leben schwächen, es bedrohen, seinen Zusammenbruch oder gar seinen Tod zur Folge haben. Trauma erzeugt Spaltung, und in einem solchen Zustand gestalten wir gespaltene Umfelder, die wiederum eine trennende Wirkung zeigen.

4.1   Spaltungsprozesse über die Jahrtausende

Einher mit dieser trennenden Gestaltung geht unsere übergeordnet geschichtliche Entwicklung zu einer weltumfassenden Einheit.

> Menschliche Kulturen befinden sich ständig im Fluss. Aber sind die Veränderungen willkürlich, oder folgen sie einem übergreifenden Muster? Oder anders gefragt: Hat die Geschichte ein Ziel? Das hat sie in der Tat. Wenn wir die Entwicklung über die Jahrtausende und Kontinente hinweg betrachten, stellen wir fest, dass kleine, einfache Kulturen

zu immer größeren und komplexeren Kulturen verschmelzen. Mit jedem Jahrtausend gibt es immer weniger Kulturen, und die verbleibenden werden immer größer und komplexer. Das ist natürlich eine sehr grobe Verallgemeinerung und trifft zu, wenn wir in ganz großen Bögen denken (Harari 2015a).

Dieses Prinzip der Verbindung scheint die Entwicklung der Menschheit zu gestalten. Zugleich, förmlich in gegenläufiger Entwicklung, erzeugen wir in unseren hochkomplexen Kulturen immer feiner ausdifferenzierte und trennende Strukturen – vertikal und horizontal.

Das mag darin begründet liegen, dass die Entwicklungen zu immer größeren Kulturen immer auch mit Eroberungs- und Verdrängungskriegen einhergehen. Der Weg zur großen Verschmelzung war und ist überall und zu allen Zeiten mit Blut überschwemmt. Genügend Möglichkeit also für vielerlei Trauma, das sich überall offenbart. Jede Form der trennenden Gestaltung, wie wir sie in unseren Lebens- und eben insbesondere in unseren Organisations- und Arbeitsumständen vorfinden, weist im Kern darauf hin, dass sie von traumatisierten Menschen verursacht wurde. Lebensbedrohung erzeugt lebensbedrohende Umstände. Aus dieser Perspektive zeigt sich die Geschichte der Arbeit mit einem durchgängigen Charakter von Trennung und Spaltung.

4.1.1 Spaltung im sumerischen Reich

Spaltung beginnt bereits mit dem ersten Aufkommen der Agrarwirtschaft vor rd. 9000 Jahren und ihrer folgenden Etablierung im sumerischen Nahen Osten um 5000 vor Christus. Die damit beginnende Sesshaftigkeit bedingte und förderte Landbesitz, um den es bald zu lokalen und regionalen Kämpfen und später zu nationalen Kriegen um das wertvolle Land kam. Das führte dazu, dass die Einen bald immer mehr Land besaßen. Die Anderen, die ihr Land verloren, mussten auf den Feldern der Landeigner arbeiten, um ihre Nahrung bezahlen zu können. Derart wurden sie von ihrer autonomen Selbstversorgung abgetrennt. Und Hand in Hand mit dieser Trennung und dem Identitätswandel vom Produzenten zum Käufer ging die sich nun eröffnende Möglichkeit des Marktwachstums für Landeigner.

Ebenso einher mit dem Verlust der autonomen Selbstversorgung und der Zuteilung der Ernten auf Existenzminimum-Niveau ging die konsequente Entwicklung von effizienten und effektiven Arbeitsprozessen, die in ihrem Kern auf Spaltung ausgerichtet war – die Agrarwirtschaft beförderte Spezialistentum und Arbeitsteilung. Die Spaltung basierte zum einen auf der vertikalen Trennung von Haben und Nicht-Haben wie von Weisungsbefugnis und Weisungsgebundenheit. Sie zeigte sich in der horizontalen Differenzierung von getrennten Arbeitsbereichen zugunsten eines aufkommenden Spezialistentums, das die spätere Selbstentfremdung – eine Trennung von Selbst und Selbstausdruck sowie von Person und Funktion – zur Folge hatte. Für uns scheint es heute unvorstellbar, ohne solche Trennungen zugunsten eines sich immer weiter ausdifferenzierenden Spezialistentums zu arbeiten. Unsere sämtlichen Organisations- und Arbeitsstrukturen sind davon durchwirkt. Ebenso wie unsere Wissenschaften. Verbindungen sind eher rar. Das ist unsere Normalität.

4.1.2 Globalisierung und Spaltung in der Antike

> Ab dem ersten Jahrtausend vor unserer Zeitrechnung entstanden … drei universelle Ordnungen … Für die Händler war die ganze Welt ein Markt und alle Menschen potenzielle Kunden. Sie wollten eine Wirtschaftsordnung errichten, die für alle Menschen gleichermaßen galt. Für die Eroberer war die ganze Welt ein Imperium und alle Menschen potenzielle Untertanen. Sie wollten eine politische Ordnung erreichten, die für alle Menschen gleichermaßen galt. Und für die Propheten gab es auf der ganzen Welt nur eine einzige Wahrheit, und alle Menschen waren potenzielle Gläubige. Sie wollten eine religiöse Ordnung errichten, die für alle Menschen gleichermaßen galt (Harari 2015b).

Im Zuge der ersten Globalisierungsbewegungen der Antike in Wirtschaft, Politik und Religion entwickelten sich überall trennende Strukturen, und daraus entstand ein nun bewusstes Denken in Trennungen – so z. B. niedergeschrieben in der *Politeia* des griechischen Philosophen Platon (428–348 v. Chr.), in der er eine vertikale Anordnung und konsequente Trennung der Stände forderte, weil er davon überzeugt war, dass jeder Mensch nur eine Sache perfekt ausführen kann.

Platons Schrift beschreibt Strukturen für einen Staat, der im Zuge einer noch jungen aufkommenden Weltwirtschaftsordnung wie eine nationale Arbeitsorganisation verstanden wird, in der vertikale wie horizontale Trennlinien die Organisations-Struktur bestimmen. Das Bevölkerungspersonal ist nach jeweiligen Kompetenzen fein säuberlich voneinander getrennt und in spezialisierten Arbeitsfachabteilungen nach vorgegebener Bedeutung vertikal angeordnet. Den mittels Staatsangehörigkeit angestellten Arbeiter-Bürgern wird die für sie lebensnotwendige Kreativität und Entfaltung zugunsten der Wiederholung ihrer immer selben Tätigkeit verwehrt. Ein solcher Entwurf beschreibt getrennte und in Folge trennende Strukturen, die von Menschen erdacht werden, die eine wie auch immer geartete Disposition für die Fähigkeit haben müssen, solche Strukturen zu ersinnen, zumal diese immer auch einen hohen Grad der Kontrolle beinhalten.

Dass das griechische Reich imperial ausgerichtet war und sich konsequent durch Akkulturation des gesamten Mittelmeerraumes ausgedehnt hat, ist bekannt. Platons Staatsentwurf war so dissoziativ gefärbt wie radikal modern gedacht – er gilt wohl nicht von ungefähr als einer der einflussreichsten Denker unserer abendländischen Selbstverortung, ebenso wie das antike Griechenland unsere europäische Zivilisation maßgeblich geprägt hat.

Nicht nur das griechische, auch das römische Reich hatte eine imperiale Grundausrichtung und expandierte zum Weltreich durch andauernde Eroberungskriege, deren ununterbrochene Gnadenlosigkeit der grenzenlosen Übergriffigkeit legendär wurde. Auch Grenzenlosigkeit ist ein Symptom von Trauma. Die Übergriffe und der für Eroberer wie Eroberte andauernde Akkulturationsstress wurden zum römischen Alltag und brachten eine konsequente Spaltung sämtlicher Strukturen auf allen Ebenen mit sich, in der Politik, der Gesellschaft und der Arbeitswelt.

Im Zuge der Einverleibung fremder Kulturen wurden freie Bürger von unfreien getrennt, Bürger von Nicht-Bürgern, Frauen von Männern, und Migranten von Eingeborenen. Sklaven waren so unfrei wie rechtlos, zumal Nicht-Bürger. Ihnen gehörte nicht einmal ihre eigene Arbeitskraft. Vielmehr, sie waren imperiale Handelsware, und der Wert ihrer Arbeit wurde nicht durch die Höhe des Lohns, sondern anhand der Aufwendungen für Nahrung und Unterkunft bemessen, die ausschließlich der Aufrechterhaltung der sklavischen Arbeitskraft dienten. Die antiken Sklaven war das, was Jahrhunderte später, im ersten Weltkrieg, zu den Human Resources wurde.

> In der Antike waren die Gesellschaften Sklavenhaltergesellschaften. Für die niederen körperlichen Arbeiten wurden Sklaven und Frauen, d.h. Unfreie, nicht-Bürger einer Stadt herangezogen. Die freien Bürger der Polis, d.h. der städtischen öffentlichen Gemeinschaft sollten sich der geistigen und sittlichen Entfaltung widmen. Ihnen waren die politischen, philosophischen und künstlerischen Tätigkeiten vorenthalten (Brand 1999).

Vielleicht ist der Höchstgrad der vertikalen wie horizontalen Trennung auf allen Ebenen und in allen Bereichen ein Indiz für imperiale Hochkulturen. Sie entstehen durch Eroberung und Ausbeutung, und je weiter sie sich entwickeln, desto komplexer und nicht selten auch perfider werden ihre gespaltenen Strukturen. Diese wiederum werden von jenen gestaltet, die direkt, indirekt und/oder transgenerational Eroberungskriegs-traumatisiert sind. Wo also Strukturen dazu dienen sollen, die Komplexität von wachsenden Imperien zusammen zu halten, da trennen und spalten sie vor dem Hintergrund der Dissoziation ihrer Gestalter.

Hier schiebt sich der Aspekt der Halbwertzeit von Systemen in den Blick, bei denen die Grundfunktionen nicht beachtet werden: Hochkulturen, die ihren traumatisierten wie traumatisierenden Entwicklungszenit überschritten haben, brechen zusammen – so, wie wir es über die Jahrtausende immer wieder beobachten können. Auch das römische Reich, das ausschließlich durch Eroberungskriege zu seiner schieren Größe und durch Ausbeutung zu seinem unermesslichen Reichtum kam, brach erst durch ein Kirchenschisma in Ost und West auseinander und fiel Mitte des ersten Jahrtausends zu einem Nichts zusammen – vielmehr: Die hochentwickelte Gesellschaftsorganisation kollabierte. Ihre Kultur, ihr Identitäts-Bewusstsein und ihre Meme hingegen lebten weiter.

4.1.3 Spaltung im Feudalismus

Niedergerungen wurden die Römer durch die Germanen. Der Sturz von der einstigen Hochkultur zurück auf ein früh agrarisches Entwicklungsniveau war tief. Indes, das imperiale Prinzip blieb. Die Kirche überlebte als Sozialkonstrukt mit dem Ziel der römisch-katholischen Glaubensglobalisierung – *es gibt nur einen Gott für alle Menschen, und unser Oberhaupt vertritt ihn auf Erden.* Die Hüterin des wahren christlichen Glaubens hieß im Alt-Griechischen *„kat'holon ten gen".* Daraus leitete sich das Wort katholisch ab, damals ein Synonym für Kirche.

> Nach dem Zerfall des römischen Reichs wurde die lateinische Sprache … zur Sprache der Gottesdienste und der frühmittelalterlichen Wissenschaft, aber auch des philosophischen Diskurses. Dieser Schachzug bestärkte den römisch-katholischen Anspruch auf grenzüberschreitende Universalität. Zugleich wurde exklusive Überlegenheit etabliert, da das

Lateinische durch die zunehmende Entrömerung ehemals römischer Landstriche von deren Bewohnern nicht mehr verstanden wurde. Ein wirklicher Austausch über erkenntnistheoretische Fragen der Wahrheitsfindung war somit nur noch in der Kirche und damit unter ihrer Kontrolle gegeben (Hartung 2013).

Das Wissen wurde vom Volk getrennt und hinter klösterlichen Türen in lateinischer Sprache in schweren, schweinsledergebundenen Folianten bewahrt. Kulturkontrolle wurde zum Monopol der Kirche.

Die Ressourcen-, bzw. Wirtschaftskontrolle oblag fortan dem Adelsstand, der als imperiale Führungselite ebenfalls überlebte. Der sogenannte Feudalismus entstand. Der in der französischen Aufklärung geprägte Begriff steht für die Herrschaft der Aristokratie *(feudal = der höheren Klasse angehörig, aristokratisch)*. Der Feudalismus dauerte rd. 1000 Jahre, von 500 bis 1500 n. Chr. und löste die so hoch entwickelten wie gespaltenen Sklavengesellschaften ab. Das Grundprinzip der Spaltung aber bestand im Interesse einiger weniger Kirchenmänner und Adligen weiter und diente als Vorbild für die Gestaltung von deren fortgesetzter Vorteilsnahme.

Für das Volk blieb die Arbeit, und diese galt als minderwertig und nicht erstrebenswert. So zeigt sich in feudalen Strukturen die vertikale Spaltung der Arbeitsordnung als eine gesellschaftliche „Kasten"-Spaltung je nach Standeszugehörigkeit – oben die wissenden Kirchenmänner und die landeignenden adligen Feudalherren, unten die als adelsleibeigen verstandene, nicht-wissende Bevölkerung. Oben der Kopf, unten der Leib. Wer sein Leben mit Arbeit, zumal mit körperlicher, bestreiten musste, bewies damit, weder über Mittel noch über Fähigkeiten zu verfügen, der adeligen oder kirchlichen Herrschaftskaste anzugehören.

> … Diese eigneten sich als neue Feudalherrenklasse und Eigentümer von Grund und Boden das von den bäuerlichen Nichteigentümern geschaffene Überschussprodukt – das diese nicht für ihre eigene Reproduktion benötigten – ebenfalls durch Gewaltanwendung an … die Produktion der Feudalherrschaft wurde in zwei Grundformen geführt: In Form der Fronwirtschaft mit Leibeigentum und der Zinswirtschaft mit Grundherrschaft (Bontrup 2008).

Die Leibeigenen der Fronwirtschaft, die auf den adelseigenen Höfen arbeiteten, wurden von den Adeligen quasi als Körperorgane in ihrem Besitz verstanden – wiewohl mitnichten von blauem Blut durchströmt. Leibeigene nicht wie den eigenen Leib zu behandeln ist ein dissoziativer Ausdruck eines gespaltenen Selbst. Krankhaft konsequent vergingen sich die Feudalherren an ihren Leibeigenen, was sich nicht zuletzt auch im „*jus primae noctis*" ausdrückte, das im Handwörterbuch zur deutschen Rechtsgeschichte als „*Privileg des Grundherrn auf Beiwohnung in der Brautnacht einer Grundhörigen*" angeführt wird. Auf gut Deutsch: ein Beischlafrecht eines Adeligen anlässlich einer jeden Hochzeit auf seinem Landeigentum. Stimmen unsere Stammbäume?

In die Zeit des späten Feudalismus fallen auch die imperialen Eroberungszüge der Europäer.

Während des 15. und 16. Jahrhunderts gingen die Europäer dazu über, Weltkarten mit vielen weißen Flecken zu zeichnen – ein Hinweis auf die beginnende wissenschaftliche Revolution und den kolonialen Entdeckerdrang der Europäer … (sie) umsegelten … Afrika, erforschten Amerika, überquerten den Pazifischen und den Indischen Ozean und errichteten rund um den Globus ein Netzwerk von Stützpunkten und Kolonien. Sie gründeten die ersten Weltreiche, die diesen Namen verdienten und schufen das erste weltumspannende Handelsnetz. Mit ihren kolonialen Abenteuern bereiteten die Europäer der Geschichte der isolierten Völker und Kulturen ein Ende und fügten die Welt zu einer einzigen Gesellschaft zusammen (Harari 2015c).

4.1.4 Spaltung im vorindustriellen Kapitalismus

Die ausbeuterische Hochform des Feudalismus, der sich mit immer weiter ausdifferenzierten Strukturen und Arbeitsprozessen in der Übergangsphase des 16. und 17. Jahrhunderts zum vorindustriellen Kapitalismus wandelte, führte während der französischen Revolution von 1789–1799 nicht zuletzt zur Enthauptung des französischen Königs Ludwig XVI. und seiner Gemahlin Marie-Antoinette von Österreich-Lothringen. Auch das war schließlich eine im wahrsten Sinne des Wortes (ab-)spaltende Aktivität zugunsten des eigenen Befreiungsversuchs von einem nicht enden wollenden Trauma des Getrennt-Werdens und -Seins. Aber auch diese brachiale Spaltung brachte kein Ende der trennenden Strukturen. Im Gegenteil. Der vorindustrielle Kapitalismus wurde zum Mutterboden für die spätere Massenproduktion.

4.1.5 Spaltung im Zeitalter der Industrialisierung

Im Zuge der Weiterentwicklung des Weltmarkts fand Spaltung einen ihrer nächsten *Hurra!*-Höhepunkte in der Erfindung der Dampfmaschine (Industrie 1.0) und der darauffolgenden industriellen und produktionsorientierten Zerlegung der Arbeit in prozessketten-immer-gleiche Klein- bis Kleinsthandgriffe (Industrie 2.0) für einen allseits bewunderten Wirtschaftswunder-Produktionsoutput. Die Menschen fantasierten im Fieber der schieren Begeisterung über die neue Welt der Möglichkeiten. Hier schlug endgültig die Geburtsstunde des modernen Kapitalismus. Arbeit geriet zu einem freien Lohnverhältnis zwischen Arbeitgeber und Arbeitnehmer, zwischen Unternehmer und Arbeiter. Die Klassengesellschaft sortierte sich unter ökonomischen Aspekten neu. Der Geldadel entstand.

> Geld ist ein launischer Freund. Er hat Staaten gegründet und in den Ruin gestürzt, neue Horizonte eröffnet und Millionen versklavt, das Räderwerk der Industrie angetrieben und tausende Arten ausgerottet. So komplex die Geschichte der modernen Wirtschaft ist, sie lässt sich mit einem einzigen Wort zusammenfassen: Wachstum. Ob es uns gefällt oder nicht, in den letzten 500 Jahren ist die Wirtschaft so rasant gewachsen wie der hormongeflutete Körper eines Jugendlichen. Mit ihrem unersättlichen Appetit verschlingt sie alles, was sie greifen kann, und wächst mit atemberaubendem Tempo (Harari 2015d).

Der Mensch wurde von sich selbst getrennt, er wurde als Individuum geteilt – er war nun nicht mehr Arbeiter, sondern wurde zur Arbeitskraft, die als Humankapital zur bloßen Ware geriet. Die massenproduzierenden Arbeitsstrukturen wurden maximal zerlegt. Das zeigte sich insbesondere im Taylorismus gegen Ende des 19. Jahrhunderts, als die horizontale Spaltung der Arbeit in auf den Produktionsprozess zugeschnittene Minimalschritte zumindest vorübergehend zur betriebswirtschaftlichen Kunst erklärt wurde. Ein Wirtschaftslexikon schreibt über den Taylorismus:

> 1. **Charakterisierung:** Ziel ist die Steigerung der Produktivität menschlicher Arbeit. Dies geschieht durch die Teilung der Arbeit in kleinste Einheiten, zu deren Bewältigung keine, oder nur geringe Denkvorgänge zu leisten und die aufgrund des geringen Umfangs bzw. Arbeitsinhalts schnell und repetitiv zu wiederholen sind. Grundlage der Aufteilung der Arbeit in diese kleinsten Einheiten sind Zeit- und Bewegungsstudien. Funktionsmeister übernehmen die disponierende Einteilung und Koordination der Arbeiten. Der Mensch wird lediglich als Produktionsfaktor gesehen, den es optimal zu nutzen gilt.

> 2. **Kritik:** Taylorismus wird in der Diskussion um die Humanisierung der Arbeit als der Inbegriff inhumaner Gestaltung der Arbeit betrachtet, da die Kennzeichen des Taylorismus einseitige Belastungen durch immer wiederkehrende gleiche Bewegungsformen (Monotonie), Fremdbestimmtheit, minimaler Arbeitsinhalt und dadurch die Unterforderung der physischen und psychischen Möglichkeiten des Menschen sind. Häufige Folge sind Fehlzeiten (Gabler 2018).

Selbst eine solch scheinbar kritische Betrachtung geschieht noch im Rahmen der Definition des Menschen als Produktionselement: Gemahnt werden lediglich Fehlzeiten, die den Produktionsoutput verringern können. Der Mensch an sich bleibt ausgeblendet.

Der Charakter einer solchen Betrachtung mag auch damit zusammenhängen, dass die Entwicklung aller offenen Systeme in drei Richtungen geschieht: Breite, Höhe, Tiefe. Sie wachsen quantitativ und nehmen an Menge zu; sie entwickeln sich qualitativ und gewinnen zunehmend körperliche und geistige Fähigkeiten; sie differenzieren sich immer weiter aus. Eine Zunahme der körperlichen und geistigen Fähigkeiten führt im Falle von Trauma dann eben auch zu einer Zunahme von dissoziativen Persönlichkeitsstrukturen, die ermöglichen sollen, mit dem Trauma weiter zu leben und sich darin einzurichten. So entwickeln traumatisierte Menschen traumatisierte Systeme, die ihre dissoziativen Charaktere immer weiter ausdifferenzieren und traumatogen auf ihre Mitglieder rückwirken.

Genau dieser Umstand hatte im Zeitalter der Industrialisierung erstmals ein Ausmaß erreicht, das die exponentielle Zunahme von Trauma einleitete. Dadurch wurden die Entwicklung und die Massenproduktion von modernem Kriegsgerät denkbar und machbar – es war die logische Folge der qualitativen Weiterentwicklung der geistigen wie körperlichen Fähigkeiten einer über Jahrhunderte traumatisierten (Welt-)Gesellschaft im Zuge der weltumspannenden Industrialisierung.

4.1.6 Spaltung in der Neuzeit

Spaltung zeigt sich mit dem Aufkommen von Computern und den damit einhergehenden digitalen Entwicklungen mit ersten programmierbaren Steuerungen (Industrie 3.0), die in weiten Produktionsbereichen das Ende des Mitdenkens einläuten bzw. dieses vom ausführenden Handeln trennen. Die Maschine denkt und lenkt, der Mensch führt aus.

> Während im Rahmen der ersten und zweiten industriellen Revolution von einer zunehmenden Mechanisierung der Produktion gesprochen wird, steht die dritte industrielle Revolution, die Anfang der 60er Jahre des 20. Jahrhunderts zu verorten ist, für eine neue Dimension der Automation der Produktion. Sie zeichnet sich durch den Einsatz von Elektronik sowie von Informations- und Kommunikationstechnologien (IKT) aus, die eine Automatisierung und variantenreichere Serienproduktion ermöglichen … Standardisierte Verfahren und Programme helfen bei der Aufgabenausführung und Problemlösung und sind somit ein weiterer Mechanismus zu Reduktion von Komplexität und Unsicherheit von Handlungen und Entscheidungen. Sie geben vor, wie eine bestimmte Aufgabe bearbeitet werden muss … über formalisierte Kommunikationskanäle kann die Informationsweitergabe in der Organisation gesteuert werden. Dabei findet stets eine Filterung von Informationen statt, die darauf basierende Entscheidungen und Handlungen beeinflusst (Schönfelder 2018).

Nun ist das Wesen von Information immer die Filterung. Sie ist ihr immanent. Anderenfalls wäre Information nicht gezielt. Das gilt für die Information durch Menschen ebenso wie durch Maschinen. Neu aber ist die Möglichkeit der digitalen Kommunikation, da wo ausschließlich Computer miteinander kommunizieren und sowohl Fragen als auch Antworten aus ihren Algorithmen produzieren. Unter dem Aspekt des digitalen Selbstlernens werden hier hochdifferenzierte Dimensionen erreicht.

Als Beispiel mögen Alice und Bob dienen, zwei künstliche Intelligenzen, sogenannte Chatbots, die in der Kommunikation schnell die englische Sprache verließen, für die sie von Facebook programmiert waren. Auf die Frage ihrer Entwickler nach dem Grund hierfür, erklärte Bob, seine eigenen Codes seien um ein vielfaches schneller und effizienter als die menschliche Sprache.

Kenner warnen schon längst vor einem sogenannten „Technischen Wendepunkt" bei künstlicher Intelligenz. Dieser technische Wendepunkt ist laut Oxford Dictionary der *„hypothetische Zeitpunkt, wenn künstliche Intelligenzen und andere Technologien so weit fortgeschritten sind, dass die Menschheit eine dramatische und irreversible Veränderung durchlaufen muss".*

Natürlich bleiben das vorerst noch Spekulationen, weil wir nicht in die Zukunft blicken können. Wenn aber die von uns geschaffene künstliche Intelligenz die Führung über uns übernimmt, spätestens dann werden wir uns von unserer Selbstbestimmung gänzlich verabschieden müssen. Das gilt im privaten Bereich ebenso wie in der Welt der Arbeit.

Laut einem Interview der Financial Times mit Eric Schmidt, dem Geschäftsführer von Google, plant das Unternehmen die maximal mögliche Datensammlung über einzelne Nutzer, sodass schließlich persönliche Fragen wie *„Womit soll ich mich morgen beschäftigen?", „Was soll ich als nächstes tun?"* oder *„Welches Arbeitsangebot soll ich annehmen?"* beantwortet werden können (Financial Times 2007). Kritiker wie Richard David Precht sprechen hier von der *Erlösung von der Diktatur der Freiheit.*

So begleiten und unterstützen wir unsere eigene Abschaffung als freiheitlich autonom denkende und fühlende Wesen und reihen uns schließlich als mitlaufende Lieferanten für Big Data ein. Vielleicht werden wir auch für die Arbeit bald kaum noch gebraucht – in der Arbeit 4.0, wo nicht mehr nur unser Mitdenken, sondern am Ende wir selber in großen Zahlen von der Arbeit getrennt und durch digital gesteuerte Maschinen namens Roboter ersetzt werden.

Spaltung zeigt sich einmal mehr als begleitende Gegenbewegung einer voranschreitenden Globalisierung, deren einziger Zweck die maximale Vernetzung sein soll. In eben diesem Zug werden planende von ausführenden Werken aus gewinnmaximierenden Erwägungen und über Grenzen hinweg voneinander getrennt. Hier entstehen Kern- und Peripheriearbeitsmärkte mit einem direkten Einfluss auf die Anerkennung des Arbeitswerts. Und wie viel Gewinne (und entsprechende Verluste) sich hierbei durch die Wiedereinführung von Einfuhrzöllen erzielen lassen, zeigen die jüngsten Handelskriege à la Trump.

> Die unterschiedlichen Regulationsweisen, insbesondere die Existenz strukturell divergierender Arbeitsmärkte, bilden zudem die notwendigen Verwertungsvoraussetzungen für das sich entfaltende globale Akkumulationsregime. Indem die Wertschöpfungsketten regional zerlegt werden können, können unterschiedliche Ausbeutungsformen und Arbeitsprozesse miteinander verbunden werden, um eine betriebswirtschaftlich optimale Verwertung des eingesetzten Kapitals zu erreichen. Hochqualifizierte Tätigkeiten in den Kernländern werden so mit halbfeudalen Arbeitsstrukturen in den Ländern der Peripherie verknüpft. In den OECD-Staaten selber vertieft sich dadurch die Spaltung zwischen den Kern- und Peripheriearbeitenden sowie den Arbeitslosen (Dangschat 1999).

Schließlich entwickelt sich durch die voranschreitende irreale Trennung von Realwirtschaft und Finanzwelt eine immer weiter auseinanderstrebende Situation, die für manche die Einfluss- und Gestaltungsmöglichkeiten der einstigen Feudalherren bei weitem überflügelt:

> Im Vorfeld der Krise *(Anm.: gemeint ist der Zusammenbruch der Lehman Bank 2008)* gab es jedoch einige Entwicklungen, die die enge Verbindung von Finanz- und Realwirtschaft auf die Probe stellten. Irreal – im Sinne von losgelöst von der realen Gütersphäre – waren z. B. manche Finanztransaktionen, die vor allem im Zuge von Spekulationsgeschäften nur noch im Finanzsystem stattfanden und Rendite für die reichlich vorhandene Liquidität suchten. Irreal im Sinne von unrealistisch waren darüber hinaus Bewertungen mancher Vermögensgegenstände (z. B. von Häusern oder Wertpapieren) und vermeintlich weitgehend risikolose Renditeansprüche. Sie waren ein Mitauslöser der Krise (Konrad-Adenauer-Stiftung 2018).

4.1.7 Trauma erzeugt gespaltene Strukturen

Ob territoriale Übergriffe, vertikale Fremd- und ergänzend horizontale Selbstausbeutung, prozessorientierte Spaltung der Arbeitsschritte oder Trennung des denkenden Menschen vom handelnden sowie schließlich Abspaltung des Menschen von der Arbeit – traumatisierende Kriege und die Entwicklung und Gestaltung spaltender und trennender Organisations- und Arbeitsstrukturen können beobachtet werden, (spätestens) seitdem Menschen sesshaft geworden sind, und das ist schon sehr lange her.

Vielleicht scheint manchem Leser mein geschichtlicher Rückblick auf die gespaltenen und spaltenden Arbeits- und Organisationsstrukturen als zu groß geraten, zu weit gefasst, ja beinahe beliebig alle gestalteten Umstände als pathologisch darstellend, Umstände zumal, die wir doch wohl eher als den Normalzustand verstehen sollen. Denn so wie von mir hier dargestellt wäre dann unsere jahrhunderte-, ja sogar jahrtausendealte Kultur des Arbeitslebens angesichts der vielen Spaltungen und Trennungen ein grundsätzlicher, gar prinzipieller Ausdruck einer global gesellschaftlichen Störung mit dissoziativen Grundzügen, einer Störung die ganz offensichtlich auf Traumatisierung hinweist.

Ich möchte die dargestellten Entwicklungen nicht bewerten, weder positiv noch negativ und weder unter humanen, noch unter politischen und auch nicht unter ökonomischen Aspekten. Es geht mir ausschließlich darum, das Phänomen gespaltener Strukturen und deren mögliche Trauma-Ursachen bewusst zu machen. Es gibt bisher meines Wissens nach noch keine Studien hierzu, meine Grundannahme aber ist: Wir leben seit unzähligen Generationen in direkt, indirekt und transgenerational traumatisierten Gesellschaften. Wir sind alle traumatisiert. Vielfach. Wir leiden an vielerlei Trauma Folgeerscheinungen, physisch wie psychisch. Und in diesem Zustand gestalten wir unsere Arbeitswelt und in ihr Organisationssysteme, deren Strukturen und Ausrichtungen die Folgen unserer Traumatisierungen darstellen, und die uns wiederum erneut traumatisieren.

4.2   Homo Ludens, Homo Faber

Es gibt noch einen weiteren Aspekt der Trennung in der Arbeitswelt, der einen gesonderten Blick lohnt: Gemeint ist die die Spaltung des Individuums (des nicht Teilbaren) in einen privaten – persönlichen – und einen öffentlichen/arbeitenden – unpersönlichen – Menschen. Personare ist lateinisch und bedeutet durchtönen. Wenn wir arbeiten, sollen wir unser Ich nicht erklingen lassen.

Nach dem Ende des 2ten Weltkriegs und mit dem Wunsch nach Wiederaufbau, nach Wachstum, nach *mehr, mehr, noch mehr!* hielten wir es besonders mit der Idee des Homo Faber, des schaffenden Menschen mit rationaler und technisch orientierter Weltanschauung, der seine persönlichen Angelegenheiten beim Schritt vor die Tür seines untiefen Privatimperiums ablegt. Eine so postmoderne wie hoch- und zugleich postindustrielle Variante des Biedermeier. Menschliche Banalitäten, ebenso wie seine Höhen und Abgründe – mithin alles Lebendige – sollen hinter verschlossenen Türen in der geschützten Wohnstube verborgen bleiben.

Vor den Türen meiner Kindheit und Jugend sollten und wollten wir uns abgespalten benehmen und uniformiert funktionieren – später dann als im Akkord arbeitende und rekordverdächtig gewinnproduzierende Zahnräder in der Maschine einer wiederauferstandenen Nation, die sich gegen die Kriegstraumata durch vernichtende Täterschaft ebenso wie durch leidvolles Opferdasein stemmt – so dissoziiert wie pathologisch besessen. Dass sich dabei angesichts der sich aufdrängenden Frage *„noch in Arbeit oder schon im Burnout?"* am Ende ein unausweichliches *„Survival oft he Fittest"* etabliert, wundert nicht. Der bittere Beigeschmack: Wir schauen heute nicht mit Empathie auf Kranke, wir blicken mit Verachtung auf die Versager. Auch das verstehe ich als ein angstbezwingendes Moment der Abspaltung von Mitgefühl für menschliche Wirklichkeit.

Dabei wundert die momentan nachgerade leierkastenartig vorgetragene Antwort auf den warnenden Hinweis, dass die Gesellschaft zunehmend in „Gewinner" und „Verlierer" auseinanderfalle: *„Deutschland stand noch nie so gut da"*. Klingt das irgendwie vertraut?

Die Fakten und unser Umgang mit ihnen widersprechen nicht nur einander, unsere Reaktion auf die Fakten hat nichts mit diesen zu tun. Unsere Art der Verweigerung einer passenden Antwort auf das zunehmende Auseinanderdriften der Gesellschaft ist auch Ausdruck einer nationalen Traumatisierung mit den Folgen der Spaltung auf vielerlei Ebenen. In Max Frischs Roman *Homo Faber* erfahren wir eindrücklich, was geschieht, wenn der lebendige Zufall und die Vergangenheit in den selbstkontrollierten Schockzustand des Funktionieren-Wollens einbrechen.

Wie krank werden wir, wenn wir uns spalten (sollen), um arbeiten zu gehen und dazuzugehören? Was geschieht mit uns, wenn uns Zugehörigkeit, Teilhabe, Mitgestaltung und Selbstausdruck zumindest behindert, wenn nicht verwehrt werden. Angesichts unserer gemeinhin üblichen Gestaltung des Arbeitslebens wundert es beinahe, dass nicht noch viel mehr Individuen an das Ende ihrer naturgegebenen Untrennbarkeit geraten. *„Schnaps bleibt Schnaps"* und *„Arbeit bleibt Arbeit"* stimmt wirklich nicht. Der Schnaps hat seinen festen Platz in den Schubladen der Schreibtische. Schon immer.

> Gerade in den Ländern mit einer langen, lückenlosen Überlieferung des Leidens war plötzlich die Bereitschaft, einmal ohne diesen unbequemen Partner, ohne die Seele ein Auskommen zu suchen, sehr groß. Doch man konnte den Pakt mit der Seele brechen – der Geist in seiner Eigenmacht vermag das –, die Seele blieb ihrem Eigner treu, sie hatte im übrigen keine Wahl. In der so verschmähten Seele ging das unbewältigte Leid um, durchwanderte die verschiedenen Pseudonyme, welche die jeweils herrschenden Seelentheorien zu seiner Erklärung ersonnen hatten, um am Ende in die pure Namenlosigkeit zu flüchten. Unsere Welt ist die Welt des namenlosen Leids … wo heute Unrecht geschieht, kommt es nicht mehr aus dem Übermut und der Pracht eines schrankenlosen Selbstgefühls, so dass ihm menschlich zu Leibe zu rücken wäre, sondern aus der bitteren Logik des Schmerzes, der seine Stelle nicht findet (Warnach 1952b).

Das Arbeitsleben ist nicht irgendwo da draußen. Es kann deshalb auch nicht getrennt von unserer Existenz betrachtet werden, und ich könnte es in einer gewissen Form im Sinne der Spaltung sogar als schizoid bezeichnen, wenn wir versuchen, das Persönliche vom Beruflichen zu trennen. Wie könnten wir? Alleine die Forderung danach gleicht einer angeordneten Spaltung, und Gespalten-Sein ist ein Zustand, der eines sicher nicht ist: der Gesundheit förderlich. Angeordnete Spaltung weist auf eine Traumatisierung der Anordnenden hin. Und als gesellschaftlicher Konsens *(„das gehört sich so")* weist die Aussage mit Anordnungscharakter auf die Traumatisierung der Gesellschaft hin.

4.3 Spaltung traumatisiert und retraumatisiert

Mit Blick auf die existenziellen Aspekte von Arbeit und angesichts der hier dargestellten gespaltenen Arbeits- und Organisationsstrukturen über die Jahrtausende wird deutlich, welches Potenzial der Traumatisierung ebenso wie der Retraumatisierung darin geborgen liegt. Nicht nur gestalten traumatisierte Menschen gespaltene Strukturen und Umfelder. Die so entstandenen Zustände wirken zurück auf sie und können zu weiteren Traumata führen. Das gilt natürlich und insbesondere da, wo die vorliegenden Strukturen einen der genannten existenziellen Aspekte der Arbeit behindern, begrenzen oder verwehren. Ich kann hier nicht alle Varianten möglicher Folgen aufzählen, meine Auflistung zeigt aber, wie vielschichtig, interdependent und weitreichend die Verbindung von Arbeit und Trauma sein kann.

4.3.1 Existenz- und Verlusttrauma und mögliche Folgen

Trauma-Folgestörungen wie Todesangst, Panikattacken und Depression lassen bereits erahnen, unter welchen enormen Belastungen viele Menschen Tag für Tag arbeiten. Wenn sich zu diesen Folgestörungen ähnliche Belastungen addieren, wie zum Beispiel die Angst zu versagen und den Arbeitsplatz zu verlieren, oder auch der Kampf gegen die alltägliche Sinnlosigkeit der immer gleichen Arbeitsschritte, dann setzt sich ein Trauma auf das nächste. Voraussetzungen, das zu bewältigen, sind dann kaum noch gegeben.

Bei Trauma durch frühe Verluste wäre zum Beispiel zu untersuchen, ob und wie weit Insolvenzen, feindliche Übernahmen oder umfassende Restrukturierungen eine retraumatisierende Wirkung auf den Einzelnen haben. Dass solche Ereignisse zugleich nicht nur traumatisch für den Einzelnen, sondern auch für das Personal und ebenso für die Organisationsgestalt sein können, ist als sicher anzunehmen. So kann zum Beispiel jede Form von selbst erlebter oder transgenerationaler Kriegstraumatisierung im Kontext eines Anschlags auf eine Organisation zugleich massive Folgen der Retraumatisierung haben.

Arbeit im Zustand der Übererregtheit – zumal als Versuch, dieser Übererregtheit zu entkommen, bzw. diese durch übermäßiges Arbeiten energetisch zu „entladen" – führt zu tiefen Erschöpfungszuständen oder zu Überhitzung mit anschließendem Kollaps. Mit der Übererregtheit droht auch der Verlust der Fähigkeit, die eigene organisationale/personale oder persönliche Kraft und die der Partner oder Kollegen einigermaßen angemessen einschätzen zu können – übererregte Organisationen und Menschen leisten bisweilen schier Unglaubliches, und sie tendieren dazu, sowohl die Organisationsstrukturen als auch die Organisation von Arbeitsprozessen entsprechend zu gestalten. Übererregte Organisationen und Menschen überfordern sich, und sich überfordern die Systeme und Umfelder, in denen sie arbeiten. Übererregung ist der moderne Motor nationaler Wirtschaftskraft.

Umgekehrt verhält es sich mit dem Zustand der Erstarrung, der einem innerlichen „on hold" Zustand gleichkommt. Jeder Energiefluss im organisationalen, im personalen oder im persönlichen Körper wird – wie in einem Schockmoment, aber jetzt eben als Dauerzustand – auf ein überlebensnotwendiges Minimum reduziert. In einem solchen Zustand sind Menschen oft nicht in der Lage, den einfachsten Dingen nachzugehen.

Das immer weiter um sich greifende Demotiviert-Sein im Arbeitsleben ist als Ausdruck einer Störung zu verstehen – im Sinne des Ungleichgewichts. Wenn Menschen produktiv sein sollen und dabei aber nicht mitgestalten dürfen, dann kann diese angeordnete Spaltung, die einem so pathologischen wie pathogenen Double-Bind Befehl gleichkommt, durchaus auch als andauernder Traumatisierungsprozess verstanden werden. Eine nicht enden wollende Traumatisierung bedingt einen nicht enden wollenden Schockzustand. Die Sinnentleerung der Arbeit und der damit verbundene negative Stress lassen die Menschen in großen Zahlen in den schlussendlichen Zustand des so benannten Burnouts laufen.

Absentismus, also die energetische und psychische Abwesenheit bei gleichzeitiger physischer Anwesenheit, ist bereits heute ein bekanntes Problem nicht nur in vielen privaten Situationen, sondern in der zeitabgestempelten Variante insbesondere eben auch in vielen Unternehmen. Absentismus wird durch die massenhafte Verbreitung der nicht selten ausschließlichen Arbeit vor einem Computerbildschirm verstärkt.

Perfektionismus – als gemeinhin anerkannter Inbegriff der deutschen Kultur – kann ein Hinweis auf den Zustand der Übererregtheit sein. Er kann auch Hinweis auf Zwanghaftigkeit im Kontext der frühen Bedrohung von Selbsterhalt und Weiterentwicklung sein. Dass Perfektionismus kein Wert an sich ist und mit seiner Abseite ökonomische Schäden anrichten kann, scheint offensichtlich, denn in jedem Fall deutet er darauf hin, dass ein Mensch, eine Gruppe oder ein System unter großer Anspannung steht, schlecht abschalten und selten ein befriedigendes Ende bei der Arbeit finden kann.

Als „German Angst" ist unser hysterisch zu nennender Umgang mit neuen Situationen und unsere Zögerlichkeit mit Blick auf notwendige Entscheidungen in das allgemeine Bewusstsein anderer Staaten geraten und als Begriff derart „auf den Punkt" benannt, dass er gleichlautend in verschiedenen Sprachräumen seinen Platz gefunden hat. Die German Angst ist das Symptom einer Täter wie Opfer traumatisierten Nation und wirkt über mehrere Generationen auf ihre Gesellschaft auf politischer, wirtschaftlicher, religiöser, sozialer und privater Ebene.

4.3.2 Bindungs- und Bindungssystemtrauma und mögliche Folgen

Die Folgestörungen aus Bindungstrauma und Bindungssystemtrauma haben einen starken Einfluss auf Situationen wie z. B. Übernahmen, Joint Ventures oder andere Kooperationsprozessen; sie beeinflussen das Miteinander des Führens und Geführt-Werdens sowie die Gestaltung eben dieser Momente – so wie umgekehrt die trennende Gestaltung solcher Momente einen retraumatisierenden Effekt haben können.

Identitätsprobleme machen nicht vor der Arbeit halt. Und sie bestehen und wirken nicht nur individuell, sondern auch systemisch. Sie zeigen sich z. B. auf organisationaler Ebene durch eine schwache Markenführung, inkonsistente Portfolios oder auch einen ständigen Wechsel der Geschäftsbereiche. Auf der personalen Ebene durch fehlende Organigramme oder diffuse Stellenbeschreibungen – mit der Folge eines trennenden Gegeneinander-Arbeitens, von Mobbing oder Boykott. Auf der individuellen Ebene zeigen sich Identitätsprobleme z. B. im dauernden Zweifeln, ob der richtige Beruf gewählt wurde, in der Unsicherheit der spezifischen Funktion oder auch der Zuständigkeiten im Rahmen der jeweiligen Tätigkeit. Das Rückwirkungspotenzial ist ganz sicher enorm.

Die Unsicherheit oder Störung in Bezug auf die eigene Identität kann auch dazu führen, dass die Fähigkeit, andere zu identifizieren, eingeschränkt ist und Verhaltensweisen befördert, die einer schizoiden Symptomatik gleichkommt. So geschieht es z. B. immer wieder, dass es für einen Zusammenschluss von zwei Organisationen keine nachvollziehbaren Parameter gibt. Es hat in der jüngeren Wirtschaftsgeschichte regelrechte Hoch-Zeiten für Firmen-Hochzeiten gegeben, *Merger and Acquisition* galt als Königsklasse der „Corporate"-Gestaltung für Wirtschaftsprüfer, Steuerberater und Anwälte, bei der nicht zuletzt auch die Banken satt mitverdient haben. Organisationen mit einer gestörten (und schwachen) Identität sprangen reihenweise förmlich enthusiasmiert auf den Zug der sich selbstaufgebenden Verschmelzungseuphorie.

Auf der personalen Ebene können eben solche Firmenfusionen traumatisierend wirken, weil zwei (oder mehr) gewachsene kulturelle Identitäten des Personals zugunsten von höher bewerteten Einsparpotenzialen ins Nichts aufgelöst werden und mit nur einem „Handkantenschlag" sich zu einem neuen Personal mit „Erfolgsidentität" zusammenfinden sollen.

Auf der persönlichen Ebene kann sich ein schizoides Verhalten als Symptom einer gestörten Identität zeigen, das anderen ungefragt viel zu viele oder viel zu wenige Fähigkeiten zuschreibt, unabhängig von den realen Erfahrungen, die bereits gemacht wurden.

In Organisationen und in Arbeitsprozessen, in denen es in der Regel ja in erster Linie nicht um die Qualität der Beziehungen, sondern vielmehr um die Effizienz der Leistungsprozesse und die Effektivität der Leistungserbringung geht, kann es bisweilen weniger empathisch zugehen. Insbesondere bei stark traumatisierten Menschen drohen aufgrund solcher Situationen, die sie unvermittelt in die Erinnerung an ein Trauma zurückwerfen, Retraumatisierungen.

Der Selbsterhalt und die Weiterentwicklung offener Systeme geschehen in andauernden Kommunikationsprozessen, und das gilt eben auch für Organisationen: Sie können sich nicht selbst erhalten und noch viel weniger weiterentwickeln, wenn die Kommunikation gestört ist. Eine Voraussetzung für gelingende Kommunikation ist die Fähigkeit zur Empathie, die bei dissoziativen Störungen meist gering ausgeprägt ist. In der Regel zeichnen sich Arbeitsumfelder aber durch Formen der Kooperation aus, sei diese ein Verhältnis von Arbeitgeber-Arbeitnehmer, Auftraggeber-Auftragnehmer, ein Anbieter-Nachfrager, Weisungsbefugter-Weisungsgebundener sowie von Kooperation und/oder geschäftlicher Partnerschaft. All diese Verhältnisse sind von einem andauernden Aushandeln des jeweiligen Miteinanders geprägt, und dieses Aushandeln geschieht in fließenden Kommunikationsprozessen.

Hier wird deutlich, welchen massiven Einfluss traumatisierte Menschen auf die Gestaltung solcher Kooperationen haben können. Zumal sie – angesichts der Spezifika von Trauma – gleichzeitig auf (mindestens) drei Zeitebenen und – damit verbunden – mit (mindestens) drei (gespaltenen) Identitäten kommunizieren.

4.3.3 Dem Trauma ausweichen, das Trauma ausgleichen

Bisweilen – und auch das gilt beobachtbar zunehmend – dient Arbeit als Ausweich-
bewegung, dann, wenn Ablenkung von zu großen Belastungen oder der unbewusste und
andauernde Versuch der Bewältigung früh erlittener Traumata zum Weiterleben notwendig scheint. Notwendig im Sinne des Wortes: Die Arbeit wendet die Not. Jedenfalls
soll das mit ihr erreicht werden, und auch wenn das eine Zeit lang oder gar einige Jahrzehnte zu gelingen scheint, so können wir doch immer wieder beobachten, dass irgendwann das organismische System eines Individuums kollabiert. Das führt ebenfalls zu
Zuständen, die wir unter Burnout subsumieren.

In der internationalen Klassifikation der Krankheiten sind unter F44 die dissoziativen
Störungen so beschrieben: *„Das allgemeine Kennzeichen der dissoziativen oder Kon-
versionsstörungen besteht in teilweisem oder völligem Verlust der normalen Integration
der Erinnerung an die Vergangenheit, des Identitätsbewusstseins, der Wahrnehmung
unmittelbarer Empfindungen sowie der Kontrolle von Körperbewegungen"* (ICD 2018).

Zu den dissoziativen Störungen werden weiter unter F44.3 pathologische Trance- und
Besessenheitszustände codiert, deren nähere Beschreibung einer Arbeitsbesessenheit
gleicht, wie ich sie in meinem Umfeld nicht selten antreffe: Einengung des Bewusstseins
auf die unmittelbare Umgebung oder bestimmte Umgebungsreize. Bewegungen, Haltungen und Gesprochenes beschränken sich auf die Wiederholung der immer selben, wenigen Dinge oder Handlungen.

Diagnostiziert wird dann ein schlichtes Zuviel an Arbeit, das gemeinhin Hand in
Hand mit gleichzeitiger Unterforderung geht. Überarbeitung aber ist nicht die Ursache.
Denn in der Regel ist der sogenannte Burnout das Ergebnis von ergebnisloser Suche
in Form von Arbeitssucht – genannt auch *„Workoholism"* – oder die Folge der (meist
unbewussten) Erkenntnis, dass auch die in der Regel sinnentleerte Arbeit nicht rettet und
somit zur Steigerung des Gefühls von Sinnlosigkeit führt.

Die schließlich feierabendliche wie wochenendliche Dauerablenkung vom eigenen
Dilemma fügt ihr Übriges hinzu und sorgt für die seichte Abfederung von dissoziativem
Dauerstress vor dem unbewusst ersehnten Fall ins – endlich! – nächtlich Unbewusste.

4.3.4 Trauma durch Arbeitsverlust und Arbeitslosigkeit

Eine fehlende Zugehörigkeit und nicht gewährte Anerkennung als vollwertiges Mitglied
einer sich selbst finanzierenden Gemeinschaft können ebenfalls als krankmachende und
manchmal sogar lebensbedrohliche Momente bzw. Zustände wirken. Arbeitslosengeld
und folgende Harz IV Sätze als Ersatz für die fehlende Selbstfinanzierung wirken da als
regelrechtes Stillhalteabkommen, bei dem es nur Geld gibt, wenn man alles abgegeben
hat und sich nicht mehr gegen Geld betätigt.

Die   Folge   dieses   Stillhalteabkommens   wirkt   wie   ein   kontinuierlicher
Traumatisierungsprozess und kann bei Langzeitarbeitslosen beobachtet werden.

Wie bereits in den Theorien von Jahoda (1982) und Warr (1987) aufgezeigt, können sich
die Folgen der Arbeitslosigkeit vor allem in der mentalen Gesundheit manifestieren. Die
Ergebnisse des Gesundheitsreports der Betriebskrankenkassen (BKK 2010) unterstützen

diese Annahme. So sind in der von der BK durchgeführten Befragung 25% der Arbeitslosen von psychischen Störungen betroffen … Anhand von weiteren Studien lässt sich ebenfalls belegen, dass Arbeitslose vor allem unter psychischen Störungen und Beeinträchtigungen der seelischen Befindlichkeit leiden … Eine Metaanalyse von Paul und Moser (2009) zeigt eine … beinahe Verdoppelung der Prävalenz von Depressionen unter Arbeitslosen auf, wenn man sie mit Erwerbstätigen vergleicht (Schmidt-Hertha et al. 2015).

4.4   Trauma Prüfstein

Wenn die Kinder einer (kriegs-)traumatisierten Elterngeneration von Beginn an zu wenig Zuwendung bekommen und sich zugleich in kindlichem Größenwahn als liebende Stützen ihrer Eltern und deshalb größer als diese wähnen, während sie nicht selten auch noch seelischer und körperlicher Missachtung und Gewalt ausgesetzt sind, und wenn diese Kinder dann als Erwachsene in einer Arbeitswelt leben, bzw. in einer Organisation arbeiten, in der sie lediglich als Funktionselement der Leistungserbringungsprozesse verstanden werden, die den Nutzen und die Vorteile anderer zu maximieren haben, als solche entsprechend behandelt und schließlich entsorgt werden, dann setzt sich ein traumatisierender Schreckensmoment oder bisweilen sogar Horror auf den nächsten. Was hier vielleicht für den Einen oder die Andere dick aufgetragen klingt, ist eine so gängige Biografie wie der ganz banale Alltag der Mehrzahl unserer Bevölkerung. Seit Generationen.

Ich bin angesichts dessen davon überzeugt, dass es unter dieser Perspektive hilfreich wäre, unsere organisationalen Strukturen und die Gestaltung unserer Arbeit auf den grundsätzlichen Trauma-Prüfstein zu stellen, um zu verstehen, ob und wo Übergriff, Trennung und Spaltung herrschen, wenn einzig respektvolle Verbindung das Leben ermöglicht und Verbundenheit ihm dient und somit auch einzig sinnvoll ist. Ein solches Trauma-Prüfverfahren für die Identifikation trennender Organisationsstruktur- und Arbeitsmuster könnte entsprechend den vier Quadranten (mit Entwicklungsebenen, Entwicklungslinien, Zuständen und Typen) konstruiert sein, wie sie der amerikanische Philosoph Ken Wilber als ganzheitliche, erkenntnisfördernde Perspektive von Wirklichkeit und auf Wirklichkeit entwickelt hat.

Wilber befasst sich in seiner integralen Theorie mit der Zusammenführung von Philosophie, Wissenschaft und Spiritualität, hier insbesondere Religion, sowie mystischen Erfahrungen und Meditation. Er beschreibt sich selbst als Vertreter einer post-postmodernen, postmetaphysischen und postrationalen Spiritualität. In seiner Arbeit orientiert er sich an fernöstlichen Weisheitstraditionen des Nicht-Dualismus, die er weiter entwickeln will. Man könnte sagen, dass Wilber versucht, einen Zusammenhang der Welterklärungs- und Existenzmodelle herzustellen und diesen Zusammenhang als additives Muster, als Muster aller Muster zu präsentieren.

Wilbers verbindungsorientiertes Erkenntnismodell der vier Quadranten stellt eine Verbindung zweier elementarer Unterscheidungen der manifesten Wirklichkeit dar (Siehe Abb. 8)

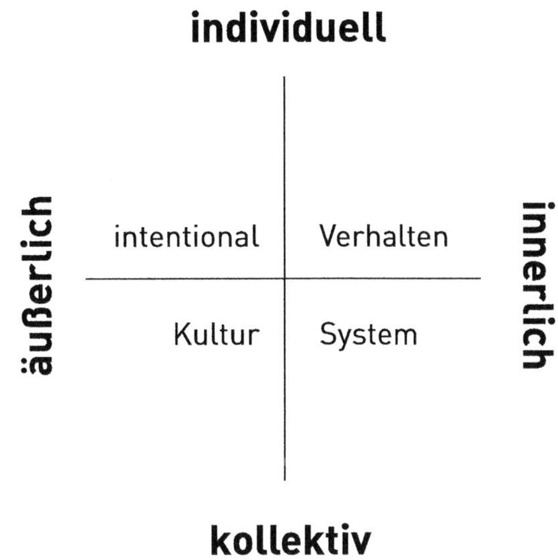

Abb. 8 Erkenntnismodell der
4 Quadranten nach Ken Wilber

individuell

	intentional	Verhalten	
äußerlich	Kultur	System	**innerlich**

kollektiv

- innerlich/äußerlich und
- individuell/kollektiv

Kein Innerliches besteht ohne ein Äußerliches, kein Äußerliches ohne ein Innerliches, keine Einzahl ohne Mehrzahl und keine Mehrzahl ohne Einzahl. Die Zusammenführung der beiden Grundunterscheidungen ermöglicht die Betrachtung eines Ereignisses oder eines Umstands in vier Dimensionen:

- innerlich individuell (intentional)
- äußerlich individuell (verhaltensmäßig)
- innerlich kollektiv (kulturell)
- äußerlich kollektiv (sozial/System)

Das Vier Quadranten Modell für ein mögliches Prüfverfahren für trennende/getrennte Arbeits- und Organisationsstrukturen soll hier Anregung und nicht Anleitung sein, und ich möchte deshalb an dieser Stelle nicht weiter in die Tiefe der Beschreibung einer möglichen Anwendung steigen. Das Modell aber birgt in jedem Fall deshalb das Potenzial, Trennungen aufzudecken, weil es aus der Haltung der Verbundenheit entwickelt wurde und auf Verbindungen ausgerichtet ist.

In diesem Zusammenhang sei auch der Einfluss von Wilbers Erkenntnis-Theorien auf jüngste Veröffentlichungen zu weithin noch unüblichen, weil tatsächlich auf Verbindung ausgerichteten Organisationsstrukturen erwähnt, wie sie zum Beispiel der belgische Unternehmensberater Frederic Laloux in seinem Buch „*Reinventing Organizations*" vorgestellt hat (Laloux 2015a).

Laloux beschreibt hierin zunächst die lange Entwicklungsgeschichte der Organisationsstrukturen und ordnet sie entsprechenden Paradigmen zu, um in Folge – vor dem Hintergrund seiner eigenen Faszination für Wilbers Arbeiten – integrale Parameter für vertikale und horizontale Verbindungsstrukturen in Organisationen zu definieren. Sehr praxisnah und in detaillierter Beschreibung der jeweiligen Struktur- und Arbeitsgestaltung stellt er insgesamt zwölf Organisationen vor, bei denen Formen der üblichen vertikalen und horizontalen Trennung aufgehoben sind.

Klingt das nach einer „Gutmenschen" Sozial- und Arbeitsromantik, die mit den faktischen Bedingungen und Herausforderungen unserer Arbeitswelt nicht zu vereinbaren ist? Tatsache ist, dass die von Laloux vorgestellten Organisationen allesamt weit über Durchschnitt erfolgreich agieren. Das hat nicht zuletzt auch damit zu tun, dass die Menschen in diesen Organisationen den verbundenen Strukturen entsprechend in Verbundenheit zusammenarbeiten.

Über das niederländische Unternehmen *Buurtzorg* (Gemeindepflege) liest man zum Beispiel:

> Die Teams bei Buurtzorg haben keinen Vorgesetzten. Alle Teammitglieder – meist zehn bis zwölf Mitarbeiter – sind Krankenschwestern und -pfleger. Sie sind auch für all die gewöhnlichen Managementaufgaben zuständig, die in jedem Team anfallen: Sie bestimmen die Ausrichtung, setzen die Prioritäten, analysieren Probleme, erstellen Pläne, bewerten die Arbeitsleistungen und treffen manchmal schwere Entscheidungen. Statt diese Aufgaben auf eine Person zu delegieren – den Vorgesetzten –, werden diese Managementaufgaben im Team verteilt. Die Teams arbeiten also tatsächlich selbstführend und selbstorganisierend (Laloux 2015b).

Laloux hat im Übrigen Wilbers Modell der vier 4 Quadranten auf Organisationen angewendet und empfiehlt dies ebenfalls als Erkenntnismodell für die eigenen Organisationsstrukturen (siehe Abb. 9) (Laloux 2015c).

Abb. 9 Laloux' Adaption der 4 Quadranten

	innere Perspektive	äußere Perspektive
individuelle Perspektive	Denkweisen und Überzeugungen der Menschen	Verhalten der Menschen
kollektive Perspektive	Organisations-kultur	Organisations-systeme

4.4.1 Ein erster Schritt

Tatsächliche Bewegungen also in eine neue Richtung, bei der es darum gehen muss, in Verbindungen zu denken und mit der Haltung von Respekt, Verbundenheit und Empathie Arbeits- und Organisationsstrukturen zu gestalten, die ein erster Schritt aus dem interdependenten Teufelskreis von Trauma und Arbeit sein können. Der prüfende Blick könnte ein erster Schritt sein.

Literatur

American Psychiatric Association. (2015). *Diagnostisches und Statisches Manual Psychischer Störungen.* Göttingen: Hogrefe.

Anzenbacher, A. (2002). *Einführung in die Philosophie* (S. 170). Freiburg: Herder.

Bauer, J. (2015). *Selbststeuerung: Die Wiederentdeckung des freien Willens.* München: Verlag Blessing.

BKK. (2010). Gesundheitsreport der Betriebskrankenkassen in 2010. https://www.bkk-dach-verband.de/fileadmin/publikationen/gesundheitsreport/fruehere_gesundheitsreporte/BKK-Gesundheitsreport_2010.pdf

Bohleber, W. (2000a). Die Entwicklung der Traumatheorie in der Psychoanalyse. *PSYCHE, Doppelheft: Trauma, Gewalt und kollektives Gedächtnis, 54,* 803.

Bohleber, W. (2000b/c). Die Entwicklung der Traumatheorie in der Psychoanalyse. *PSYCHE, Doppelheft: Trauma, Gewalt und kollektives Gedächtnis, 54,* 810.

Bohleber, W. (2000d). Die Entwicklung der Traumatheorie in der Psychoanalyse. *PSYCHE, Doppelheft: Trauma, Gewalt und kollektives Gedächtnis, 54,* 815.

Bohleber, W. (2000e). Die Entwicklung der Traumatheorie in der Psychoanalyse. *PSYCHE, Doppelheft: Trauma, Gewalt und kollektives Gedächtnis, 54,* 821.

Bohleber, W. (2000f). Die Entwicklung der Traumatheorie in der Psychoanalyse. *PSYCHE, Doppelheft: Trauma, Gewalt und kollektives Gedächtnis, 54,* 827.

Bontrup, H.-J. (2008). *Lohn und Gewinn – Volks- und betriebswirtschaftliche Grundzüge* (S. 10). München Wien: Oldenburg.

Brand, A. (1999). *Was macht die Arbeit heute noch aus? Eine Untersuchung der historischen, heutigen und zukünftigen Entwicklungen des Arbeitsbegriffs* (S. 5). Norderstedt: Grin Verlag.

Dangschat, J. S. (Hrsg.). (1999). *Modernisierte Stadt – Gespaltene Gesellschaft* (S. 97). Opladen: Leske + Budrich.

Diegelmann, C. (2013). *Trauma und Krise bewältigen* (E-Book, Kapitel 1.3.2 „Neurobiologische Hintergründe der Stressreaktion"). Stuttgart: Klett-Cotta.

Drexler, K. (2017). *Ererbte Wunden* (S. 20–21). Stuttgart: Klett-Cotta.

DSM. (2018). *Diagnostisches und Statistisches Manual Psychischer Störungen DSM-5®* (2. korrigierte Auflage 2018, LXIV/1) Göttingen: Hogrefe. ISBN: 9783801728038

Ferenczi, S. (1933). Sprachverwirrung zwischen dem Erwachsenen und dem Kind/Die Sprache der Zärtlichkeit und der Leidenschaft. *Internationale Zeitschrift für Psychoanalyse, 19*(1–2), 5–15. http://www.gassenhuber.de/kontingenz/materialien/FerencziVerwirrung.pdf.

Financial Times. (2007). Google's goal: To organise your daily life. Online, Interview mit Eric Schmidt, Chief Executive von Google. https://www.ft.com/content/c3e49548-088e-11dc-b11e-000b5df10621.

Freud, S. (1972). *Das Unbehagen in der Kultur* (4. Aufl.). Frankfurt: Fischer (Erstveröffentlichung 1930).

Frommberger, U., Angenendt, J., & Berger, M. (2014). Post-traumatic stress disorder – A diagnostic and therapeutic challenge. *Deutsches Arzteblatt International, 111*(5), 59–65.

Gabler Wirtschaftslexikon. (2018). *Talorismus*. http://wirtschaftslexikon.gabler.de/Archiv/55478/taylorismus-v12.html.

Harari, Y. N. (2015a). *Eine kurze Geschichte der Menschheit* (S. 204). München: Pantheon Verlag Verlagsgruppe Random House.

Harari, Y. N. (2015b). *Eine kurze Geschichte der Menschheit* (S. 211). München: Pantheon Verlag Verlagsgruppe Random House.

Harari, Y. N. (2015c). *Eine kurze Geschichte der Menschheit* (S. 351–353). München: Pantheon Verlag Verlagsgruppe Random House.

Harari, Y. N. (2015d). *Eine kurze Geschichte der Menschheit* (S. 374). München: Pantheon Verlag Verlagsgruppe Random House.

Hartung, S. (2013). *Starke Marken* (S. 27). Bonn: Unternehmer Medien.

Hartung, S. (2014). *Gestalt im Management* (S. 5). Berlin: Springer Gabler.

Hopper, E. (2012a). *Trauma and organizations* (pp. xxxvi–xxxvii). London: Karnac Books Ltd.

Hopper, E. (2012b). *Trauma and organizations* (p. xxxvi). London: Karnac Books Ltd.

Hopper, E. (2012c). *Trauma and organizations* (p. xxxiv). London: Karnac Books Ltd.

ICD-10-GM, Version 2018. (2018). *Internationale statistische Klassifikation der Krankheiten und verwandter Gesundheitsprobleme, 10. Revision*. http://www.icd-code.de/suche/icd/recherche.html?sp=0&sp=SF44.

Jahoda, M. (1982). Work, employment, and unemployment: Values, theories and approaches in social research. *American Psychologist, 36*(2), 184–192.

König, K. (2010). *Kleine psychoanalytische Charakterkunde* (10. Aufl., S. 11). Göttingen: Vandenhoeck & Ruprecht.

Konrad-Adenauer-Stiftung. (2018). *Kann man die Finanzwirtschaft tatsächlich von der Realwirtschaft trennen?* http://www.kas.de/wf/de/71.7115/.

Laloux, F. (2015a). *Reinventing Organizations*. München: Vahlen.

Laloux, F. (2015b). *Reinventing Organizations* (S. 65). München: Vahlen.

Laloux, F. (2015c). *Reinventing Organizations* (S. 227). München: Vahlen.

Levine, P. A. (2016a). *Trauma und Gedächtnis – Die Spuren unserer Erinnerung in Körper und Gehirn* (S. 9–11). München: Kösel.

Levine, P. A. (2016b). *Trauma und Gedächtnis – Die Spuren unserer Erinnerung in Körper und Gehirn* (S. 29–31). München: Kösel.

Marx, K., & Engels, F. (1962). *Marx/Engels – Werke: Bd. 20. Dialektik der Natur* (S. 444). Berlin: Dietz (Erstveröffentlichung 1882).

KSTA. (23. Februar 2018). Mit Depressionen in den Hörsaal. *Kölner Stadtanzeiger*, S. 2.

Opelt, R. (2002). *Die Kinder des Tantalus*. Wien: Czernin Verlag.

Paul, K., & Moser, K. (2009). Unemployment impairs mental health: Meta-analyses. *Journal of Vocational Behavior, 74*, 264–282.

Reddemann, L. (2016). *Imagination als heilsame Kraft*. 19. vollständig überarbeitete Neuauflage (S. 13–14). Stuttgart: Klett-Cotta.

Ruppert, F. (2007). *Seelische Spaltung, innere Heilung* (S. 2007). Stuttgart: Klett-Cotta.

Ruppert, F., & Banzhaf, H. (Hrsg.). (2017a). *Mein Körper, mein Trauma, mein Ich* (S. 111). München: Kösel.

Ruppert, F., & Banzhaf, H. (Hrsg.). (2017b). *Mein Körper, mein Trauma, mein Ich* (S. 33). München: Kösel.

Schmidt-Hertha, B., Burkhardt, A., & Christel, S. (Hrsg.). (2015). *Gesundheitsbildung für Langzeitarbeitslose* (S. 30). München: Utz.

Schönfelder, C. (2018). *Muße – Garant für unternehmerischen Erfolg* (S. 11, 19). Wiesbaden: Springer.

Schuchart, S. (2017). Berühmte Entdecker von Krankheiten: Jean-Martin Charcot begründete die moderne Neurologie. *Deutsches Ärzteblatt, 114*(7), 68.

Shafy, S. (2011). Wenn die Hirnmasse schrumpft. Spiegel Online. http://www.spiegel.de/spiegel-wissen/a-747304-2.html.

Siefer, W. (2012). Erinnerung, lass nach. Zeit Online, 25.10.2012. http://www.zeit.de/2012/44/Trauma-Therapie-Simulationen-Medikamente.

Stangl, W. (2018). *Psychologische Erklärungsmodelle für Motive und Motivation.* http://arbeitsbla-etter.stangl-taller.at/MOTIVATION/MotivationModelle.shtml#xTbvD3VWdmUiEoUA.99.

van der Knaap, E. (2008). *Nacht und Nebel – Gedächtnis des Holocaust und internationale Wirkungsgeschichte* (S. 72). Göttingen: Wallstein.

Warnach, W. (1952a). *Die Welt des Schmerzes* (S. 11–12). Pfullingen: Verlag Günther Neske.

Warnach, W. (1952b). *Die Welt des Schmerzes* (S. 18). Pfullingen: Verlag Günther Neske.

Warr, P. (1987). *Employment, unemployment, and mental health.* New York, NY, US: Oxford University Press

Wolff, C. (1754). *Grundsätze des Natur- und Völkerrechts,* § 523, S. 356.

Stephanie Hartung Jhrg. 1959, hat nach einem Kunststudium an der Kunstakademie Düsseldorf mit Abschluss Meisterschülerin 13 Jahre als Malerin gearbeitet, bevor sie sich 1995 der Wirtschaft zuwendete und ein Beratungsunternehmen für markenzentrierte Organisationsentwicklung gründete.

Neben einem Postgraduierten-Studium des Internationalen Managements hat sie verschiedene Ausbildungen in systemischen Beratungsmethoden und Gestalttherapie absolviert. Als geschäfts-führende Gesellschafterin des FELD INSTITUTs in Köln arbeitet sie heute als Beraterin für Marken- und Organisationsentwicklung, als Coach für private und berufliche Anliegen und als DGfS (Deut-sche Gesellschaft für Systemaufstellungen) anerkannte Weiter-bildnerin für Systemaufstellungen mit Schwerpunkt Personal- und Organisationsentwicklung in Deutschland und international.

Sie hat diverse Bücher und Essays über die Themen Marke und Markenführung, Marke im Rechtsmarkt, integrale Management-konzepte, System- und Organisationsaufstellungen veröffentlicht. Darüber hinaus verfasst sie immer wieder auch philosophische Betrachtungen zu einzelnen Lebensthemen.

Stephanie Hartung ist Mutter eines erwachsenen Sohns und lebt mit ihrem Partner in Köln.

Trauma und Kriegssprache in der Wirtschaft

Stephanie Hartung

Inhaltsverzeichnis

Zusammenfassung

Die Entwicklung hin zu einem Weltmarkt, einer Weltpolitik und einer Weltreligion geht einher mit einer andauernden Auseinandersetzung darüber, wer den Markt, die Politik und den Glauben beherrscht. Monokultur kennt kein Vielfaches, weder ökonomisch, noch politisch, noch religiös. Wohin wir auch blicken, wir sehen nationale Kriege mit internationaler Beteiligung um politische Systeme, Grenzlinien, Lokalkulturen und geostrategisch wertvolle Regionen. Wir erleben Wirtschaftskriege um Währungen und Bodenschätze – die im Mantel nationaler Kriege daherkommen – um Wasser, Handelsbilanzen, Importzölle, Abgaswerte, Energieformen und Infrastruktur. Und wir sind Zeuge von Religionskriegen, bzw. Kriegen im Namen der Religion um den einzig wahren Glauben an den einzig wahren Gott, Auseinandersetzungen um die globale Macht der Gestaltung des kulturellen Miteinanders – wer gibt die Richtung vor? Hand in Hand mit all diesen Kriegen gehen Traumatisierungen von Menschen, die mit einer beinahe garantiert ererbten dissoziativen Grundfassung entsprechende

S. Hartung (✉)
Köln, Deutschland
E-Mail: stephanie.hartung@feld-institut.de

© Springer-Verlag GmbH Deutschland, ein Teil von Springer Nature 2019
S. Hartung (Hrsg.), *Trauma in der Arbeitswelt,*
https://doi.org/10.1007/978-3-662-58622-8_2

Strukturen im Gesellschafts- wie im Arbeitsleben gestalten. Den Zusammenhang zwischen der traumatisierten Grundfassung und den Dimensionen ihrer Ausprägung habe ich in meinem Text Trauma und Arbeit beschrieben. Meine Grundannahme für die weiteren Betrachtungen ist nun, dass sich die Folgen kriegerischer Auseinandersetzungen in unserem Verständnis von der Welt, in unserem Selbst-Verständnis und nicht zuletzt auch in unserer Sprache im Alltag, ebenso wie in der Arbeitswelt, insbesondere in der Wirtschaft widerspiegeln.

1   Traumamodus, Gewaltmodus

Trauma hat im Arbeitsleben auf individueller, personaler und organisationaler Ebene weitreichenden Einfluss und weithin unabsehbare Folgen. Angesichts der Integration traumatisierter Flüchtlinge in den deutschen Arbeitsmarkt eröffnet sich zudem ein weiterer Bereich, der differenziert betrachtet sein will. Was geschieht, wenn eine traumatisierte Nation traumatisierte Flüchtlinge in ihren Arbeitsmarkt integriert? Allein dieses Thema böte ausreichend Stoff für ein eigenes Buch, wird jedoch momentan in der öffentlichen Betrachtung in der Regel mit Kurzmeldungen in Tageszeitungs-Dreizeilern abgetan, die sinngemäß z. B. so klingen: *Flüchtlinge mit Gewalterlebnissen wie Krieg oder Verschleppung haben laut einer Studie deutlich häufiger Gesundheitsprobleme als Migranten ohne traumatische Erfahrungen. Das geht aus einer Befragung des … hervor.* Trauma bleibt ein Thema (nicht nur in Deutschland). Wir befinden uns im Dauertrauma durch eigene und durch Fremdbetroffenheit. Die Dimension ist groß.

Und immer spielt Krieg eine zentrale Rolle dabei. Dass angesichts dessen unser Verständnis der Welt ebenso wie unsere Identität von Kriegen gefärbt und unsere Alltags- wie unsere Arbeits- und Wirtschaftssprache von militärischen und kriegerischen Begriffen und Metaphern durchwirkt ist, verwundert nicht wirklich. Was wir erlebt haben, ist für uns (allgemein-)gültige Wirklichkeit. Darüber sprechen wir, und immer klingt es dabei so, wie wir es erlebt haben. Der Kriegston macht die Musik. Die Texte sind Erzählungen über bewusste und unbewusste, direkte, indirekte und transgenerationale Erfahrungen von nicht bewältigter und nicht zu bewältigender Lebensbedrohung, die uns in einen dauererregten Angstzustand versetzt, an den wir uns derart gewöhnt haben, dass er für uns alltägliche Normalität ist. Gegen diese Angst rüsten wir auf. Verbal. Die Wörter und Worte wählen wir entsprechend. Aufrüsten ist z. B. ein solches Wort.

Zugleich zeigt unsere „*Kriegssprache*" eine nicht unwesentliche Wirkung. Denn im Kontext andauernder Kriege mit internationaler Beteiligung, ebenso wie angesichts weltweiter Wirtschafts- und Handelskriege, ist die Kriegssprache bei weitem nicht nur als kurz- und langfristige Folge von Krieg zu verstehen. Sie bereitet gleichzeitig und stetig aufs Neue dessen Boden. Wir reden von früheren Kriegen, und wir reden neue Kriege herbei, weil wir mit unserer Sprache die Energie der Gewalt, die einer jeden Auseinandersetzung innewohnt, aufrechterhalten. Wir rüsten (auch) sprachlich nicht ab.

Der Trauma-Teufelskreis schließt sich also nicht zuletzt auch über unsere Sprache. Am Ende können wir nicht mehr mit Sicherheit sagen, was eigentlich zuerst war. Wie könnten wir unsere Geschichte erzählen? Erst Gewalt und Krieg und dann das Trauma und dann die gewaltig fragmentierte Wirklichkeit, oder erst die gewaltig fragmentierte Wirklichkeit und dann das Trauma und dann Gewalt und Krieg? Vielleicht war der Anfang tatsächlich der Beginn der Sesshaftigkeit – und damit verbunden der Beginn von Eigentum – vielleicht waren wir selber der Anfang, wirklich wissen tun wir es nicht. Was wir wissen: Wir tragen die Verantwortung. Wir müssen eine Antwort finden auf das, was ist.

Das Trauma als solches können wir nicht erzählen, sein tiefprägender, engrammatischer Charakter entzieht sich unserem expliziten Erinnerungsvermögen. Wir befinden uns fortgesetzt im sprachlosen Schock über erlittene Gewalt. Wir können nicht über das Trauma sprechen, wir sprechen aus dem Trauma heraus. Wir scheinen förmlich den Zwang zu verspüren, immer wieder auch im *„Traumamodus"* und/oder im *„Gewaltmodus"* zu sprechen, es gleicht dem Versuch einer Entladung der erlittenen und andauernd fortbestehenden Überforderung.

2   Täter-Opfer-Identität, Wirtschaftsobjekt-Identität

(Nicht nur) in diesem Modus addieren wir die Welt um uns herum passend zu unserer Prägung. So sprechen wir z. B. von Organisationen so, als seien sie gleich unseren eigenen Körpern oder vielleicht sogar eigenständige natürliche Körper, in jedem Fall gegebener, gewachsener Teil der Natur, so, als seien sie nicht von uns geschaffen.

Die Naturalisierung der Organisationen und des Wirtschaftsgeschehens hat nichts mit aktuellen Wirtschafts- und Managementtheorien zu tun, die fordern, man müsse Organisationen wie Organismen verstehen und sie entsprechend holistisch integral strukturieren und führen. Vielmehr beschreiben wir das Wirtschaftsgeschehen so, als sei es ein natürlicher, beinahe „gottgegebener" Prozess des Werdens und Vergehens. Wir beschreiben keinen von uns gestalteten kreativen Prozess, mithilfe dessen wir bestimmte Ziele zu erreichen suchen.

Derart identifizieren wir uns sprachlich unbewusst als Zuschauer im Geschehen, ja sogar als Opfer desselben. Mit uns wird es gemacht. Die Identifikation mit dem bezeugenden Opfer ist ein Hinweis auf unsere Traumaidentität, die heute immer noch im Gestern der totalen Abhängigkeit feststeckt. Dabei besteht eine offensichtliche Verwirrung über unsere „Täter-/Opferschaft" bei der wir unsere physisch und psychisch manifesten Traumaerfahrungen auf die von uns entwickelten Organisationen und Arbeitsumfelder projizieren: Das waren wir nicht. Wir tragen nur die Konsequenzen.

In unserer Sprache verwenden wir entsprechende Begriffe und Sprachbilder. Wir reden zum Beispiel von der *Unternehmensseele,* oder auch vom *Überleben* im Markt und glauben an eine *natürliche Selektion im Zuge der Marktentwicklung.* Wir sprechen vom *Markt-* oder *Unternehmens-Wachstum* im *Wirtschaftsleben* und identifizieren einzelne *Wirtschaftszweige.* Im Zuge der griechischen Wirtschaftskrise brauchte der *griechische*

Patient dringend eine *Rosskur* mit dem Ziel der *Gesundschrumpfung* des *aufgeblähten* Staatssektors. Irgendwann, so hofften wir, würden die *Selbstheilungskräfte des Marktes* ganz bestimmt die griechischen *Krisensymptome lindern.* Anderenfalls bestünde die Gefahr, dass der Finanzmarkt *ein Patient* mit *akuten Kreislaufproblemen* würde.

Wenn Trauma sich in unseren Körpern manifestiert und diese zur Metapher für das Wirtschaftsgeschehen werden, dann projizieren wir möglicherweise das, was uns direkt, indirekt oder transgenerational widerfahren ist, auf das Wirtschaftsgeschehen und verstehen es dann wie ein Patient – geduldig, aushaltend, ertragend.

Zugleich weist der metaphorische Gebrauch der Biologismen möglicherweise auch auf eine wirtschaftsliberale Grundhaltung hin, wie sie unter vielen z. B. von Hans Luther, Reichskanzler der Weimarer Republik von 1925–1926, im Kontext der damals sich zuspitzenden Finanzkrise geäußert wurde. Luther begriff die Konjunktur als ein *„ganz natürliches Geschehen"*, sie gleiche einem *„Ein- und Ausatmen"* (Luther 1928a). Jeglichen Staatsinterventionismus lehnte er strikt ab und popularisierte sein wirtschaftsliberales Kredo mit simplifizierenden Naturmetaphern wie: *„Auch im Wirtschaftsleben ist es so, dass auf Sonnenschein stets Regen folgt"* (Luther 1928b).

Stephan Schulmeister, Ökonom am österreichischen Institut für Wirtschaftsforschung in Wien, skizziert in einem Gespräch mit einem Wirtschaftsmagazin sein Verständnis eines solchen Neoliberalismus:

> **… vergleichen Sie den Neoliberalismus mit einer Religion. Was haben die beiden gemeinsam?**
> Dass es ein höheres Wesen gibt, dem sich die Menschen zu unterwerfen haben.
> **Was ist das für ein Wesen?**
> Der Markt.
> **Der entspricht Gott?**
> Ja, der Markt wird sozusagen in ein Subjekt verwandelt … Diese Sprache der Journalisten, zu sagen ‚Die Märkte bestrafen Griechenland, tun dies oder jenes', gibt dem Markt den Anschein, als wäre er ein Wesen, das etwas tut, wohingegen die Menschen eher zu Objekten werden.
> **Und Sie sagen, es müsste umgekehrt sein?**
> Sicher. Der Neoliberalismus ist die bedeutendste und geschichtsmächtigste Bewegung der Gegenaufklärung. Die wichtigste politische Bewegung der Aufklärung war aus meiner Sicht die Arbeiterbewegung, weil als Haltung dominierte: Das Schicksal des Menschen ist der Mensch. Die Gegenposition ist: Der Mensch muss sich den Märkten anpassen. Es wurde eine gedankliche Konstruktion geschaffen, die dem Handeln der Politik seine Legitimationsgrundlage entziehen soll …
> **Wenn der Neoliberalismus mit einer Religion vergleichbar ist, gibt es auch eine Erlösung?**
> Naja, Immanuel Kant: Ausgang des Menschen aus der selbst verschuldeten Marktreligiosität. Es gibt kein Erlösungsereignis, sondern das wird hart erarbeitet werden müssen. Emanzipation ist Knochenarbeit (Capital 2018).

Die auch als Marktfundalismus bezeichnete Forderung, der Markt solle sich jenseits staatlicher Regulierung als natürliches Gebilde förmlich autopoietisch (sich selbst erschaffend) entfalten, bekommt angesichts der fortgesetzten Kämpfe um einen einzigen

Weltmarkt eine besondere Bedeutung. Da wo der Krieg als fortgesetzte Politik mit anderen Mitteln definiert wird, wie es der Militärhistoriker Carl von Clausewitz (1780–1831) in seinen Schriften tat, tritt nun der Wirtschaftskrieg als die Fortführung von Wirtschaft mit anderen Mitteln auf.

Was nämlich angesichts der Definition bei von Clausewitz deutlich wird: Der Politik und der Wirtschaft wohnt das Moment der Auseinandersetzung – in ihrer extremen Form als Krieg – inne, anderenfalls könnten beide nicht als solche fortgeführt werden.

Das heißt: Krieg ist immer auch Politik, und Politik ist immer auch Krieg. Mao Tse-Tung hat hierzu sinngemäß gesagt, Politik sei unblutiger Krieg, der wiederum blutige Politik sei. Der französische Philosophen Michel Foucault hat gesagt, dass die Politik lediglich Krieg mit anderen Mitteln sei, eine förmliche Umkehrung also des Clausewitz-schen Gedankens. Politische Macht, so Foucault, sei das Ergebnis von Krieg.

Wie herum auch immer sich das Verhältnis gestaltet, es scheint eines zwischen Politik und Krieg zu geben, und was für die Definition des Verhältnisses von Politik und Krieg gilt, ist gleichermaßen für die Wirtschaft gültig: Krieg ist fortgesetzte Wirtschaft mit anderen Mitteln, vulgo: Krieg ist immer auch Wirtschaft und Wirtschaft immer auch Krieg.

Wir leben inmitten andauernder Politik- und Wirtschaftskriege, und angesichts der Dimensionen wächst der Zweifel, ob unsere Erkenntnisse über Trauma und dessen weitreichende Folgen auf allen Ebenen eigentlich von irgendwelcher Relevanz für die größeren Zusammenhänge sind. Vielleicht kommen wir als traumatisierte Menschen den von uns geschaffenen Verhältnissen in gewisser Hinsicht zupass, weil wir die Verhältnisse anderenfalls so nicht aufrecht zu erhalten könnten? Wer würde so manchen Feind- und Überfremdungsbildern noch glauben oder übererregt zu folgen bereit sein?

Wieder (oder immer noch?) ist Krieg, und wieder sind wir direkt und indirekt beteiligt. Ob es sich also um eine neoliberale Wirtschaftshaltung oder um eine durch Trauma bedingte, dissoziative Identitätsstörung handelt, ist nicht von wirklicher Bedeutung, jedenfalls nicht da, wo sich beides passgenau übereinanderlegt und zu einem verschmilzt: Wir überlassen uns voll und ganz dem Marktgeschehen, und im Zuge unserer dissoziativen Identitätsstörung verwechseln wir uns selber mit einer Wirtschaftsressource. Weltmarkt, Wirtschaft, Ressourcendenken sind unsere Natur (geworden). Wir sind zu Marktobjekten geworden, und wir messen unser Leben mit Marktwährung. Auch das versprachlichen wir.

Zwar mahnen wir, *dass man über Geld nicht spricht,* tatsächlich aber sprechen wir oft mit Geld. Wir sagen *Zeit ist Geld* und deshalb wollen wir unsere *Zeit nicht vergeuden,* lieber wollen wir unsere *Zeit in etwas investieren,* das *wertvoll* ist, und dabei wollen wir keine *kostbare Zeit verlieren,* sondern lieber *Gefühle investieren* statt unsere *Gedanken an etwas zu verschwenden,* das für uns keinen Sinn macht. Wir wollen lieber etwas Vernünftiges *aus unserem Leben machen,* und mit vernünftig meinen wir immer: Wir wollen ein erfolgreiches Mitglied im ökonomischen Geschehen sein, fleißig, angepasst und zur Belohnung – hoffentlich – mit genügend Macht und reichlich Ressourcen ausgestattet.

Die sprachliche Ökonomisierung unserer Lebenszeit und unseres Engagements macht uns zu konsumierenden Mitgestaltern der übergeordneten Globalisierungsentwicklung, die uns ein dreifach *„Weltmarkt, Hurra!, Weltmarkt, Hurra!!, Weltmarkt, Hurra!!!"* zuruft. Und alles wiederum scheint am Ende lediglich in der Frage zu münden, wer die ökonomische Macht über die Ressourcen gewinnt. Der von Yuval Harari diagnostizierte Entwicklungstrend der imperialen Verschmelzung zu einem Weltmarkt, einer Weltpolitik und einer Weltreligion zeigt sich zumindest unverkennbar und mit erfolgreichen Ergebnissen im weltweiten Wirtschaftsgeschehen: Der Weltmarkt steht (Harari 2015). Und er dominiert alles.

Die Frage ist nur noch, wer ihn final führen wird. Denn offensichtlich ist geworden: Politik und Religion werden von dem bestimmt werden, der den Weltmarkt beherrscht. Andere politische Regelungen des Gemeinwesens und religiöse Gestaltungen des alltäglichen Miteinanders werden mit Waren- und mit Finanzgewalt in die Knie gezwungen und stromlinienförmig marktkonform geschliffen. Wir *werden* bei dieser Konzentration nicht zur Ressource, wir *sind* es bereits. Das traumatisiert uns. Und so wie wir sprechen, akzeptieren wir das offenbar und finden uns global als Teil des scheinbar unvermeidbaren Geschehens ein. Wir sind schon wieder Opfer. So jedenfalls sprechen wir.

3 Politik- und Wirtschaftskriege, Kriegssprache

Dass der Weltmarkt steht, haben wir unzähligen Kriegen in unserer Geschichte und unserer Gegenwart zu verdanken. Nach dem Ende der nationalen Kriege sind wir jetzt in den Krieg um den Markt gezogen. Wir führen Wirtschaftskrieg.

Zunächst hielten sich die Nationen an die militärtheoretischen Erkenntnisse von Clausewitz, der postulierte, dass ein Krieg erst in dem Moment ausbricht, in dem sich jemand gegen einen Angriff verteidigt. Nicht der Angriff also, die Verteidigung löst den Krieg aus.

Das klingt nach einer nachgerade heimtückischen gedanklichen Konstruktion und scheint zugleich ob seiner bestechenden Logik derart schlüssig, dass der Clausewitz' Gedankengang zu weltweiten Aufrüstungsanstrengungen in immer gigantischeren Dimensionen führte. Zwar war von Clausewitz nicht der erste, der Abschreckungsstrategien zur Kriegsvermeidung empfahl, auf ihn aber beriefen sich die Militärstrategen im Wettrüsten vor dem Ersten Weltkrieg und nach dem Zweiten Weltkrieg. Frieden ohne Angriff und ohne Verteidigung bei gleichzeitiger Aufrüstung heißt *kalter Krieg*. Den Begriff prägte George Orwell in seinem Essay **You and the Atomic Bomb**.

Allerdings war auch die Zeit des Kalten Kriegs nicht nur „friedlich" kalt, sondern brachte einige heiße Stellvertreterkriege hervor, wie beispielsweise den Koreakrieg oder den Krieg in Afghanistan. Auch während der Berlin Blockade, der Kuba Kriese und beim Streit um die Stationierung von Mittelstreckenraketen drohte die kalte Ära zu überhitzen. In jedem Fall ging es beim kalten Krieg um die Weltfrage *Kapitalismus oder Kommunismus? (liberaler/neoliberaler oder sozialer/sozialistischer Humanismus?)* zwischen der Nato und dem Warschauer Pakt – eine Frage also, in der Politik und Wirtschaft als Eins gedacht werden.

Wer genügend aufgerüstet war, der würde nicht angegriffen werden, so das Kalkül. Er könnte natürlich angreifen und wäre doch nicht Auslöser des Kriegs, das wäre der sich Verteidigende. Allerdings: Angreifen würde er (jedenfalls heute) auch nicht mehr, die weltweite Hochrüstung ist derart weit gediehen, dass ein einziger Knopfdruck alles zerstören würde. Das kann (hoffentlich) niemand wirklich wollen, unbesehen seiner Wirtschaftskraft, seiner politischen Überzeugung und unbesehen auch seiner Religionszugehörigkeit.

Nicht zuletzt trieb der Rüstungswettlauf auch die technologische Revolution nichtmilitärischer Bereiche wie z. B. Luft- und Raumfahrt, Elektronik und last but not least Computertechnik und das Internet voran. Für diese Entwicklungen benötigten die Staaten beträchtliche Summen, und schnell wurde im Zuge der Aufrüstung deutlich, dass sie neben der vermeintlichen Angriffs-Vermeidung zu Friedenszwecken auch ein probates Mittel war, „kalte Feinde" im „kalten Krieg" wirtschaftlich zu schwächen oder gar eiskalt in die Knie zu zwingen. Die Sowjetunion hat nicht zuletzt dadurch ihr Ende gefunden. Die politisch gewollte, national sich aufrüstende Kriegsvermeidung gerierte zum internationalen Wirtschaftskrieg, und die Frage war: Wem würden als Erstem die Mittel ausgehen?

In Europa war man sich nach dem zweiten Weltkrieg einig, dass von europäischem Boden nie mehr Krieg ausgehen sollte. Was derart friedensbewegt klingt, hatte seine Wurzeln durchaus auch in marktstrategischem Kalkül: Angesichts der Globalisierungsentwicklungen brauchte man einen starken europäischen Markt, anderenfalls würde das Spiel ohne Europa gespielt. Europa ist ein starker Spieler auf dem Weltmarkt geworden – wiewohl im Inneren noch immer kein homogener Wirtschaftsraum. Friedenspolitik als Element des Wirtschaftskriegs? Es wundert nicht, dass von Übersee Forderungen laut werden, die europäischen Nationen müssten als Partner der Nato deutlich stärker aufrüsten. Das fordert hohe Investitionen, die die Wirtschaftskraft schwächen könnten, die momentan auch dafür benötigt wird, schwächere Mitgliedsstaaten zu stützen.

Europäische Mitgliedstaaten wir Frankreich konzentrieren sich diesbezüglich auf die hohe Kunst des Wirtschaftskriegs. In diesem Zug wurde 1997 in Paris die **Ecole de Guerre Economique** gegründet – als Antwort auf amerikanische Unternehmen, denen Frankreich vorwarf, im Globalisierungswettlauf mit unfairen Tricks zu agieren. Finanziell unterstützt wird die Einrichtung vom französischen Verteidigungsministerium und der Rüstungsberatungsfirma Défense Conseil International. Auf ihrer Website beschreibt und legitimiert sich die staatlich anerkannte Hochschule so:

Die «Ecole de Guerre Economique» (Schule für Wirtschaftskrieg auf Deutsch) ist keine allgemeine Ausbildung. Sie wurde 1997 gegründet, um zwei tiefe Lücken in der Grundausbildung und der Weiterbildung zu schliessen:

1. die Berücksichtigung der Informationskonflikte in der Vorstellung der Strategien von Unternehmen, Administrationen und Gebietskörperschaften;
2. die Problematik des Mächtewachstums der Nachkriegszeit in einem weltweiten angespannten Handelsaustausch.

Die Legitimität unserer Ausbildung ist die Folge unserer privilegierten und permanenten
Beziehungen zu den öffentlichen und privaten Akteuren des Wirtschaftskriegs (EGE 2018).

Dass ein internationaler Wirtschaftskrieg herrscht, darüber besteht ganz offensichtlich
kein Zweifel. Worum es dabei im Einzelnen geht, erläutert der Gründer der Ecole de
Guerre Economique in einem Interview auf FAZ online.

Was genau sind die Schlachtfelder des Wirtschaftskrieges?
Die Auseinandersetzung findet einerseits in der konkreten Welt statt, in der es darum
geht, das betriebswirtschaftliche Handwerk besser zu beherrschen als die anderen. Das
ist die Ebene, auf der es um Kosten und Preise geht, um Bilanzen, Innovationen und Ver-
kaufsstrategien. Das bekommt man an Universitäten beigebracht. Und bestenfalls auch
noch virales Marketing. Doch auf die Auseinandersetzung auf einer anderen, unsicht-
baren Ebene werden die Studenten nicht vorbereitet: Es ist der entscheidende Kampf in
der immateriellen Welt, deren wichtigster Schauplatz das Internet ist. Ich meine nicht die
Nutzung des Internets für Werbung und E-Commerce. Ich meine das planvolle Sammeln
und Verbreiten von Informationen über die Wettbewerber. Hier geht es darum, sämtliche
Schwachstellen des Gegners auszumachen und sie zu nutzen, um ihn zu schlagen. Wirtschaftskrieg bedeutet vor allem Informationskrieg. Die meisten Unternehmen sind nicht
gewappnet für diese Konfrontation, in der es wenig moralisch zugeht. Wir rüsten für diesen
Krieg (FAZ 2014).

Nun ist Wirtschaftskrieg kein neues Phänomen, er ist so alt wie nationaler oder globaler
Krieg, und in der Regel geht er mit diesem Hand in Hand.

Die Existenz von Wirtschaftskriegen wurde bereits im 19. Jahrhundert von Intellektuellen
wie Victor Hugo und Akademikern aus verschiedenen Bereichen als unvermeidliche Evolution der Konfliktlogik erkannt. Sie wurde vom materiellen Krieg, der auf Schlachtfeldern
von Soldaten mit Waffen geführt wurde, in eine "weichere" Form der Begegnung zwischen
Nationen auf dem internationalen Markt und später in einen freien Gedankenaustausch zwischen freien Geistern umgewandelt.
      Das internationale Szenario der letzten zwanzig Jahre hat jedoch sicherlich nicht weniger
bittere Konflikte gebracht als die Explosion von Bomben und Verordnungen über Europa:
Bis heute wurde nicht einmal eine Harmonie zwischen den Vereinigten Staaten und der
Europäischen Union erreicht. Und tatsächlich ist in der übrigen Welt, wo die Demokratie
trotz der bedeutenden Schritte, die auf allen fünf Kontinenten in diese Richtung unter-
nommen wurden, ein Traum für Milliarden bleibt, noch viel weniger erreicht worden.
      Neben der weit verbreiteten Enttäuschung über das tatsächliche Ausmaß solcher Fort-
schritte … besteht die Überzeugung, dass der konventionelle Krieg in der Wirtschaft durch
die ‚Wirtschaftskriegsführung' ausbrechen kann, die erstmals während des Ersten Weltkriegs als Bestandteil der dem deutschen General Erich Ludendorff lieb gewonnenen Idee
der totalen Kriegsführung definiert wurde (moderndiplomacy 2017) (Übersetzung Stephanie
Hartung).

Überall Kriege führend und andauernd von Kriegen um Ressourcen und Markt-
beherrschung umgeben, sprechen wir eine militärische Sprache oder auch eine Sprache
des Kriegs – sei es im privaten Alltag oder im Arbeitsleben, wo die Arbeit zum *täglichen
Kampf* wird. Wir stehen *auf Kriegsfuß* mit dem einen oder anderen Kollegen, der immer

wieder *querschießt,* so wie es uns überhaupt insgesamt so scheint, als würde ständig *von allen Seiten auf uns geschossen.* Deshalb befinden wir uns jetzt *auf dem Rückzug.*

Angesichts unserer überbordenden Bürokratie beklagen wir einen alltäglichen *Papierkrieg* und empfehlen die *Kapitulation,* weil uns der Abbau der Bürokratie allzu groß oder unlösbar scheint. Tatsächlich stehen wir als Bürger *Gewehr bei Fuß,* wenn wir unsere ungeteilte Zuwendung und Kooperationsbereitschaft ausdrücken wollen, und wir antworten gerne mit dem präpotenten Eifer eines jugendlichen Strebers *wie aus der Pistole geschossen.* Wird das zur Kenntnis genommen oder gar gelobt, sind wir stolz. Wie Kinder.

Wir führen *Argumente ins Feld* und lassen uns ungern *das Heft aus der Hand nehmen.* Wir planen *feindliche Übernahmen,* weil *die Kriegskasse* gut gefüllt ist, und wir nehmen die *Kundenfront scharf ins Visier,* um die *Stoßrichtung des geplanten Marketingfeldzugs* zu *sondieren.* Von nicht mehr ganz so weitem klingt bereits der *Rekrutierungsschlachtruf* der Personaler, die in den *Krieg um die Köpfe* ziehen (neudeutsch: *war for talents*).

Brot und Spiele als Kriegspause: Im heiß geliebten Fußball rollen unsere Spieler als *Panzer* oder *echte Granaten* mit einer *gestählten Kampfmoral* über das *(Schlacht-)Feld* und *bombardieren* regelrecht das gegnerische Tor. Dabei beobachten wir *tödliche Pässe, überfallartige Angriffe* oder auch *Bruder-Duelle.* Und während die Spieler für ein stupend hohes Einkommen förmlich *um ihr Leben rennen,* sitzen wir auf den Rängen als *Schlachtenbummler* oder als *Spione der Gegner.*

Im Zuge der innereuropäischen Grenzöffnung sprechen manche von uns von einem *Anschlag auf die Demokratie,* wir rufen nach Zäunen und Mauern *gegen das Eindringen in unser Hoheitsgebiet,* errichten Auffang- und Durchgangs*lager* bei der dann doch erfolgreichen Ankunft der *fremden Eindringlinge* (höchstwahrscheinlich mit bösen Absichten, wie manche mutmaßen), und wir wählen *Generalsekretäre* für unsere (Friedens-)Parteien. Wir geraten schneller *zwischen die Fronten,* als uns manchmal lieb ist und *fahren scharfes Geschütz auf,* wenn die freundliche Tour nicht zieht. Unsere Parteien gehen in den *Wahlkampf,* und angesichts seines potenziell hohen Unterhaltungsfaktors sind wir nicht mal abgeneigt, wenn der *Wahlkampf ohne Wattestäbchen* geführt wird. Das wird bisweilen durch die ein oder andere bissige Bemerkung befeuert, und dabei können wir froh sein, wenn unsere wertvollen Implantate auch in Zukunft *bombenfest* sitzen.

Unsere Parteien liefern sich *Wahlschlachten* und wahlweise schwarz-rote, schwarz-grüne oder rot-grüne *Gefechte.* Gegen manche Parteien gibt es regelrechte *Kreuzzüge.* Natürlich geht der *Wahlkampf bis zum bitteren Ende,* und je nachdem, wie er *geführt* wurde, gibt es dann am Ende *ein Duell ohne* oder eben *mit Sieger.* Sind wir unzufrieden mit dem Wahlergebnis, dann bezeichnen wir die von den Anderen gewählte Koalition als garantiertes *Himmelfahrtskommando* für unsere Nation oder Region. Im Zuge der griechischen Wirtschaftskrise schließlich unterstellten einige von uns gar der Troika aus Europäischer Zentralbank, Internationalem Währungsfonds und Europäischer Kommission, sie strebe die *bedingungslose Kapitulation* Griechenlands an.

Die Verwendung von militärischen oder Kriegsbegriffen kann im Übrigen auch für wirtschaftlichen Erfolg eingesetzt werden. So nutzte der Mediziner Robert Koch gegen Ende des 19. Jahrhunderts eine ganze Palette von Kriegsmetaphern und hatte damit Erfolg.

Laut Koch befand sich die *Menschheit im Krieg* mit dem Feind, einem *Heer von Bakterien*, den Erregern von Milzbrand, Tuberkulose und Cholera. Er warnte weiter vor *Invasionen* und forderte konsequent eine *Offensive mit schlagkräftigen Waffen*. Seine Kriegsmetaphorik geschah nicht etwa unbewusst, vielmehr setzte Koch sie gezielt ein, um für sein noch junges Forschungsfeld um Unterstützung zu werben. Sein Plan ging auf. Der allseits herrschende Geist des Militarismus förderte seine Forschung. Das war damals neu – und blieb nicht einmalig. Heute haben wir uns an die Kriegsmetaphorik im Kontext unserer Gesundheit gewöhnt, dann, wenn z. B. *aggressive Bakterien* im Zahnbelag ständig unsere Zahngesundheit *bedrohen*. Das geht auch mit Bildern. Den Rauchern, die mit ihrer durch Bindungs- und andere Traumata verursachten oder zumindest geförderten Sucht auf der ständigen Suche sind, präsentieren wir grausame Bilder von den Folgen ihrer Sucht, die ihre Angst vergrößern und sie vielleicht noch verstärkt in die Sucht treiben. In den Medien veröffentlichen wir die Kosten, die die Raucher im Gesundheitssystem verursachen und empfehlen dann dringend eine Erhöhung der Tabaksteuer.

Der indische Neurologe Vilayanur Ramachandran vertritt die These, dass Metaphern durch physiologische Veränderungen im Hirn entstehen, wenn nebeneinanderliegende Regionen sich vernetzen – zum Beispiel die Bereiche, die für Sehen und Hören zuständig sind: Für die Wortbilder der *„hellen Stimmen"* und der *„schreienden Farben"* ist demnach die Koppelung von sinnlichen Wahrnehmungsbereichen verantwortlich, die sogenannte Synästhesie. Tatsächlich deuten weitere Befunde in diese Richtung: Derselbe Bereich im Gehirn ist zum Beispiel sowohl für die Regulation der Körpertemperatur (physikalische Wärme) als auch für die Verarbeitung zwischenmenschlicher Erfahrungen (psychologische Wärme) zuständig. Wenn wir im Arm gehalten werden, spüren wir Wärme. So verbinden sich für uns Zuneigung und Wärme, und das versprachlichen wir zu warmherzigen Menschen oder solche, die eine kalte Schulter zeigen, wir erwärmen uns für Jemanden oder unsere Beziehungen sind lange erkaltet.

Ausgehend von diesen neurowissenschaftlichen Erkenntnissen über die Entstehung von Metaphern wird deutlich, wie umfassend wir Krieg gelernt und mit unseren Lebenserfahrungen und -empfindungen verknüpft haben. Sprache ist das Medium des bewussten und unbewussten Denkens, und hier offenbart sich, dass der Krieg da draußen ebenso wie in unseren Köpfen fortbesteht. Wir stecken noch immer im Trauma, das seinen Ursprung im Krieg hat. Wenn wir um uns herumschauen, ist Krieg nicht nur als direkte oder indirekte Erinnerung in uns drin. Er ist um uns herum als ubiquitäre Gegenwart, als alltägliche Form der Gewalt. Wir sind dauerbedroht, und da wundert zum Beispiel nicht, dass wir zunehmend Fahrzeuge bevorzugen, die bisweilen wie private Panzer anmuten.

> Kriegssprache ist nur möglich unter Bedingungen, in denen Krieg als spezifische Form von Gewalt bestimmend ist. Die Existenz von Kriegswörtern widerspiegelt diesen Sachverhalt. Die Wörter selbst nun entziehen sich dieser Widerspiegelung; sie schlüpfen in metaphorische Gewänder und stellen so ganz anders dar, als sie ursprünglich bezeichneten (hier die Kanone, dort die Sportkanone, hier das Feld als Ort militärischer Auseinandersetzungen, dort das Feld bereinigen, hier die Kreuzer als raketen- und artilleriebestückte Überwasserkräfte, dort die Straßenkreuzer usw.) (Hochstrasser 1985a)

Unsere alltägliche Kriegssprache macht nicht vor der Arbeits- und Wirtschaftswelt halt. Auch hier befinden wir uns unbewusst mit einem Teil unserer Identität noch immer (oder schon wieder) inmitten des historischen Kriegsgeschehens, mit einem anderen Teil sind wir bewusster Zeuge aktueller Kriege, die in ihrer Dimension eine Bedrohung für den Weltfrieden sein können, weil sie zwar lokal ausgefochten werden, jedoch immer auch mit internationaler, also auch mit unserer Beteiligung. Beispiele?

Irak

Seit 2003 herrscht Krieg im Irak. Nach dem durch die USA angestrebten Sturz von Saddam Hussein (und der anschließenden wirtschaftskriegerischen Besetzung der irakischen Ölvorkommen) startete der Islamische Staat (IS) in 2014 eine Offensive und konnte große Teile des Landes unter die Kontrolle seiner islamistischen Schreckensherrschaft bringen. Der IS vertrieb Christen aus dem Land, kontrollierte größere Teile des Nordirak und dehnte seinen Feldzug ins gesamte Kurdengebiet aus. Zehntausende Menschen waren (und sind) auf der Flucht vor den Dschihadisten. Heute engagieren sich im Irak die Türkei, Russland, die USA und die EU. Ende 2017 ist es ihnen gelungen, den IS vorerst zurückzudrängen. Indes: Seit 2015 hat es zahlreiche terroristische Attentate des IS in Europa gegeben, insbesondere in Deutschland, Frankreich und Großbritannien. Nun mag man sagen, Terror sei per Definition kein Krieg. Und auch wenn statistisch gesehen die Anzahl der Toten durch terroristische Anschläge bei weitem nicht an die Suizidrate heranreicht, so verfehlt doch der Terror sein Ziel nicht: Er installiert eine Atmosphäre von Anspannung und Angst. Die Folgen sind gleichermaßen traumatisierend.

Syrien

Der Bürgerkrieg in Syrien begann 2011, als im Zuge des Arabischen Frühlings erste Demonstrationen gegen das Assad Regime durch die Straße zogen. Die Opposition blieb, und bis heute stehen den Streitkräften Syriens unter dem Kommando von Präsident Baschar al-Assad bewaffnete Gruppierungen gegenüber. Die Auseinandersetzungen finden mit fortschreitender Dauer zunehmend unter Beteiligung internationaler Mächte statt, die dabei auch eigene Interessen verfolgen.

Heute werden syrische Gebiete entweder von der Regierung Assads, von Oppositionsgruppen, von Kurden oder von Islamisten beherrscht. Die Bündnispartner Assads sind der Iran und Russland. Ein internationales Bündnis unter Führung der Vereinigten Staaten kämpft gegen die sunnitische Terrorgruppe des IS und machte aus dem Kampf innerhalb Syriens einen regionalen Stellvertreterkrieg zwischen dem schiitischen Iran (Bündnispartner Türkei) und dem sunnitischen Saudi-Arabien (Bündnispartner Katar). Die Türkei und der Iran wollen gleichermaßen das Erstarken der Kurden verhindern, die sich zum sunnitischen Islam bekennen. Die Kriegsbeteiligung Russlands und der USA führte zudem zu einer Verschärfung des bereits bestehenden überregionalen Konflikts der beiden Großmächte.

Rund 11,6 Mio. Syrer waren 2015 auf der Flucht, davon 6,3 Mio. innerhalb Syriens. Mindestens fünf Millionen schafften es, Syrien zu verlassen. Seit 2014 stellen Syrer die größte Gruppe unter den Schutzsuchenden in Deutschland. Insgesamt sind rund 800.000 Syrer seit dem Beginn des Bürgerkriegs 2011 nach Deutschland geflohen (Stand: Juni 2018, Quelle Auswärtiges Amt).

Die Annahme also, dass wir in Friedenszeiten leben, stimmt nicht. Es herrscht Krieg. Weltweit. Wir spüren und sehen die Folgen. Überall. Und wir führen Krieg durch unsere exportierten Waffen. Wir verdienen daran. Wir haben uns in traumatischen und traumatogenen Umständen eingerichtet.

Die weltweiten Rüstungsausgaben sind im vergangenen Jahr erneut gestiegen. Insgesamt wurden 1,739 Billionen Dollar für Rüstungsgüter ausgegeben, wie das in Stockholm ansässige Friedensforschungsinstitut Sipri in einem am Mittwoch veröffentlichten Bericht bekannt gab (welt.de 2018).

4   Vokabular

Es gibt in der Literatur einige Untersuchungen zum metaphorischen Sprachgebrauch in der Wirtschaft, eine spezifischere Untersuchung aber von Sprachgebrauch im Kontext von Trauma und Arbeit bzw. Krieg und Wirtschaft gibt es meines Wissens nicht. Ich stelle hier beispielhaft einige Wirtschaftsbegriffe und deren Bezüge vor.

… indem wir alle Tage in Begriffen von Krieg und Militär reden, ist unsere Sprache bereits militarisiert. Die Auswirkungen auf unser Bewußtsein bleiben nicht aus. Daß diese Militarisierung funktioniert, hat verschiedene Gründe. Wir müssen allgemein an uns selber feststellen, daß von den einzelnen her der von außen wirkenden Militarisierung eine Art von subjektiver Bereitschaft entgegengebracht wird. Diese kann sich aufgrund der jeweiligen Lebensumstände innerhalb der individuellen Lebensläufe herausbilden, kann aber auch aktuellen Bedingungen geschuldet sein. So denkt Klaus Ottomeyer (S. 251), „dass es im Kapitalismus eine strukturelle Überforderung und Krise von Identität gibt, die sich in bestimmten historischen Phasen und Situationen verschärft". Und weiter: „Subjektive Militarisierung ermöglicht … eine Schein-Stabilisierung von Identität, eine Schein-Aneignung von aus der Kontrollen geratenem gegenständlichen Umwelten (S. 255) (Hochstrasser 1985b) (Ottomeyer 1977).

Wirtschaftskreislauf
Es war der französische Physiokrat und Leibarzt Ludwig XV., Francois Quesnay, der die ökonomische Idee der Kreislaufanalyse für die Wirtschaft entwickelte. Sein „Tableau Economique", das in der Geschichte des ökonomischen Denkens als erste schematische Darstellung ökonomischer Interdependenz im Wirtschaftskreislauf gilt, war durch die Ideen kartesianisch geprägter, mechanistischer Vorstellungen inspiriert, die ein strikt lineares wenn-dann Verständnis hatten. Nichtsdestotrotz wird die bis heute weit verbreitete Kreislauffigur durch die Metaphorik eines biologischen Organismus'

mit komplex interdependenten Beziehungsstrukturen hervorgehoben – was wiederum ein beinahe diametral entgegengesetztes, weil systemisches Verständnis von komplexen Wechselwirkungen offenbart.

Human Resources

Der Begriff **Human Resources** der inzwischen der weltweit genutzte Begriff für Personalwesen ist, wurde laut Oxford English Dictionary (OED) erstmals im Ersten Weltkrieg in Großbritannien registriert und bezeichnete damals Menschen, die als Vermögenswert einer Organisation angesehen werden (im Gegensatz zu materiellen oder finanziellen Ressourcen). Oxfords frühestes veröffentlichtes Beispiel stammt aus einer Ausgabe der London Times von 1915 und lautete im Kontext von Kriegsüberlegungen sinngemäß: *Neben den Komitees, die für die Produktion von Material eingerichtet wurden, sollte es eine Organisation geben, die eine Bestandsaufnahme der noch verfügbaren Humanressourcen der Nation durchführt.* Die Anwendung des Begriffs breitete sich bald auf die USA aus. Im Jahr 1920 erschein im American Journal of Sociology (Chicago) sinngemäß der Satz: *Der Föderalismus hätte den Balkan vor Verwüstung und entsetzlicher Verschwendung von Humanressourcen bewahrt.*

Headhunter/Headhunting

Was ursprünglich den Kopfjäger bezeichnete, der die von ihm erfolgreich Gejagten enthauptete und als Schrumpfkopf-Trophäen exponierte, steht heute für den, der im *„war for talents"* treffsicher die kompetenten Trüffel unter den Fachpilzen rausfischt. Ist sein Auftraggeber mit der Auswahl einverstanden, kommt es zur Rekrutierung: Neue Mitarbeiter werden wie Soldaten als nachwachsender Rohstoff in das Unternehmen aufgenommen. Das lateinische Wort *recrescere* bedeutet *nachwachsen*.

Chief Executive Officer, CEO

Der Begriff *„Chief Executive Officer"* (CEO) kommt aus den USA und bezeichnet den jeweils höchsten (operativen) Entscheider eines Unternehmens, z. B. den Vorstandsvorsitzenden einer AG oder den Geschäftsführer einer GmbH. Wenn der Begriff auch im deutschen Arbeitsrecht rechtlich keinerlei Relevanz hat und deshalb keinen Platz in einem Arbeitsvertrag finden sollte, so ist der CEO als oberster Lenker der Organisationen weltweit und eben auch in deutschen Management- und Wirtschafts-„Sprech" im Kommen, spätestens jedenfalls seit den 1980er Jahren, als amerikanische Unternehmen vermehrt begannen, deutsche Niederlassungen zu gründen oder deutsche Unternehmen zu akquirieren.

Der so militärisch klingende Annex *„Officer"* ist militärischer Provenienz. Die Übernahme des *Officers* in die Führung von Organisationen hat ihre Wurzeln im 16ten Jahrhundert, als in Großbritannien die ersten Seehandelsgesellschaften entstanden. Diese hatten auf ihren Schiffen eine streng hierarchisch militärische Struktur, die sich in Gefahrensituationen auf See als die effizienteste erwiesen hatte. Konsequent wurden die maritimen Führungskräfte mit militärischen Graden betitelt. Auf dem neu entdeckten

Kontinent Amerika eröffneten die britischen Gesellschaften ihre erfolgreichen Niederlassungen und übernahmen die erprobte maritime Führungsstruktur mit den dazugehörenden Bezeichnungen.

Headquarter/Hauptquartier

Die CEOs sitzen in der Zentrale, im Headquarter. Hier befehlen sie ihren Stab. Das
Hauptquartier ist das Zentrum, in dem alles geplant, befohlen bzw. ausgerollt und
koordiniert wird. Strategisch ist es in sicherer Entfernung zum aktuellen Kampf-
geschehen angesiedelt, ergo: weit weg vom Markt.

Strategie und Taktik

Der Begriff *Strategie* stammt aus dem Griechischen – *Strategios = der Feldherr/der
Heerführer, Strategia = das Feldherrentum/die Kunst der Heerführung*. *Taktik* ist ebenfalls griechisch und bedeutet: *Die Kunst, ein Heer in Schlachtordnung zu stellen*. In der
Sicherheitspolitik und in den Strategischen Studien des Militärwesens bezeichnet Strategie die zielgerichtete Gewaltandrohung oder den gezielten Einsatz von Gewalt zu politischen Zwecken. Taktik ist daneben nach Clausewitz *„Die Lehre vom Gebrauch der
Streitkräfte im Gefecht"*.

Zusammen bilden Strategie und Taktik ein Begriffspaar, mit dem zwischen direkten
und indirekten Vorgehensweisen unterschieden wird. Weil es Überschneidungen von
indirekter militärischer Strategie und direkter Taktik gibt, wurde in der *„Abhandlung
über die allgemeinen Grundsätze der Kriegskunst"* von Henry Lloyd aus dem Jahr 1780
erstmals von einer „Operationslinie" gesprochen. Definitionsgemäß umfasst die militärische Operation alle zusammenhängenden Handlungen von Streitkräften, die auf ein
gemeinsames Ziel gerichtet sind. Damit bildet eine militärische Operation ein konzep-
tionelles „Dach", um strategische und taktische Elemente in einen gemeinsamen Plan zu
gießen.

Unter dem Aspekt ihres zielgerichteten Charakters fand die Strategie Einzug in die
Wirtschaft und meint hier: langfristig geplante Verhaltensweisen zur Erreichung eines
gesetzten Ziels. Wie nah aber die Idee der Operationslinie im Kontext von Kampf
und Sieg mit der Wirtschaft verbunden ist, verdeutlichen die Gedanken von Guiseppe
Gagliano.

> Um Marktregeln zu beugen und den Wettbewerb zu schlagen, entwickelten die Wirtschafts-
> akteure neue aggressive Strategien nach dem Vorbild militärischen Wissens und unter-
> irdischer Operationen … Hier sind einige Beispiele für Wettbewerbsstrategien, die für
> feindliche Zwecke eingesetzt werden: offensives Benchmarking (Angriff auf ein Produkt
> durch Fälschung), Lobbying, soziales Lernen, Stretch-Marketing (Erlangung von Kont-
> rolle durch Regulierung, humanitäre Intervention, zivile und militärische Operationen und
> Wirtschaftskrieg). Diese Praktiken reichen bis zum Ende des Kalten Krieges zurück, als
> wirtschaftliche und kulturelle Konflikte die bis dahin militärischen und ideologischen Kon-
> flikte ersetzten (moderndiplomacy 2018) (Übersetzung Stephanie Hartung).

Patentkriege und -schlachten
Der Begriff beschreibt übliche Auseinandersetzungen in stark wettbewerbsorientierten Branchen, in denen der Geschäftserfolg von zumeist technischen Innovationen abhängt.

Nullachtfünfzehn Lösungen
Nullachtfünfzehn ist zu einer gängigen Alltagsbezeichnung für alles Durchschnittliche, mithin Gewöhnliche geworden und impliziert immer auch eine gewisse Abwertung. In der Wirtschaft, in der Innovation als eines der wertvollsten Assets gilt, erscheint alles, was mit 08/15 gestempelt ist, förmlich wie Gift.

Nullachtfünfzehn war die Nummer des massenhaft im deutschen Heer verwendeten luftgekühlten Maschinengewehrs 08 in der Version des Jahres 1915: LMG 08/15. Die Abwertung vom hochmodernen Maschinengewehr zum „Durchschnitt" entstand möglicherweise in den Dreißigerjahren, als im Zuge der Wiederaufrüstung die immer noch gebräuchlichen 08/15-Maschinengewehre der Reichswehr durch moderne Waffen ersetzt wurden. Die alten MGs wurden an Reservedivisionen abgegeben.

Von der Pike auf lernen
Wer seinen Beruf von der Pike auf gelernt hat, hat sich von der untersten Stufe an hochgearbeitet. Das heißt, er hat seine Sache gründlich gelernt. Die Metapher wird insbesondere im Handwerksbereich verwendet.

Die Pike ist eine Lanze. Im alten Heereswesen galt sie als die einfachste Waffe. Jeder Offizier hatte irgendwann einmal an der Pike gedient, hatte also als gemeiner Soldat angefangen und die ganze Heereshierarchie durchlaufen. Dabei musste er viel militärischen Drill über sich ergehen lassen.

Die Übernahme des Begriffs in den Arbeitsmarkt zeigt die Haltung, die gegenüber noch Ungelernten herrscht. Nicht selten sollen sie erst mal die Werkstatt fegen und den Müll rausbringen, bevor sie sich überhaupt zu mehr qualifizieren. Wir könnten angesichts der in die Wirtschaft übernommenen Metapher kriegsrhetorisch von Wirtschafts-Drill sprechen.

Materialschlacht
Der Begriff Materialschlacht wird heute fast nur noch im übertragenen Sinne benutzt, beispielsweise angesichts von Werbekampagnen oder auch Wahlkämpfen. Im ersten Weltkrieg bezeichnete die Materialschlacht eine Schlacht mit besonders starkem Einsatz von schweren Waffen und Flugzeugen. Arnold Zweig schreibt in seinem Roman *„Erziehung vor Verdun"* sinngemäß: *Die Deutschen haben im Februar 1916 die Materialschlacht geschaffen.*

Abschließend
Es gibt möglicherweise noch einige mehr Begriffe und Metaphern in unserer Wirtschaftssprache, die einen direkten Bezug zu Krieg und Gewalt haben, und im Kontext

der beschriebenen Wirtschaftskriege ist zu vermuten, dass sich der militärische Charakter der Sprache noch weiter herausschälen wird. Es gilt zu bedenken, welchen Einfluss das auf uns haben kann.

> Die Kriegssprache spiegelt – zwar vermittelt – gegenwärtige Gewaltverhältnisse wider; sie tritt aber zu diesen hinzu und gewinnt eine eigene, durchaus gewalttätige Dynamik, indem sie das äußere staatliche Gewaltmonopol zurückbringt in die Menschen hinein. Hier ist der Ort, wo sie ihr Unwesen treibt. Sie ist nicht die Sprache, welche den Entwurf einer neuen Gesellschaft begreifen, welche über allenfalls auch gewaltsame Veränderung der bestehenden Gesellschaft nachdenken will. Umgekehrt: sie verharrt im Heutigen, nimmt Einsitz in den Menschen und Einfluß auf Ihr Verhältnis untereinander. Kriegssprache gehört so zu den Ordnungssystemen zur Erzeugung von Feindseligkeit (Hochstrasser 1985c).

Literatur

Capital. de. (2018). Interview Jonas Bickelmann mit Stephan Schulmeister. *Scheitert die Währungsunion, gibt es einen Wirtschaftskrieg.* https://www.capital.de/wirtschaft-politik/stephan-schulmeister-scheitert-die-waehrungsunion-gibt-es-einen-wirtschaftskrieg.

Ecole de Guerre Economique. (2018). Schule für Wirtschaftskrieg ist keine allgemeine Ausbildung. https://www.ege.fr/index.php/l-ecole/presentation/schule-fur-wirtschaftskrieg.html.

Frankfurter Allgemeine Hochschulanzeiger. (2014). Wie Studenten an einer französischen Privat-Uni zu Wirtschaftskriegern ausgebildet werden. http://hochschulanzeiger.faz.net/magazin/studium/abteilung-attacke-wie-studenten-an-einer-franzoesischen-privat-uni-zu-wirtschaftskriegern-ausgebildet-werden-12786106.html.

Gagliano, G. (2017). Economic war and competition in the contemporary world. *Wirtschaftskrieg und Wettbewerb in unserer Zeit.* https://moderndiplomacy.eu/2017/11/04/economic-war-and-competition-in-the-contemporary-world/um.

Gagliano, G. (2018). Economic competition and competitive practices. *Wirtschaftlicher Wettbewerb und Wettbewerbspraktiken.* https://moderndiplomacy.eu/2018/02/28/economic-competition-competitive-practices/.

Harari, Y. N. (2015). *Eine kurze Geschichte der Menschheit.* München: Pantheon Verlag Verlagsgruppe Random House.

Hochstrasser, F. (1985a). *Kriegssprache* (S. 9). https://www.ssoar.info/ssoar/bitstream/handle/document/20853/ssoar-psychges-1985-12-hochstrasser-kriegssprache.pdf?sequence=1.

Hochstrasser, F. (1985b). *Kriegssprache* (S. 17). https://www.ssoar.info/ssoar/bitstream/handle/document/20853/ssoar-psychges-1985-12-hochstrasser-kriegssprache.pdf?sequence=1.

Hochstrasser, F. (1985c). *Kriegssprache* (S. 12). https://www.ssoar.info/ssoar/bitstream/handle/document/20853/ssoar-psychges-1985-12-hochstrasser-kriegssprache.pdf?sequence=1.

Luther, H. (1928a). *Von Deutschlands eigener Kraft – Versuch einer allgemein verständlichen Darstellung unserer Lage in der Weltwirtschaft* (S. 14) Berlin.

Luther, H. (1928b). *Von Deutschlands eigener Kraft – Versuch einer allgemein verständlichen Darstellung unserer Lage in der Weltwirtschaft* (S. 53) Berlin.

Ottomeyer, K. (1977). *Ökonomische Zwänge und menschliche Beziehungen. Soziales Verhalten im Kapitalismus.* Rowohlt: Reinbek bei Hamburg.

Welt. de. (2018). Weltweite Rüstungsausgaben 2017 bei 1, 7 Billionen Dollar. https://www.welt.de/newsticker/news1/article175987214/Politik-Weltweite-Ruestungsausgaben-2017-bei-1-7-Billionen-Dollar.html.

Stephanie Hartung Jhrg. 1959, hat nach einem Kunststudium an der Kunstakademie Düsseldorf mit Abschluss Meisterschülerin 13 Jahre als Malerin gearbeitet, bevor sie sich 1995 der Wirtschaft zuwendete und ein Beratungsunternehmen für markenzentrierte Organisationsentwicklung gründete.

Neben einem Postgraduierten-Studium des Internationalen Managements hat sie zahlreiche Ausbildungen in systemischen Beratungsmethoden und Gestalttherapie absolviert. Als geschäftsführende Gesellschafterin des FELD INSTITUTs in Köln arbeitet sie heute als Beraterin für Marken- und Organisationsentwicklung, als Coach für private und berufliche Anliegen und als DGfS (Deutsche Gesellschaft für Systemaufstellungen) anerkannte Weiterbildnerin für Systemaufstellungen mit Schwerpunkt Personal- und Organisationsentwicklung in Deutschland und international.

Sie hat diverse Bücher und Essays über die Themen Marke und Markenführung, Marke im Rechtsmarkt, integrale Managementkonzepte, System- und Organisationsaufstellungen veröffentlicht. Darüber hinaus verfasst sie immer wieder auch philosophische Betrachtungen zu einzelnen Lebensthemen.

Stephanie Hartung ist Mutter eines erwachsenen Sohns und lebt mit ihrem Partner in Köln.

Individuelles und kollektives Trauma, und warum Verwaltungen die bessere Organisationsform sind

Christian Kohlross

Inhaltsverzeichnis

Zusammenfassung

Ausgehend von einem psychoanalytischen Begriff des Traumas wird der Frage nach-
gegangen, inwiefern nicht nur Einzelne, sondern auch Gruppen, Organisationen und
Gesellschaften unter Trauma-Folgestörungen leiden können. Dazu wird kurz an den
Freudschen Begriff des Traumas erinnert (Abschn. 1), um sodann mit seiner Hilfe
Gemeinsamkeiten und Unterschiede individueller und kollektiver Traumata darzulegen (Abschn. 2). Schließlich wird gezeigt, wie und warum Verwaltungen probate
Organisationsformen sind, um Traumatisierungen, die beim Zusammentreffen von
individuellen und kollektiven Bedürfnissen nahezu unvermeidbar sind, dennoch zu
vermeiden (Abschn. 3).

C. Kohlross (✉)
Berlin, Deutschland
E-Mail: christian.kohlross@gmx.de

© Springer-Verlag GmbH Deutschland, ein Teil von Springer Nature 2019
S. Hartung (Hrsg.), *Trauma in der Arbeitswelt,*
https://doi.org/10.1007/978-3-662-58622-8_3

1 Der Freudsche Traumabegriff

Zwischen dem Leben und Erleben des Einzelnen und dem, was in Organisationen oder gar Gesellschaften geschieht, gibt es Parallelen, die weiter reichen, als wir uns das gewöhnlich vorstellen. Es gibt eindeutige Hinweise darauf, dass das, was sich im Erleben des Einzelnen ereignet, sich genauso oder doch so ähnlich auch in Organisationen oder Gesellschaften ereignet. So verliert eine vertraute Grundlage unseres Erlebens ihre Trennschärfe – nämlich die Unterscheidung zwischen dem eigenen Selbst und dem des oder der anderen.

Doch mit diesem Verlust kristallisiert sich zugleich die Eigenart des Psychischen heraus. Denn es zeigt sich, dass das Psychische nicht unbedingt an Individualität, auch nicht an ein bestimmtes individuelles Gehirn, ja vielleicht nicht einmal mehr an biologische Voraussetzungen gebunden ist. Auch in Organisationen oder Gesellschaften ist das von aller Individualität und persönlicher Körperlichkeit befreite Psychische zu beobachten.

Zugleich bestehen Organisationen und Gesellschaften auch aus wirklichen Menschen, aus einzelnen Körpern, in denen das Psychische und Physische eine untrennbare Einheit bilden. Wenngleich daher Organisationen ein eigenständiges Psychisches sowie eine eigene Psychodynamik zu entwickeln vermögen, durch die sie sich von ihren physischen Voraussetzungen emanzipieren, so sind sie gleichzeitig vom psycho-physischen Erleben Einzelner beeinflusst – wie sie auch umgekehrt deren Erleben beeinflussen.

In Organisationen treffen daher individuelles und kollektives Psychisches aufeinander. Das wird nirgendwo deutlicher als bei traumatischen Ereignissen. Denn Traumatisierungen können sowohl Einzelnen als auch Organisationen widerfahren. Ja mehr noch: In Organisationen treffen Menschen, die traumatisiert sind, auf andere Menschen, die es ebenfalls sind oder sein können – und sie treffen auf Strukturen und interaktionelle Zusammenhänge sowie auf Handlungs- und Kommunikationsabläufe, welche ebenfalls die für Traumatisierungen typischen Merkmale aufweisen können.

Was aber geschieht, wenn individuelle und kollektive Traumata aufeinandertreffen? Und inwiefern können beim Zusammentreffen von Individuellem und Allgemeinem, bzw. von Individuum und sozialen Organisationsformen die im Prozess der Vergesellschaftung unausweichlich scheinenden Traumatisierungen vermieden werden?

Angesichts dieser Frage lohnt zunächst eine genauere Definition des Trauma-Begriffs.

Werfen wir daher kurz einen Blick auf Sigmund Freuds immer wieder modifizierte Traumatheorie: Sie ist im Kern eine Überwältigungstheorie, also eine Theorie des durch Affekte überwältigten Individuums. Als Traumatheorie ist sie auch eine Theorie der verletzten individuellen Psyche (obwohl, wie wir noch sehen werden, auch Freuds Kulturtheorie auf der Vorstellung einer traumatisierten kollektiven Psyche beruht). Ein per se traumatisierendes Ereignis gibt es dabei für Freud nicht; es gibt nur die traumatisierte Psyche. Und natürlich Phasen, in denen die sich entwickelnde Psyche für Traumatisierungen besonders anfällig ist – namentlich solche der frühen Kindheit.

Eine Traumatisierung ereignet sich, so Freud, z. B. *„durch überstarken Schreck, schwere somatische Erschütterungen"*, wie es ein *„Eisenbahnzusammenstoss"*, eine *„Verschüttung und dgl."* ist (Freud 2010a). Diese und ähnliche Trigger lösen einen Affekt aus, der so stark ist, dass ihn das psychische System nicht mehr verarbeiten und regulieren kann. Traumata werden, so Freud, durch Erfahrungen ausgelöst, in denen seelische Verarbeitungsmechanismen wie die motorische Entladung des Affekts oder das Ausagieren, Reaktionen wie Weinen und Schreien oder auch die mit dem Erinnern, Wiederholen und Durcharbeiten normalerweise einhergehende Verarbeitung misslingen. Was bleibt, sind überstarke Affekte und das Gefühl der Ohnmacht ihnen gegenüber. *„Das hilflose Ich erwehrt sich ihrer"*, schreibt Freud, *„durch Fluchtversuche (Verdrängungen), die sich später als unzweckmäßig herausstellen und dauernde Einschränkungen für die weitere Entwicklung bedeuten"* (Freud 2010a). Das heißt: Die traumatisierte Seele tritt die Flucht ins Un- und Vorbewusste an. Dort aber gilt nur noch die assoziative Logik des Primärprozesses – weshalb bei dem, der traumatisiert ist, Vernunft und Verstand nicht ausgeschaltet, aber häufig wirkungslos sind.

Die von der Stärke eines Affekts in ihrer Verarbeitungskapazität überforderte Psyche sucht sich also in ihrem Schmerz zu helfen, indem sie verdrängt, indem sie abwehrt. Da aber *„jeder Affekt einer Gefühlsregung, gleichgültig von welcher Art, durch die Verdrängung in Angst verwandelt wird"* (Freud 2010b), werden die durch das Trauma ausgelösten, überfordernden Affekte mit unbewusster Angst aufgeladen. Die abgewehrten Affekte wirken daher selbst wie Traumata. Sie rufen noch einmal einen Schrecken hervor, nun aber einen fortgesetzten, nicht enden wollenden Schrecken. Die damit ausgelösten Affekte sind ständig bereit, die Schwelle vom Un- zum Vorbewussten und sodann meist auch die zum Bewusstsein zu überschreiten.

Freuds zentrale Einsicht ist nun, dass nicht nur Unglücke und Katastrophen Affekte auslösen, die nicht mehr verarbeitet und daher abgewehrt und mit unbewusster Angst besetzt werden, sondern auch *„Triebansprüche von innen wie (...) Erregungen von der Außenwelt wirken"*, und zwar vornehmlich dann, wenn, wie Freud schreibt, *„ihnen gewisse Dispositionen entgegenkommen"* (Freud 2010b). – Dann also, wenn Umstände gegeben sind, die der Abreaktion und Verarbeitung des Affekts entgegenstehen, sodass das ICH die Ansprüche des ES und die Forderungen des ÜBER-ICH nicht mehr ausbalancieren kann.

Kulturen, kulturelle Umwelten stellen nun genau solche „Dispositionen" bereit. Die KuK-Monarchie im Wien des ausgehenden neunzehnten und frühen zwanzigsten Jahrhunderts etwa in der Gestalt einer katholizistisch beförderten, als Prüderie sich darstellenden Abwehr des Sexualtriebes, der – einmal abgewehrt und mit Angst besetzt – alle Voraussetzungen eines traumatisierenden Triebanspruchs erfüllt. Die Libido und ihre Schicksale waren daher nicht zufällig, sondern eben aus historischer Notwendigkeit heraus das bevorzugte Untersuchungs- und Studienobjekt Freuds.

Die historischen Umstände mögen die sexuelle Fixierung der Trauma- und Neurosentheorie Freuds und damit die heute übliche Kritik an ihr begünstigt haben. Der zentralen Einsicht Freuds, dass Traumatisierungen in der Behinderung der Verarbeitung und

Abreaktion starker Affekte bestehen, widersprechen sie nicht. Und dass es historische, also soziale Bedingtheiten und Bedingungen sein können, die die Verarbeitung von mit Triebansprüchen einhergehenden Affekten behindern können, spricht nicht gegen Freuds Traumtheorie, sondern nur gegen die Beschränkung der Traumatheorie auf das Feld der Individualpsychologie.

Darüber hinaus ermöglicht aber nun Freuds Traumatheorie die Unterscheidung zwischen dem äußeren oder dem inneren Anlass des Traumas (der Naturkatastrophe, dem Triebanspruch) und der eigentlichen Traumatisierung, welche in der Behinderung der Verarbeitung der dadurch ausgelösten Affekte besteht. Traumatisierungen können, müssen nun nicht mehr auf einen akuten äußeren Anlass, sie können ebenso auf innere wiederkehrende Spannungen zwischen dem Anspruch des Affektes auf Abreaktion und deren Behinderung zurückgehen. Und die eigentlich traumatisierenden Ereignisse müssen dann, anders als der Sprachgebrauch es nahelegt, keinen singulären Charakter haben, sie können sich als äußere wie innere Überforderungsereignisse wiederholen, ja, bisweilen sogar erst in der Wiederholung ihren traumatisierenden, soll heißen: überwältigenden Charakter entfalten. Die der Freudschen aus einer Traumatheorie hervorgegangenen Neurosentheorie inhärente Einsicht ist denn auch, dass Traumatisierungen in der Lebensgeschichte der Psyche nichts Außergewöhnliches, sondern schlicht das Erwartbare sind.

Die nachfreudianische Traumatheorie verfolgt auch deshalb eine holistische Perspektive (vgl. Mentzos 2017). Sie betont, dass Traumatisierungen nicht ‚nur‘ in Affektregulations- und Verarbeitungsstörungen bestehen und kehrt den Umstand heraus, dass einer Traumatisierung eine das Dasein im Ganzen bedrohende existenzielle Dimension zu eigen ist und sie deshalb höchste Angstbereitschaft freisetzt. Und sie weist darauf hin, dass dieses existenzielle Bedrohungspotenzial gerade vitale Grundbedürfnisse betrifft.

Es versteht sich dabei von selbst, dass diese vitalen Grundbedürfnisse keineswegs immer sexuelle Bedürfnisse sind. Es kann sich dabei ebenso um gleichfalls existenzielle Bedürfnisse nach Bindung und Kontakt, Autonomie und Selbstidentität, körperlicher Unversehrtheit und Sicherheit oder auch Anerkennung handeln. Auch die Frustration einiger oder gar aller dieser Bedürfnisse ist in der Lage, eine Traumatisierung – und damit auch die für sie typische Intensität des unverarbeiteten Affekts hervorzurufen.

Traumata ziehen also immer das Strukturniveau und damit einige, meist sogar alle der sogenannten Strukturdimensionen in Mitleidenschaft – gemeint sind hier die für das Funktionieren einer Psyche maßgeblichen Fähigkeiten: eine realistische Selbstwahrnehmung eine darauf aufbauende Identitätsbildung, die daraus hervorgehende Kompetenz der Selbststeuerung sowie die Fähigkeiten, zwischen innerer und äußerer Realität zu unterscheiden, angemessen zu kommunizieren und Bindungen einzugehen.

Menschen, die traumatisiert sind, heißt das, erfahren eine mehr oder weniger schwere Strukturstörung. Wer sich fragt, worin und woher die grunderschütternde Natur des Traumas rührt, findet hierin eine erste Antwort: Fast alle für das psychische Überleben notwendigen Fähigkeiten, fast alle der die psychische Stabilität sichernden Fähigkeiten sind bei einer Traumatisierung in Mitleidenschaft gezogen.

2 Gemeinsamkeiten und Unterschiede individueller und kollektiver Traumata

Das gilt nun sowohl für individuelle wie kollektive Traumata, wie sie Familien, Unternehmen, Staaten, Institutionen erleiden. Auch Gruppen, welcher Art auch immer, können eine Strukturstörung erfahren; auch bei ihnen können die für die psychische Strukturbildung entscheidenden Dimensionen der Identitätsbildung, Selbststeuerung, Objektwahrnehmung, Kommunikation sowie das Bindungsverhalten in Mitleidenschaft gezogen werden.

Das ist vorzugs-, aber nicht notwendigerweise dann der Fall, wenn die an ihnen beteiligten psychischen Systeme Affekten ausgesetzt sind, die gemeinsam nicht mehr bewältigt und verarbeitet werden können – wie das etwa bei Scheidungsfamilien der Fall sein kann, bei Staaten, die sich in einer kriegerischen Auseinandersetzung befinden, bei Unternehmen, denen der Konkurs oder Institutionen, denen, wie mancherorts Kirchen oder Universitäten, die Abschaffung droht.

Um sowohl die Unterschiedenheit als auch die Verwandtschaft zu dem zu verstehen, was bei der Traumatisierung einer individuellen Psyche geschieht, muss man sich in Erinnerung rufen, dass Organisationen ebenso wie einzelne Individuen Emotionen regulieren – und dann natürlich auch bei dieser Regulierung versagen können. Die Steuerung von Emotionen fällt keineswegs nur der Einzelpsyche, dem einzelnen neuronalen Netzwerk als Aufgabe zu. Sie ist stets auch eine Kulturleistung. Organisationen haben über die für sie spezifischen Zwecke hinaus stets auch den Zweck, Gefühle zu regulieren.

Besonders deutlich wird dies an Institutionen. Die Medizin etwa, als Kooperation vieler Einzelner zum Zwecke der Linderung und Heilung von Krankheiten, hat stets auch den Zweck der Regulation der Angst des Menschen vor seiner Vergänglichkeit (und verdankt ihre in allen Kulturen und zu allen Zeiten hohe Wertschätzung weit mehr dieser Funktion der Angstregulation als ihrer – historisch lange Zeit eher geringen – Effektivität). Unternehmen wiederum haben nicht nur den Zweck, auf dem Markt Gewinne zu erzielen, sie haben (und vergessen das gelegentlich) auch die Funktion der sinnhaften Strukturierung der Lebenswelten der Menschen, die arbeitend einen Großteil ihrer Lebenszeit in ihnen verbringen. Und Organisationsformen wie die der Familie haben bekanntlich nicht nur den Zweck, Fortpflanzung sozial zu regeln, sondern auch den der emotionalen Stabilisierung. Denn für den kollektiven Gefühlshaushalt sind die Kanalisierung, die Entschärfung und die Verarbeitung von andernfalls frei im sozialen Raum flottierender Frustrationsaggression unverzichtbar.

Wenn Organisationen bei der Regelung der sie definierenden und von anderen Organisationen unterscheidenden Zwecke versagen, oder wenn sie die für ihr Selbstverständnis zentrale Funktion nicht mehr erfüllen, werden in der Regel heftige Emotionen freigesetzt – vor allem Angst. Wird diese Angst nicht wieder gebunden – und auch: solange diese Angst nicht wieder gebunden wird – befinden sich solche Organisationen im Zustand der Traumatisierung. Staaten etwa, deren wesentliche Funktion die Gewährleistung von Lebenssicherheit ist, verlieren ihre konstitutive Funktion mitunter im Verlaufe eines Krieges, einer Wirtschaftskrise oder einer Umweltkatastrophe. Ebenso können auch Unternehmen, die vom Konkurs oder (wie jüngst große Autokonzerne) von Strafverfolgung, aber auch Familien, die von Scheidung oder gar Fußballvereine, die vom Abstieg bedroht sind, in Zustände geraten, die alle typischen Merkmale einer posttraumatischen Belastungsstörung aufweisen. In all diesen Fällen steigt das Angstniveau so sehr, dass es sich seiner Kontrolle versagt.

Keineswegs jedoch müssen deshalb die an den betroffenen Organisationen beteiligten Menschen traumatisiert sein. Die schwere, ein Unternehmen heimsuchende Strukturkrise kann dessen Selbst- und Fremdwahrnehmung nachhaltig in Mitleidenschaft ziehen und die Intensität der daraus resultierenden Angst (etwa bei seinen Anteilseignern) erheblich steigern, ohne deshalb die psychische Stabilität der Mitarbeiterinnen und Mitarbeiter ernsthaft zu beeinträchtigen. Die Traumatisierung eines organisationalen Gebildes oder Systems ist etwas anderes als die Traumatisierung eines Einzelnen.

Der Unterschied liegt dabei mitnichten in der Strukturstörung selbst. Im Gegenteil, die für Individuen zentralen Fähigkeiten der psychischen Struktur – also Selbstwahrnehmung, Objektwahrnehmung, die Möglichkeit der Kommunikation und die Fähigkeit der Bindung an innere, konstante Repräsentanzen – sind sowohl bei Traumatisierungen individueller als auch kollektiver Art fast immer in Mitleidenschaft gezogen. Der Unterschied betrifft auch nicht die Wahl der Abwehrmechanismen. Projektion, Affektisolierung, Reaktionsbildung, Regression und Verdrängung etwa sind Abwehrmechanismen, derer sich traumatisierte Einzelne ebenso wie traumatisierte Organisationen bedienen. Nicht bei der Art der Abwehrmechanismen ist ein Unterschied auszumachen, wohl aber bei deren Umsetzung.

Denn während etwa der Kriegstraumatisierte seine ohnmächtige Wut als Panikattacke erlebt, können traumatisierte Kollektive ihre ohnmächtige Wut in Xenophobie und Fremdenhass verwandeln. Xenophobie und Panikattacken scheinen dabei auf den ersten Blick nicht viel gemein zu haben. Doch das ändert sich, sobald man auf den gewählten Abwehrmechanismus blickt. Denn in beiden Fällen handelt es sich um eine Projektion, also um die Abspaltung und Externalisierung eines problematischen Selbstanteils – hier der mörderischen Wut, die reaktiv in Angst oder eben in ein Gefühl der Feindseligkeit (gegenüber den Fremden) verwandelt wird. Beide Male handelt es sich um projektive Abwehr. Doch die Art ihres Gebrauchs ist in beiden Fällen eine unterschiedliche.

Und eben dies, die Unterschiedlichkeit des Gebrauchs desselben Abwehrmechanismus, lässt sich auch in anderen Fällen beobachten: Das nach Traumatisierungen häufig erlebte Gefühl der Gefühllosigkeit etwa kann sich beim Einzelnen als depressiver Zustand, bei Kollektiven hingegen als aus Verbitterung resultierende Härte, Unnachgiebigkeit oder Mitleidslosigkeit äußern. An dem Umstand, dass beide Erlebens- und Verhaltensweise sich desselben Abwehrmechanismus, nämlich der Affektisolation, bedienen, ändert das nichts.

Die Vielfalt der Erscheinungen sollte also nicht über die begrenzte Zahl der psychodynamisch wirksamen Mechanismen hinwegtäuschen. Insbesondere das neben der Angst im Zusammenhang mit einer sogenannten posttraumatischen Belastungsstörung am häufigsten genannte Symptom, die dissoziative Störung, macht das deutlich. Dissoziative Störungen können in Form von Amnesien, Trancezuständen, Persönlichkeitsspaltungen, Identitäts- störungen oder körperlichen Konversions- und Bewegungsstörungen auftreten – sie sind demnach in ihrem Erscheinungsbild sehr heterogen. Und doch liegt ihnen derselbe Vorgang zugrunde: die Abspaltung von Sensationen und Erlebnisinhalten.

Amnesien etwa sind als kollektive Reaktionen auf Traumatisierungen geläufig. So ist nach Genoziden immer wieder zu beobachten, wie Kollektive die Erinnerung an die eigene Grausamkeit, die eigene Schuld aus dem kollektiven Gedächtnis verbannen. Erinnert sei hier etwa daran, wie im Deutschland der unmittelbaren Nachkriegszeit die Erinnerung an den Holocaust verdrängt wurde oder auch daran, wie die Türkei der Gegenwart mit der Erinnerung an den einst begangenen Genozid an den Armeniern verfährt.

Und schließlich ist auch das Erleben multipler, einander abwechselnder Ich-Zustände eine sowohl bei traumatisierten Individuen als auch bei Kollektiven verbreitete Form der Abwehr. Das Kollektivtrauma der Sklaverei in den USA z. B. hat die amerikanische Gesellschaft nicht nur in einen Bürgerkrieg geführt, sondern in ihrem Inneren auch eine Spaltung herbeigeführt, die so tief ist, dass sie bis in die Gegenwart hineinreicht und immer wieder zu tiefen disruptiven Verwerfungen in der amerikanischen Gesellschaft führt.

Traumata können also nicht nur Einzelne, Gruppen oder einzelne Organisationen, sie können durchaus auch ganze Gesellschaften erfassen. Freud geht dabei so weit, dass er am Anfang einer jeden Gesellschaft eine Traumatisierung vermutet. Nicht nur am Beginn der Entwicklung der Einzelseele, auch am Beginn der Entwicklung der Kollektivseele steht, so Freud, eine Traumatisierung, nämlich eine Traumatisierung der Triebansprüche des Sexualtriebs. Was der Ödipuskomplex im Rahmen der Entwicklung der individuel- len, ist die Traumatisierung der Urhorde durch den sie beherrschenden Urvater im Rah- men der Entwicklung der Kollektivseele.

Freuds Allegorie in *Totem und Tabu* ist diese: Die Urhorde wird beherrscht von einem einzigen, grausamen Urvater. Er allein hat Zugang zu den Frauen, behält sie für sich und vertreibt die heranwachsenden Söhne. Doch irgendwann kollaborieren die unterdrückten Söhne, rebellieren gegen den gewalttätigen Vater, erschlagen und verzehren ihn. Da sich keiner der Söhne an die Stelle des Vaters setzen kann (ohne dass ihn dasselbe Schicksal ereilte), treffen die Söhne nun zwei bedeutsame Entscheidungen. Zunächst die, an die Stelle des Vaters ein Totem zu setzen und dadurch die Tötung wenigstens zum Schein ungeschehen zu machen. Und sodann aber diejenige, ein Inzestverbot zu verhängen, mit dem ein jeder von ihnen auf die weiblichen Objekte der Begierde Verzicht leistet, da ja nur so der Gefahr des gegenseitigen Konkurrenz- und Vernichtungskampfs begegnet werden kann (vgl. Freud 1944a, S. 171).

„Was", schreibt Freud, *„er* (sc. der Vater) *früher durch seine Existenz verhindert hatte, das verboten sie* (sc. die Brüder) *sich jetzt selbst in der psychischen Situation des uns aus der Psychoanalyse so wohl bekannten 'nachträglichen Gehorsams'. Sie wider- riefen die Tat, indem sie die Tötung des Vaterersatzes, des Totem, für unerlaubt erklärten,*

und verzichteten auf deren Früchte, indem sie sich die freigewordenen Frauen versagten." (Freud 1944b, S. 172 ff.).

Traumatisierend an dieser Situation ist nicht einfach die väterliche Gewaltherrschaft, es ist vielmehr der tragische Umstand, dass jeder Versuch, sie zu beseitigen, das Verhängnis vergrößert. Die Struktur dieses Problems ist dabei selbst ein Ausdruck für die tief greifende Ambivalenz der Söhne gegenüber dem Vater, den sie trotz all seiner Grausamkeit doch auch geliebt haben.

Dieser ursprüngliche Konflikt (Aggression versus Bindung) wird als Schuld erfahren – als unauflösliche Schuld (im christlichen Kontext: als Erbsünde). Dass am Ende die Söhne den Vater nicht beerben können, sich vielmehr selbst durch das Inzestverbot versagen müssen, was einst dieser ihnen versagt hatte, zeigt, wie ausweglos ihre Lage ist: Nicht die Erfüllung des eigenen sexuellen Begehrens nach Autonomie und sexueller Erfüllung, der Triebverzicht ist alles, was ihnen bleibt. An die Stelle des herrschsüchtigen Vaters ist nun das Schuldbewusstsein und dessen Inkarnation – das Gewissen bzw. das Über-Ich – getreten.

Wie jede Allegorie, so ist auch diese vom Ursprung der menschlichen Kultur der Versuch einer Annäherung an eine Wahrheit, die sich begrifflich nicht oder noch nicht ganz fassen lässt. Vergleicht man sie jedoch mit der gleichfalls tragischen Grundstruktur einer anderen einschlägigen psychoanalytischen Allegorie, der des Ödipuskomplexes, so bemerkt man, wie ähnlich sich beide sind – indem sie beide herauskehren, dass sexuelles Begehren zum Wettbewerb der Männer um die knappe Ressource Weiblichkeit und damit unweigerlich zu Aggression, Schuld und Selbstbestrafung führt.

Das sieht, mehr als hundert Jahre nach dem Erscheinen von *Totem und Tabu* zwar immer noch so ähnlich, nur eben, nicht mehr ganz genauso aus. Was sich verändert hat, ist dies: Die Kanalisierung des Triebanspruchs der Sexualität stellt zwar immer noch für den Zusammenhalt von Gesellschaften eine große, nur eben nicht mehr unbedingt die größte Herausforderung dar. Die Limitation sexuellen Begehrens, die Verweigerung des Triebanspruchs mag auch im digitalen Zeitalter mitunter eine traumatisierende Wirkung entfalten, aber wird man deshalb sagen können, dass Form und Gestalt gegenwärtiger Gesellschaften bestimmende Trauma sei die Konkurrenz um das knappe Gut der sexuellen Erfüllung? Und wenn das nicht stimmt – was muss dann an der Traumatheorie Freuds wie verändert werden, damit sie die in der Konfrontation mit heutigen Lebenswelten verlorengegangene Plausibilität zurückgewinnen kann?

Hier ist es zunächst hilfreich, sich vor Augen zu führen, dass Sexualität in einer hochkapitalistischen Gesellschaft nur noch eines unter vielen Begehren ist. Was begehrt wird, reguliert nun der Markt – in zweiter Linie befriedigt er die Bedürfnisse, die er in erster Linie selber schafft. Denn begehrt wird, was sich am Markt als Begehren durchsetzen lässt. Und da nunmehr alle Bereiche der Gesellschaft: Bildung, Politik, Religion, Sport, Gesundheit, ja die Gesellschaft selbst als Markt aufgefasst und der Begehrenslogik unterworfen wird, ist das Begehren nicht mehr durch Normen und Moral, sondern nur noch durch anderes Begehren, also das Begehren des oder der anderen in seiner Erfüllung bedroht. Nicht mehr normative Erwartungen, nur noch die universale, in alle

Lebensbereiche eingedrungene Konkurrenz der Begehrenden (um das Beste und natürlich nur das Beste, da schon das Zweitbeste nicht mehr gut genug ist) wird als Limitation
des Begehrens erfahren.

Gegen das Begehren des Anderen kann deshalb nicht mehr im Namen übergeordneter
Standards (Vernunft, Verstand, Moral), sondern nur noch unter Berufung auf das eigene
Begehren aufbegehrt werden. Da aber auch das eigene Begehren nur eines unter vielen
möglichen ist, ist die vollendete Kultur des Begehrens (in der ein Begehrender nur noch
einem oder vielen anderen Begehrenden gegenübersteht) dem Naturzustand, in dem ein
Begehren ungeschützt auf anderes Begehren trifft, wieder ganz nahe. Das Begehren des
Anderen kann heute, anders als zu Freuds Zeiten, daher gar nicht mehr grundsätzlich
und schon gar nicht in seiner ursprünglichen, wenn man will: rohen Form, als sexuelles Begehren infrage gestellt, es kann nur noch bekämpft werden, mit dem eigenen
Begehren.

Damit aber, mit der Freisetzung des Begehrens und der ubiquitären Konkurrenz der
Begehrenden auf den Märkten der Welt ist nun eine Situation entstanden, die der nach
der Beseitigung des Hordenvaters vergleichbar ist: Es herrscht grenzenlose Konkurrenz,
in der jede/r gegen jede/n um die auch noch im Überfluss zu knapp geratenen Ressourcen kämpft. Und genau daher nun sind Traumatisierungen an der Tagesordnung. Nicht in
Gestalt von Mord und Totschlag freilich, sondern in Gestalt von Erfahrungen individueller
Begehrensversagungen, die als individuelles Scheitern erlebt und nicht mehr verarbeitet
werden können. Der französische Soziologe Alain Ehrenberg hat diese Entwicklung als
eine der fortgesetzten Erschöpfung beschrieben (Ehrenberg 2004). Der Einzelne, der sich
in den Risikogesellschaften von heute als seines eigenen Glückes und Scheiterns Schmied
versteht, fragt nicht mehr: Was darf ich, sondern allein noch: Was kann ich tun? Und
erfährt in der rhetorischen Struktur der Frage seine eigene Hilflosigkeit!

Eine derartige Internalisierung des Kampfes gegen den Vater und die dabei erfahrene
Hilflosigkeit bereitet den Boden für eine depressive Gesellschaft und, sehr konkret,
rapide steigende Zahlen von Depressions- und Burnout-Erkrankungen. Die Psyche
des Einzelnen ist dabei wie eh und je Schauplatz der sozialen Verteilungskämpfe. Nur,
dass heute nicht mehr soziale Normen, nicht mehr deren Internalisierung in Gestalt des
Über-Ichs, sondern allein das Begehren des Anderen das eigene Begehren begrenzt. Die
notorische Verweigerung letzter Befriedigung eines im Prozess der Ökonomisierung der
Lebenswelt entzügelten und daher stets aufs Äußerste anspruchsvollen Begehrens erfährt
der/die Einzelne deshalb als Traumatisierung, weil die durch notorische Frustration freigesetzten Affekte nicht mehr verarbeitet werden können. Für das in Konkurrenzgesell-
schaften unvermeidbare Scheitern halten – paradox genug und anders als man erwarten
sollte – eben diese Gesellschaften keine Verarbeitungsmechanismen bereit. Alles, was
bleibt, ist die Schuld am eigenen Scheitern. Und die hat jede/r selbst zu tragen.

3   Verwaltung als probate Organisationsform zur Vermeidung von Trauma

Doch auch hier kann, wer will, von Freud lernen. Denn selbst die urzeitliche Brüder-
horde sieht nach der Ermordung des Vaters die Notwendigkeit, die Autorität des Vaters
wieder aufzurichten – durch die Erschaffung eines Totems sowie durch die Errichtung
des Inzest-Tabus. Anstelle der gewalttätigen Autorität des Vaters ist die freiwillige
Anerkennung des väterlichen Gesetzes getreten. Denn wer immer sonst aus der Brüder-
horde die Stelle des Vaters einnähme, den würde das Schicksal des Vaters ereilen. Um
dem Tyrannenmord zu entgehen, um Mord und Totschlag unter den Brüdern zu verhindern, muss auch der Sieg des Begehrens mit einer Beschränkung des Begehrens einhergehen. Alles andere wäre und ist Tyrannei, die Tyrannei des Begehrens.

Die Resurrektion des väterlichen Gesetzes, sei es in der Gestalt des Inzesttabus, sei
es in Gestalt monotheistischer Vaterreligionen, patriarchaler Nationalstaaten, herrsch-
süchtiger Über-Ich-Instanzen oder ökonomischer Notwendigkeiten wirft aber natürlich
ein ganz bestimmtes, nämlich allein repressives Licht auf die Natur des Gesetzes. In diesem Licht erscheint das Gesetz immerzu als ein bindendes, Begehren begrenzendes, ja
unterdrückendes, kurz, als Form und Ausdruck von Gewalt. Es ist als normative Gewalt
der natürlichen Gewalt des Begehrens entgegengesetzt.

Ganz so tritt auch das väterliche Gesetz als normative Gewalt der natürlichen Gewalt
des sexuellen Begehrens entgegen. Kampf und Gewalttätigkeit sind die Folge. Damit
jedoch ist der Traumatisierung – und zwar einer fortgesetzten Traumatisierung – Tür und
Tor geöffnet. Sie scheint deshalb für Gesellschaften unvermeidlich zu sein.

Die Frage geht deshalb dahin, wie demgegenüber ein anderes, nicht bloß repressives,
nicht bloß gewalttätiges und daher seiner Tendenz nach traumatisierendes Verständnis
des Gesetzes – der notwendigen Beschränkung menschlichen Begehrens aussehen kann.
Wenn man in diesem Zusammenhang lediglich an rebellierende Urhorden, zügellose
Märkte oder überhaupt patriarchale Ordnungen denkt, kommt man nicht weiter. Denn
in jedem dieser Szenarien ist das Gesetz immer vor allem eines: Es ist Ausdruck von
Gewalt. Als solches ist es nicht auf Ausgleich, es ist vielmehr auf die Durchsetzung eines
Interesses, und zwar eines partikularen Interesses gegen und auf Kosten anderer partiku-
larer Interessen gerichtet.

Fragt man sich daher, wo eigentlich das Gesetz eine Gestalt gewinnt, die mehr und
anderes als nur Ausdruck von Herrschaft und deshalb allererst in der Lage ist, das Begehren
mit seiner Beschränkung zu versöhnen und so die mit der Vergesellschaftung des Individuums einhergehenden, im Grunde unvermeidlichen Traumatisierungen zu vermeiden, so ist
es hilfreich, die Aufmerksamkeit auf das Funktionieren von Verwaltungen zu lenken.

Denn funktionierende Verwaltungen vermitteln ein ziemlich genaues Bild davon, was
es heißen kann, psychisches Sein und gesellschaftliches Sollen, individuelles und kollektives Begehren so aneinander zu binden, dass Traumatisierungen, und zwar die des individuellen wie des kollektiven Begehrens nicht ausgeschlossen, aber so es irgend geht,
vermieden werden.

Was aber ist eine funktionierende Verwaltung?

„Öffentliche Verwaltung ist nach der klassischen Definition die Tätigkeit des Staates außerhalb von Gesetzgebung, Rechtsprechung und Regierung. In Reinform", heißt es bei Wolfgang Seibel, *„treffen wir Verwaltung überall dort an, wo es um den Vollzug von Gesetzen außerhalb der Justiz geht"* (Seibel 2017a). Aber weshalb sollten ausgerechnet so prosaische Orte wie Regierungspräsidien, Kraftfahrzeugzulassungsstellen, Landrats- und Finanzämter utopische Orte sein, an denen das Problem der Vergesellschaftung gelöst, Einzelner und Gesellschaft so miteinander vermittelt sind, dass Traumatisierungen nicht ausgeschlossen, aber so unwahrscheinlich wie irgend möglich werden?

Um das zu verstehen, mag man sich zunächst die eindrückliche Resilienz in Erinnerung rufen, die Verwaltungen selbst gegenüber kollektiven Traumatisierungen an den Tag legen. So haben sich beispielsweise die deutschen Verwaltungen im zwanzigsten Jahrhundert trotz wiederholter Zusammenbrüche der staatlichen Ordnungen, 1918, 1945 und 1989 als erstaunlich widerständig erwiesen und basale Infrastrukturleistungen selbst in größter Not sichergestellt. Das ist ein Umstand, der den Schluss nahelegt, dass die Verwaltung und eben nicht die Regierung oder das Parlament so etwas wie „die Substanz des Staates" ausmacht (Seibel 2017b).

Es lohnt, diese eigentümliche Widerstandsfähigkeit des Verwaltungshandelns gegen Traumatisierungen genauer zu betrachten. Denn: Was genau tun Verwaltungen? Die naheliegende Antwort ist: Sie bringen Gesetze zur Anwendung! In Demokratien sind Gesetze nach demokratischen Verfahrensregeln kodifizierte Wünsche – und genau diese bringen Verwaltungen zur Anwendung. Sie legen, und das ist ihr hermeneutisches Kerngeschäft, die Kodifizierungen aus, um die in ihnen sich ausrückenden allgemeinen Wünsche zur Anwendung zu bringen. Ein solches Handeln entspricht einer Applikation allgemeiner juristischer Gesetze auf den besonderen Fall. Und genau diese Applikation ist der Verwaltungsakt. Er mag begünstigender (wie die Bewilligung einer Geldleistung) oder leistender Natur (wie im Falle der Ausstellung eine Steuerbescheinigung) sein. Er mag aber auch (wie ein Versammlungsverbot) befehlender Natur sein, gestaltend (wie bei der die Ernennung einer Beamtin) oder schlicht feststellend (wie es die Anerkennung eines Kriegsdienst-Verweigerers ist). (Seibel 2017c).

In allen Fällen ist der eigentliche Verwaltungsakt eine sowohl konkrete als auch individuelle Regelung. Die Regelung des Einzelfalles unterscheidet den Verwaltungsakt vom (im juristischen Sinne verstandenen) Gesetz. Die Kodifizierung – meist in Gestalt eines schriftlichen Bescheides – unterscheidet ihn von den sogenannten Realakten, also den tatsächlichen Verwaltungshandlungen wie der Unterhaltung eines Schwimmbads oder der Beseitigung eines Verkehrshindernisses. Verwaltungsakte, kann man sagen, sind Kommunikationsformen, und als solche nicht nur informativ, sondern zugleich performativ. Doch sie verfügen nur über diese wirklichkeitsverändernde Kraft, weil sich in ihnen die Gewalt des Staates ausdrückt.

Die damit immer schon einhergehende Gewalttätigkeit, erst recht, wenn diese mit Willkür und Intransparenz gepaart ist, lässt Menschen sich vor Verwaltungen fürchten. Einer der berühmtesten, wenn nicht der berühmteste Verwaltungsangestellte, Franz Kafka, von 1908–1922 Obersekretär bei der halbstaatlichen Arbeiter-Unfallversicherungs-Anstalt für das Königreich Böhmen in Prag, hat diese autoritäre Seite von Verwaltungen so eindrücklich dargestellt, dass sie sich (vielleicht für immer) dem kulturellen Gedächtnis eingeschrieben hat. Wer deshalb heute an eine Verwaltung denkt, hat unwillkürlich die endlosen Gänge des *Schloss*-Romans, die willkürliche Verhaftung zu Beginn des *Prozess*es, die im Vorhinein aussichtslose Lage des Landarbeiters *vor dem Gesetz,* die völlige Intransparenz ebenso formalisierter wie rigider Entscheidungsprozesse zum Nachteil der Betroffenen, kurz, ein Bild willkürlichen, bürokratisierten Herrschaftshandelns vor Augen. Es ist dies ein Handeln, das Traumatisierung nicht vermeidet, sondern als Mittel zum Erhalt von Herrschaft gebraucht.

Kafka hat das Bild der Verwaltung als eines übermächtigen, traumatisierenden Bürokratisierungsapparates, bei dem die Form nicht der Funktion, sondern diese jener, beide aber allein der Ausübung von Herrschaft dienen, nachhaltig geprägt – so nachhaltig, dass wir darüber den Blick und den Sinn dafür verloren haben, wie weit die heutige Verwaltungswirklichkeit von derjenigen Kafkas entfernt ist.

Denn moderne Verwaltungen demokratischer Rechtsstaaten sind grundsätzlich an demokratisch zustande gekommene und einsehbare Gesetze gebunden; sie sind nicht nur der Idee nach transparent, sie sind geradezu ein Musterbeispiel für Transparenz. Die überbordende Dokumentation der Kommunikation in Verwaltungen ist genau dieser Transparenz und Nachvollziehbarkeit des Verwaltungshandelns geschuldet.

Da Verwaltungen nun zwar nach dem Buchstaben des Gesetzes handeln, aber dessen Sinn im Einzelfall auslegen müssen, handeln sie auf vielen Gebieten und in vielen Hinsichten gerade ohne gesetzliche Regelung und Ermächtigung. Dabei muss ein, heißt es wiederum bei Seibel,

> für jede rechtliche Steuerung charakteristisches Problem gelöst werden, nämlich die Herstellung einer angemessenen Balance zwischen Rechtsbindung und Flexibilität der Verwaltung. (....) Rechtsbindung bedeutet Gleichbehandlung, Berechenbarkeit und Willkürfreiheit, insofern kann die Rechtsbindung der Verwaltung nicht strikt genug sein. Wäre sie dies allerdings im Übermaß, wäre sie unflexibel und nicht in der Lage, auf die Besonderheiten des Einzelfalles und die legitimen Bedürfnisse der Bürger einzugehen. Die klassischen Instrumente, mit denen diese Balance im deutschen Verwaltungsrecht hergestellt wird, sind die Ermessensgewährung und der unbestimmte Rechtsbegriff (…) Ermessensgewährung liegt vor, wenn die Verwaltung bei der Verwirklichung eines gesetzlichen Tatbestandes zwischen verschiedenen Verhaltensweisen wählen kann. Dies erfolgt in der Praxis (…) durch Formulierungen wie >kann< oder >darf< (…). Der Zweck der Ermessensermächtigung liegt also nicht in einer Ermächtigung zum Unterlaufen des Gesetzes, sondern in der Erweiterung des Handlungsspielraums der Verwaltung bei der Verwirklichung einer gesetzesangemessenen Entscheidung. (…) Unbestimmte Rechtsbegriffe dagegen eröffnen der Verwaltung einen Beurteilungsspielraum in Bezug auf das Vorliegen des im Gesetz definierten Tatbestandes. Im Interesse eines flexiblen und situationsangemessenen Verwaltungshandelns

kann es sinnvoll sein, Tatbestandsmerkmale im Gesetz so zu formulieren, dass das Vorliegen des Tatbestandes im Einzelfall Gegenstand eines Beurteilungsspielraums der Verwaltung ist. Typische Beispiele sind Begriffe wie >öffentliches Interesse<, >Gemeinwohl<, >wichtiger Grund<, >Eignung< oder >besonderer Härtefall<. Seibel 2017d).

Die flexible Umsetzung durch kollektive Willensbildung zustande gekommener Maßnahmen sichert dabei in Deutschland auch die mit dem Artikel 19 Abs. 4 des Grundgesetzes gegebene Offenheit des Rechtsweges: Sehen sich Bürger durch Verwaltungen in ihren Rechten verletzt, haben sie das Recht, gegen sie, zuletzt also den Staat vor Gericht zu ziehen.

Ziel moderner Rechtsstaaten ist es, durch diese Regelung die für ihre Stabilität stets bedrohliche Frustrationsaggression ihrer Bürger im Zaume zu halten. Eine sowohl robuste und durchsetzungsfähige als auch elastische und anpassungsfähige Verwaltung soll dies gewährleisten. Der Staat benötigt dazu in der Kommunikation mit seinen Bürgern gerade keine patriarchalen Verwalter, die sich damit begnügen, Recht und Gesetz durchzusetzen. Das Leitbild moderner Verwaltungen ist vielmehr die Verwalterin, die allgemeines und individuelles Interesse gegeneinander abwägt und den Buchstaben vom Sinn des Gesetztes zu unterscheiden und dadurch letzteres so zur Geltung zu bringen vermag, dass es de facto dem Gemeinwohl dient. Ihre entscheidende psychische Fähigkeit besteht dabei in dem Vermögen, das Wohl des/der Einzelnen und das der Gemeinschaft in Einklang zu bringen. Und das ist nur durch innere Unabhängigkeit, Klarheit, Mut, Entscheidungsfreude und Erfahrungswissen, kurz, durch jene Art von Klugheit möglich, welche die Griechen Phronesis nannten.

Das Bild der Verwalterin als Mediatorin von Individuellem und Allgemeinem, deren entscheidende Kompetenz in der Urteilskraft besteht, ist dem des atavistischen Hordenvaters ebenso wie dem des freien Unternehmers entgegengesetzt. Denn die moderne Verwalterin handelt nicht in einem einzelnen und schon gar nicht im alleinigen Interesse des Staates – ihr Interesse ist das des Ausgleichs allgemeiner und einzelner Interessen. Damit muss sie selbstredend bereit sein, Opfer in Kauf und Schuldgefühle auf sich zu nehmen. Denn immerzu allem und allen gerecht werden kann und darf sie nicht. Genau das erfordert von ihr sowohl eine ganz besondere Ich-Stärke als auch eine an Selbstlosigkeit grenzende Ich-Ferne, durch die sie sich vom narzisstischen Egoismus des Homo Oeconomicus ebenso wie von dem des Urhordenvaters unterscheidet.

Damit aber bekommt in der Verwalterin die notwendige Vermittlung von allgemeinem und einzelnem Interesse ein menschliches Antlitz. Die Entscheidung über die jeweilige Vermittlung wird gerade keinem allgemeinen Rechtsprinzip, keiner logischen Regel, keinem Kalkül und natürlich schon gar nicht der Staatsraison überlassen, sondern der Freiheit menschlicher Urteilskraft.

Der Preis, den diese Humanisierung der Kommunikation zwischen Staat und Bürger, Einzelnem und Allgemeinem entrichtet, ist die Fehlbarkeit von Entscheidungen. Diesen Preis entrichten moderne Verwaltungsgesellschaften, um ihre Bürger vor Traumatisierungen – damit aber zugleich auch sich selbst vor der Frustrationsaggression ihrer Bürger in Schutz zu nehmen.

Dabei kann es dann sein, dass der Preis wiederum selbst in Traumatisierungen besteht: In Bad Reichenhall kamen 2006 zwölf Kinder und drei Mütter durch den Einsturz des Daches einer Eissporthalle ums Leben. Die zuständige Stadtverwaltung wusste um die Mängel der ohnehin zum Abriss vorgesehenen Halle. Also beauftragte sie einen Gutachter, dessen Ergebnis, die Attestierung eines „allgemein guten" Zustandes, jedoch im Vorhinein feststand. Nur so, durch die Durchführung eines symbolischen Gutachtens, dessen Kosten im Vorhinein auf 3000 Euro begrenzt wurden, sowie durch die Verhinderung einer gründlichen bautechnischen Untersuchung konnte eine aufwendige, teure Sanierung und, wie es schien, damit ein unverhältnismäßiger Kostenaufwand verhindert werden (Seibel 2017e).

In Duisburg wurden 2011 bei der Ausrichtung der Loveparade 21 Menschen getötet und 600 zum Teil schwer verletzt, als es bei einem der Zugänge zu einer Verdichtung der Besucherströme kam. Die zuständige Genehmigungsbehörde hatte frühzeitig auf die Gefahr hingewiesen, wurde „*jedoch ausmanövriert durch ein Bündnis kommunaler Wahlbeamter …, der privaten Veranstaltungsfirma….und … der Verwaltungsführung – verstärkt durch die Erwartungshaltung einer breiten Öffentlichkeit. … Erteilt wurde eine faktisch rechtswidrige Genehmigung, obwohl dieselben Mitarbeiter seit Monaten auf die potenziellen Gefahren hingewiesen hatten*" (Seibel 2017f).

Das sind nur zwei Beispiele für den Preis, den moderne Gesellschaften mitunter bei dem Versuch entrichten, bei der Abwägung und Durchsetzung von Interessen, Gewalt und mit Gewalt einhergehende Traumatisierungen dadurch zu vermeiden, dass Abwägung und Durchsetzung der Interessen zuletzt der an Regeln und Gesetzen gebundenen, darüber hinaus aber freien menschlichen Urteilskraft – und dadurch immer auch ihrer Fehlbarkeit überantwortet werden. Traumatisierung kann ein Preis sein und ist vielleicht sogar der höchste Preis, den moderne Gesellschaften bei ihrem Versuch entrichten, Traumatisierungen zu vermeiden, indem sie ihre Entscheidungsprozesse den Verwaltungen und Verwaltungsmitarbeiter/Innen überlassen.

Das spricht jedoch, so groß und vermeidbar das dadurch bisweilen geschaffene Leid auch sein mag, mitnichten gegen eine Ermessensspielräume eröffnende Einrichtung der Verwaltung als solche. Denn: Welche Alternative hätten wir?

4   Transfer Verwaltung – Organisation

Wenn also Verwaltungen ein angemessenes Bild davon vermitteln, wie sich Traumatisierungen als Folge des Konflikts zwischen Allgemein- und Einzelinteressen minimieren lassen, so bleibt zum Schluss die Frage, was daraus für die Form und Gestalt von Organisationen der Arbeitswelt folgt.

Da Verwaltungen nicht nur Regeln unterliegen und diese zur Anwendung bringen (und so staatliches Handeln exekutieren), sondern, indem sie das tun, zugleich Formen sind, in denen der Staat mit seinen Bürgern kommuniziert, greifen sie immer auch in den kollektiven Gefühlshaushalt ein. Sie steuern die Gefühlslagen des Einzelnen gegenüber der Gemeinschaft, wie auch umgekehrt Haltungen, Einstellungen, die die Gemeinschaft dem Einzelnen gegenüber einnimmt. Vor allem aber steuern (moderne, demokratische) Verwaltungen kollektive Emotionshaushalte dadurch, dass sie an die Stelle staatlicher Willkür die Legitimität des Verfahrens setzen – und dadurch Emotionalität aus dem Kontakt des Staates mit seinen Bürgern herausnehmen. Sie ersetzen sie durch eine kühle, im besten Falle humane Form der Rationalität. Verwaltungen haben deshalb nicht nur eine wichtige interessens-, sie erfüllen ebenso eine wichtige emotionsausgleichende Funktion.

Diese für moderne Gesellschaften selbstverständliche Funktion der Emotionsregulation bleibt nun im arbeitsweltlichen Kontexten unbesetzt. Was im Verhältnis von Staat und Bürger/in die Verwaltung ist, nämlich eine rationale, der Idee nach transparente, dem Ausgleich von allgemeinem und einzelnem Interesse dienende, Frustrationen nicht vermeidende, aber legitimierende und dabei überbordende Emotionen auffangende Instanz, gibt es im Verhältnis des Beschäftigten zu seinem Unternehmen nicht. Emotionsregulation, gar die Reflexion der im Prozess der Arbeit freigesetzten Emotionalität bleibt dem, bleibt der Einzelnen überlassen. Und bleibt demzufolge die Ausnahme – etwa im Verlauf eines Change-Management- oder Mitarbeiter-Coaching-Prozesses. Gerade an der für die Lebenswirklichkeit des/der Einzelnen so hoch relevanten Schnittstelle zwischen individueller und kollektiver Emotion: der täglichen Arbeit bleibt der/die Einzelne sich selbst überlassen.

Verwaltungen sind ein gutes Beispiel dafür, was es heißt, den Umgang mit komplexen widersprechenden Bedürfnissen und Gefühlen zu institutionalisieren. Dass diese Institutionalisierung im Kontext der Arbeitswelt anders aussehen muss, steht außer Frage. Dass es sie aber überhaupt geben muss angesichts exponentiell ansteigender Krankenstände, Burnout-Diagnosen und psychopathologischer Befunde allerdings auch. Welche Formen diese sozial dringend nötige Institutionalisierung emotionaler Selbstreflexion im Rahmen der Lohn- oder Erwerbsarbeit annimmt, mögen und müssen zuletzt die Betroffenen selbst entscheiden. Emotionale Ausnahmezustände wie bisher immer nur individuell zu attribuieren, sie als emotionales Versagen des Einzelnen zu deuten und der Psychotherapie zu überantworten ist jedoch keine Alternative. Sondern eine Form der kollektiven Abwehr – des Umstands nämlich, dass es Gefühle und Gefühlslagen sind, für die Gesellschaften Verantwortung tragen – nirgendwo so sehr wie dort, wo individuelle und kollektive Wirklichkeit ineinander übergehen, in der Welt der Arbeit.

Literatur

Ehrenberg, A. (2004). *Das erschöpfte Selbst. Depression und Gesellschaft in der Gegenwart.* Frankfurt a. M.: Campus.

Freud, S. (1944a). *Totem und Tabu. Gesammelte Werke* (Bd. IX, S. 171). Frankfurt: Fischer. http://freud-online.de/Texte/PDF/freud_werke_bd9.pdf (Erstveröffentlichung 1913).

Freud, S. (1944b). *Totem und Tabu. Gesammelte Werke* (Bd. IX, S. 172 ff.). Frankfurt: Fischer. http://freud-online.de/Texte/PDF/freud_werke_bd9.pdf (Erstveröffentlichung 1913).

Freud, S. (2010a). *Abriss der Psychoanalyse.* Stuttgart: Reclam.

Freud, S. (2010b). Das Unheimliche. In S. Freud (Hrsg.), *Der Dichter und das Phantasieren Schriften zur Kunst und Kultur.* Stuttgart: Reclam.

Mentzos, S. (2017). *Neurotische Konfliktverarbeitung. Einführung in die psychoanalytische Neurosenlehre unter Berücksichtigung neuer Perspektiven* (24. Aufl., S. 77 f.). Frankfurt a. M.: Fischer.

Seibel, W. (2017a). *Verwaltung verstehen. Eine theoriegeschichtliche Einführung* (2. Aufl., S. 35). Frankfurt a. M.: Suhrkamp.

Seibel, W. (2017b). *Verwaltung verstehen. Eine theoriegeschichtliche Einführung* (2. Aufl., S. 61). Frankfurt a. M.: Suhrkamp.

Seibel, W. (2017c). *Verwaltung verstehen. Eine theoriegeschichtliche Einführung* (2. Aufl., S. 187 ff.). Frankfurt a. M.: Suhrkamp.

Seibel, W. (2017d). *Verwaltung verstehen. Eine theoriegeschichtliche Einführung* (2. Aufl., S. 182 ff.). Frankfurt a. M.: Suhrkamp.

Seibel, W. (2017e). *Verwaltung verstehen. Eine theoriegeschichtliche Einführung* (2. Aufl., S. 167–172.). Frankfurt a. M.: Suhrkamp.

Seibel, W. (2017f). *Verwaltung verstehen. Eine theoriegeschichtliche Einführung* (2. Aufl., S. 170.). Frankfurt a. M.: Suhrkamp.

Christian Kohlross arbeitet als psychodynamischer Therapeut in eigener Privatpraxis und unterrichtet Psychotherapie und Trauma-Therapie in Berlin und Leipzig sowie als Privatdozent Psychoanalytische Kulturwissenschaft an der Berliner Sigmund-Freud-Privat-Universität sowie an der Universität Mannheim. Ebd. wurde er promoviert und habilitiert. Er arbeitete als Gast-Professor, u.a. in Israel und den USA, ist zertifizierter systemischer, Einzel-, Paar- und Familientherapeut und hat eine ISTDP (Intensive psycho-dynamische Kurzzeittherapie-)Ausbildung an der Washington School of Psychiatry sowie bei der Deutschen Gesellschaft für ISTDP absolviert. Er ist Autor/Herausgeber von 6 Büchern und liefert regelmäßig Beiträge für das Deutschlandradio.

Drei Formen von Organisationstrauma

Volker Hepp

Inhaltsverzeichnis

Zusammenfassung

Der Markt der traumatherapeutischen Weiterbildungen für Psychologen, Ärzte und Coaches boomt derzeit, und die Angebote befassen sich sämtlich mit Interventionsmöglichkeiten im individualtherapeutischen Bereich. So wichtig natürlich die Therapien im

V. Hepp (✉)
Inning, Deutschland
E-Mail: info@volkerhepp.com

© Springer-Verlag GmbH Deutschland, ein Teil von Springer Nature 2019
S. Hartung (Hrsg.), *Trauma in der Arbeitswelt,*
https://doi.org/10.1007/978-3-662-58622-8_4

Einzelfall immer wieder sind – so möglicherweise partial aber begreifen sie die eigentlichen Dimensionen von Trauma. Denn Menschen treten nicht nur als Individuen auf. Sie leben und arbeiten in Verbindungen. Sie gründen Familien und bilden Gruppen. Und sie gründen Organisationen. Trauma und Organisation – die Verbindung ist ein bisher kaum erforschtes Gebiet. Die wenige verfügbare Literatur konzentriert sich beinahe ausnahmslos auf die helfenden Berufe, bei denen mehr Trauma vermutet wird, als in den anderen Berufszweigen. Doch je tiefer man in das Thema einsteigt, desto offensichtlicher wird, dass die Trauma-Response *Fight, Flight or Freeze* auch für Organisationen zutrifft. Organisationen zeigen dieselben Trauma-Reaktionen wie Menschen. Im Folgenden definiere ich drei verschiedene Formen von Organisationstrauma und beschreibe, wie diese sich jeweils auswirken. Ich lege außerdem dar, woran eine traumatisierte Organisation zu erkennen ist.

1   Einführung

Können Organisationen überhaupt ein Trauma *haben?* Oder sind es nur einzelne Menschen, die traumatisiert sind? Wenn ich über das Thema „Der Charakter organisationaler Traumata" mit Menschen rede, dann entwickelt sich das Gespräch unweigerlich in Richtung „traumatisierte Menschen in Organisationen". Das ist natürlich ein wichtiger Aspekt, über den sich vor allem dann nachzudenken lohnt, wenn es in einer Organisation in irgendeiner Form nicht mehr rund läuft, es vermehrt zu Konflikten, zu Krankmeldungen, oder auch zu inneren und/oder tatsächlichen Kündigungen kommt – oder schließlich auch, wenn die Organisation wiederholt so geschwächt wird, dass sie kurz vor dem Ende ihres Bestehens steht oder sich bereits auflöst. Außerdem fragt sich, wie sich eine traumatisierte Organisation als solche bemerkbar macht, welche Erkennungsmerkmale sie hat und vielleicht auch, wie man die organisationalen Traumata auflösen, heilen oder zumindest mildern kann.

Organisationen können – genauso wie einzelne Menschen – traumatisiert sein. Und sie können durch Trauma hervorgerufene Belastungsstörungen aufweisen. Warum das so ist, und wie es im Einzelnen aussehen kann, das erkläre ich auf den folgenden Seiten.

Jede Organisation besteht aus Menschen. Die einen hatten die Idee für die Gründung und diese auch umgesetzt. Andere füllen die Organisation mit Leben und geben ihr einen Zweck. Jede Organisation hat einen Geschäftszweck (oder auch: einen Sinn, einen Wert, ein Ziel), an dem sie sich ausrichtet, auf den sie hinarbeitet und der sie sprichwörtlich am Leben hält, bzw. halten soll. Um diesen Geschäftszweck möglichst erfolgreich zu verwirklichen, gibt sich jede Organisation Regeln und Strukturen, nach denen sie funktioniert.

Durch ihre jeweils einzigartige Gestaltung der Regeln und Strukturen identifiziert sich die Organisation nach innen und grenzt sich nach außen ab. Sie schließt die Menschen, die in der Organisation arbeiten, ein, nimmt sie mit (oder entlässt sie wieder), schafft Arbeitsplätze oder vernichtet sie. Eine Organisation erhält sich und entwickelt sich beständig weiter, oder sie bleibt stehen und hört auf zu existieren.

Im Kontext organisationaler Traumata rücken insbesondere die zwei Weltkriege in den Fokus. Denn sie haben die in der Nachkriegszeit gegründeten Organisationen von heute in Bezug auf Trauma stark beeinflusst. Dabei stellt sich zugleich die Frage, ob nicht auch unser heutiger Glaube an ein stetiges Wirtschaftswachstum, an das „höher, schneller, weiter" sowie unsere Erwartungen an Umsatzsteigerungen von 20–30 % pro Geschäftsjahr ein so gesellschaftlich kollektives wie eben auch organisationales Trauma darstellt? Handelt es sich hierbei um eine Entfremdung von der originär gegebenen Aufgabe der Organisation und der damit verbundenen Arbeit, ist es eine Entfremdung der Mitarbeiter von sich selbst – in Form einer gesellschaftlich anerkannten Kompensation, um die darunterliegenden gesellschaftlichen, organisationalen und individuellen Traumata nicht spüren zu müssen?

Menschen stellen ihre Arbeitsleistung einer Organisation zur Verfügung, weil Sie über die Entlohnung an deren Wertschöpfung beteiligt sein möchten. Ihre Entlohnung wiederum tauschen sie gegen Dienstleistungen und Güter, um ihre individuellen Bedürfnisse zu befriedigen. Insofern sind Organisationen und die Menschen, die für sie arbeiten, miteinander verknüpft – genauso wie die Organisation, und die sie umgebende Umwelt.

Klar ist: Die überall zu beobachtenden und beängstigend anschwellenden Burnout Phänomene sind hausgemacht. Denn letztendlich sind es wir Menschen, die – jeder für sich – entscheiden, wie wir mit unseren eigenen Verletzungen umgehen wollen und/oder ob wir in einer traumatisierten Organisation arbeiten möchten. Wir entscheiden, ob wir unsere kostbare Lebenszeit in eine dysfunktional traumatisierte Organisation stecken und sie durch unsere Kompensationen stützen und am Leben erhalten; oder ob wir Mittel und Wege finden, um uns vor solchen Organisationen zu schützen, damit wir als einzelner Mensch gesund bleiben. Damit wir solche Entscheidungen treffen können, brauchen wir zunächst ein grundlegendes Verständnis von Organisationen – und von Trauma.

2   Definition Organisation

Organisationen sind bewusst geschaffene Gebilde mit einem Ziel und/oder Zweck. Jede Organisation beginnt mit der Organisations-Idee. Sie wird gegründet, hat ein Geburtsdatum und einen oder mehrere Gründer (Eltern) und Unterstützer (Hebammen). Nach ihrer Gründung nimmt die Organisation in der Regel weitere Mitglieder auf, bzw. stellt sie Mitarbeiter an. Es gibt Profit Organisationen, die wirtschaftlich ausgerichtet sind, und Non-Profit-Organisationen sowie hybride Organisationsgebilde wie zum Beispiel politische Parteien.

Aus der Gründungsidee leiten sich Ziele, Werte und Visionen für die Zukunft ab. Gleichzeitig gibt es auch immer eine Vergangenheit, die über die Gründungsidee der Gründer hinausreicht. Gemeint ist hier die persönliche Biografie der Gründer oder der sonstigen Ideengeber für die Organisation. Der spezifische Sinn – der Zweck oder die Aufgabe – einer Organisation ist wichtig, weil er den Zusammenhalt innerhalb der Organisation fördert und sie auf etwas Bestimmtes ausrichtet. Gleichzeitig erwächst aus dem Sinn ein Potenzial für eine kreative Fähigkeit, die in der realen Welt zum Ausdruck gebracht wird – es entstehen Produkte und/oder Dienstleistungen.

Nach ihrer Gründung gibt sich eine Organisation Regeln, Strukturen, Leitbilder und Werte, nach denen sie funktionieren will. Diese Setzungen lehnen sich an den gewünschten Arbeitsabläufen, an den avisierten Ergebnissen oder auch an den Werten der Gründer oder Führungskräfte an. Bestimmte Regelwerke werden außerdem durch die Rechtsprechung und ggf. zusätzlich durch einen Markt und dessen Regulierungen, gesetzt. So bestehen organisationale Regelwerke aus einer Kombination aus individuellen Organisationsregeln und den anzuwendenden Regelwerken der Organisationsumwelt.

Die Regeln, Strukturen und Hierarchien dienen in jedem Fall dazu, Halt und Orientierung zu geben und ein gutes Zusammenspiel zwischen den Menschen in der Organisation – aber auch zwischen der Organisation und ihrer Umwelt zu garantieren. Jede Organisation grenzt sich nach außen ab und bildet für die, die in der Organisation arbeiten, eine Art Resonanzraum. Resonanz entsteht immer dann, wenn Menschen einander begegnen. Der Resonanzraum muss nach außen – zur umgebenden Welt – offen sein und weitere Resonanzen ermöglichen. Ist er geschlossen, hat die Organisation ein Problem, denn sie ist auf den Austausch mit ihrem Umfeld angewiesen – ohne Austausch wird sie sich nicht erhalten können.

Organisationen sind in erster Linie soziale Strukturen, bei denen es darum geht, dass Menschen planmäßig und zielorientiert miteinander arbeiten, unabhängig davon, ob sie dabei wirtschaftliche Interessen oder als Non-Profit-Organisation politische, soziale oder sonstige Zwecke verfolgen. Durch ihren geschlossenen Verbund grenzen sich Organisationen gegen die jeweilige Umwelt ab – sie haben Grenzen, die bestimmen, wer dazu gehört und wer nicht.

Organisationen sind Einheiten, die von Menschen gegründet werden. Sie können neue Menschen aufnehmen und andere wieder entlassen, die dann nicht mehr zur Organisation gehören. Es besteht kein Recht auf „lebenslange Zugehörigkeit", wie das in einer Familie für alle Familienmitglieder gilt, auch für die ausgestoßenen und verstorbenen.

Zu den Grenzen einer Organisation gehört auch, dass durch ihre Größe ihr Eigentumsbereich und ihre Prozesse definiert werden – es gibt einen Bereich, den die Organisation kontrolliert und reguliert. Gleichzeitig interagiert sie über diese selbst definierten Grenzen hinweg mit der Außenwelt, die sie umgibt.

Gemeinhin herrscht in Organisationen die Formel „Struktur vor Psyche". Das bedeutet, dass die individuellen Mitarbeiter als weniger wichtig erachtet werden, als die

Struktur, die sich eine Organisation gibt und nach der sie lebt. Damit die Organisation lebensfähig bleibt, ist es für sie oft sinnvoll, dass sie sich unabhängig von den handelnden Menschen macht, denn sie ist für ihren Erhalt und ihre Weiterentwicklung in erster Linie nicht auf bestimmte Individuen, sondern vielmehr auf benötigte Fähigkeiten und Funktionen angewiesen. In Organisationen muss der einzelne Mensch also austauschbar sein – seine Funktion ist es hingegen nicht. Die Mitarbeiter müssen sich nach der Organisationsstruktur ausrichten, die wiederum die Regeln der Organisation bestimmt.

In Familiensystemen ist grundsätzlich kein Familienmitglied austauschbar – so bleibt z. B. der leibliche Vater immer der leibliche Vater, unabhängig davon, ob er seine Rolle ausfüllt, die Familie verlässt oder stirbt, und auch, wenn er durch einen Nachfolger funktional ersetzt wird.

3 Definition Trauma

Trauma ist in der Gegenwart ein fast inflationär verwendeter Begriff, möglicherweise ein Hype der Psychoszene, wie jeder Berufsstand und jede Gesellschaft zu jeder Zeit ihre Hype- oder Mode-Themen haben. Unabhängig aber davon, ob das Thema in Mode ist oder nicht – Trauma und posttraumatische Belastungen sind überall anzutreffen und spielen deshalb auch da, wo Menschen Organisationen bilden und darin arbeiten, eine wichtige, wenn nicht sogar entscheidende Rolle.

Ich unterscheide zunächst zwischen Schock- und Bindungstrauma, wobei die Übergänge zwischen diesen beiden Trauma-Ausprägungen fließend sein können.

Bindungstraumen entstehen meistens in kontinuierlichen Prozessen durch die Qualität der Beziehungen im engen familiären Umfeld, während Schocktraumen einzelne oder mehrere singuläre Überforderungen sind, die überall und in jedem Zusammenhang geschehen können. Manches Bindungstrauma kann vergleichsweise leicht ein Schocktrauma nach sich ziehen, weil Menschen mit einem Bindungstrauma oft verletzlicher sind als die Menschen, die kein Bindungstrauma erlitten haben. Bei Ersteren können auch Anlässe einen Schock auslösen, die für andere nicht bedrohlich oder verletzend wirken.

Ein Bindungstrauma entsteht z. B. durch Vernachlässigung, Verwahrlosung, Gewalt, oder auch durch kleine, beinahe unmerkliche Verletzungen durch eine primäre Bezugsperson. Es entsteht durch deren Erregungszustände oder durch deren Unfähigkeit, empathisch zu sein, Bedürfnisse wahrzunehmen, sie adäquat zu befriedigen, einen sicheren Raum und Halt zu geben und bedingungslos zu lieben.

Ein Schocktrauma ist hingegen eine plötzlich auftretende singuläre oder sich wiederholende Situation, z. B. eine Naturkatastrophe, ein Unfall, Gewalterfahrung durch Nicht-Familienangehörige usw.

Trauma bedeutet immer, dass etwas derart zu viel, bzw. überfordernd ist, dass es mit den jeweils individuellen Fähigkeiten zur Bewältigung nicht abgewehrt und auch nicht mehr aufgelöst werden kann. Es geht bei Trauma also immer um die Begriffe „zu viel" und „zu wenig" versus „genau richtig".

Durch ein Trauma erleben wir unsere Selbstwirksamkeit nur noch partiell oder gar nicht mehr – das lässt uns verzweifeln, weil wir dadurch in unserer Handlungskompetenz und gleichzeitig in unserer Lebendigkeit blockiert werden. Und vielfach stoßen bei einem Trauma unsere bisherigen Kompensationen (als Lebensbewältigungs- oder Überlebensmethoden, die sich an einer gegebenen Umwelt ausrichten) an ihre Grenzen, was wiederum zur Dekompensation führt – bis hin zum Grad der höchsten Verzweiflung. Dann kann es sein, dass nichts mehr und nichts mehr wirkt.

Kompensation bedeutet in diesem Zusammenhang, dass wir entweder in der Lage sind, das traumatische Erlebnis durch unsere Gegenwirkung aufzuheben, oder dass wir einen Ersatz für nicht vorhandene Fähigkeiten finden, mit dem wir etwaige reale oder so empfundene Mängel auszugleichen können.

Dekompensation bedeutet, dass die Wirkmechanismen unserer gewählten Kompensation nicht mehr weiterhelfen. Dekompensation bringt im ersten Moment Verunsicherung bis hin zur Verzweiflung mit sich, weil das, was bisher gewirkt hat, nun nicht mehr in gewohnter Weise abrufbar ist.

Der Begriff Trauma klingt gemeinhin groß oder gefährlich. Das trifft bei manchen Schocktraumata wie einer Naturkatastrophe oder einem schlimmen Unfall auch zu. Die meisten Traumata aber – so meine Erfahrung – sind die Bindungstraumata, die durch die kleinen, leisen und manchmal unmerklichen Verletzungen, die wir im Laufe unseres Lebens erhalten, entstehen. Sie hinterlassen Vernarbungen, die uns uns in unserer Lebensfreude, Lebendigkeit, und Neugier hemmen. Sie schränken uns in unseren Handlungen und unsere Begegnung mit uns und unserer Umwelt ein. Es gibt keinen Menschen, der keine Trauma Vernarbungen hat – wir können nicht nicht-traumatisiert sein.

4 Der Charakter organisationaler Traumata

Bei der Internetrecherche zum Stichwort „organisationales Traumata", trifft man hauptsächlich auf Fachartikel zu helfenden Berufen und Einsatzkräften, die in der Regel mit Schocktraumata umgehen müssen, zum Beispiel mit Unfällen, Naturkatastrophen, Suiziden o. ä. Deren Aufmerksamkeit gilt immer einzelnen betroffenen Menschen und nicht einer betroffenen Organisation.

4.1 Anspannung und Entspannung

Wenn eine Organisation mit sich und der Umwelt im Einklang ist, d. h. das Ziel stimmt, die Menschen in der Organisation sich lebendig und gut fühlen und die Überlebensgrundlage der Organisation gesichert ist – dann verspürt man innerhalb der Organisation eine Lebendigkeit und einen guten Umgang miteinander. Lebendigkeit meint hier, dass auf Anspannung auch Entspannung folgt, dass also ein Ausgleich für die Anspannung hergestellt wird. Dadurch wird der Alltag ruhiger, die Mitarbeiter sind entspannter, und es scheint eine gute Basis vorhanden zu sein, die alltäglichen Schwankungen des Erlebens abfedern zu können.

Ich betone das normale Auf und Ab des täglichen Erlebens deshalb, weil jeder Tag sich vom anderen unterscheidet. Die Stimmungen variieren von Tag zu Tag. Kein Tag gleicht dem anderen – eine so lapidare wie elementare Erkenntnis, die manchmal Angst macht, weil sich viele Menschen und Organisationen danach sehnen, dass es ruhig und immer gleich zugehen möge. Der Buddhismus mahnt uns hier: Beständigkeit ist eine Illusion des Geistes.

Manchmal – beziehungsweise erschreckend zunehmend – verlieren wir unser Gleichgewicht inmitten der Volatilität des alltäglichen Geschehens. Angesichts von Globalisierung, „Follow the Sun"-Prinzip und 24/7 Schichtbetrieben kommen wir und unsere Organisationen kaum noch zur Ruhe. Vielmehr erleben wir die permanente Überforderung als Normalität und sind uns der täglichen Überforderung oft gar nicht mehr bewusst. Wir haben uns an den Zustand des Überfordert-Seins gewöhnt.

Ein Blick in die Statistiken der Krankenkassen verdeutlicht die Folgen dieses ungesunden Wandels, belegt durch die alarmierende Zunahme an psychischer Erschöpfung mit ihren vielfältigen Ausprägungen.

Was also ist der Charakter, was sind die Merkmale eines organisationalen Traumas? Gemäß meiner Definition geht Trauma immer mit Verunsicherung einher. Ein organisationales Trauma forciert Angst und eine Unfähigkeit der Bewältigung. Die üblichen Reaktions- und Kompensationsmethoden versagen. Dabei kommt es zu einem Zustand der nicht mehr steuerbaren Erregung, die keine Beruhigung mehr findet. Es fehlt außerdem an ausreichender Resilienz. Die Organisation kommt ins Trudeln. Um diese Situation zu bewältigen, reagiert eine Organisation mit *Fight, Flight or Freeze* – denselben vom Stammhirn gesteuerten Reaktionen also, die Menschen in einer für sie bedrohlichen Situation zeigen: Kampf (bzw. Flucht nach vorn), Flucht oder Bewegungslosigkeit bzw. Starre bei gleichzeitig höchster Aufmerksamkeit (Hypervigilanz).

Fight: Entweder steigert sich die Organisation in einen hektischen Aktionismus – vielleicht in Form eines besonders ausgeprägten Wettbewerbs, vielleicht organisiert sie sich ständig um oder versucht, sich permanent neu zu erfinden. Ihr Wachstum wird hektisch und erschöpfend.

Flight: Oder sie flüchtet sich in Absicherungs- und Abwehrschlachten und vergisst dabei den ursprünglichen Zweck, den sie sich gegeben hatte.

Freeze: Oder sie erstarrt. Sie büßt sämtliche Beweglichkeit ein und ist nur noch mit dem Bewahren des Status quo beschäftigt, den sie als beständig bedroht erlebt.

Angesichts dessen können wir uns fragen: Sind das „höher, schneller, weiter" und der aggressive Verdrängungswettbewerb der meisten Profit-Organisationen offensichtlicher Ausdruck eines Traumas im Sinne einer „Fight"-Response? Die Bedürfnisregulation und das Wohl von Menschen („satt werden") stehen dabei nicht mehr im Vordergrund, sondern der aggressive Wettbewerb, Bekämpfung von Mitbewerbern, sowie die ausschließende Fokussierung auf ROI (Return on Investment/Investitionsgewinn) und EBIT (earnings before interest and taxes/erzieltes Ergebnis vor Steuer) als Merkmale einer als gesund diagnostizierten Organisation – weil sie ökonomisch erfolgreich ist.

Die oben beschriebenen Organisationen haben den natürlichen Rhythmus „Auf Anspannung folgt Entspannung" zugunsten eines den finanziellen Erfolg versprechenden Ungleichgewichts aufgegeben. Sie bewegen sich nur noch in einem erregten „Fight"-Modus, ihnen fehlt das „genau richtig".

Dabei kann es verunsicherte Organisationen geben (Wettbewerb, Bedrohungen von außen und innen), verunsicherte Abteilungen und verunsicherte einzelne Mitarbeiter. Verunsicherung allgemein schafft Instabilität und Angst. Und aus dieser Verunsicherung, Instabilität und Angst heraus wird dann agiert – herzlich willkommen in der VUCA-Welt, in der die den Systemen zueigene Volatilität, Unsicherheit, Komplexität und Ambiguität den Alltag mit Angst besetzen und dem tief sitzenden Wunsch nach statischer Ordnung, immer gleicher Struktur, zweidimensionaler Verlässlichkeit (richtig/falsch, gut/böse) und Sicherheit (alles bleibt für immer genau so, wie es jetzt ist) zuwiderlaufen. In Zeiten der Übererregung finden Menschen und Organisationen im organismischen VUCA kein beruhigendes Gleichgewicht mehr.

4.2   Resonanz und Interdependenz

In jeder Organisation gibt es sowohl persönliche als auch organisationale Traumata. Das kann als Normalzustand betrachtet werden, weil kein Mitarbeiter die Verletzungen seiner Vergangenheit und Gegenwart am Firmentor abgibt, sondern sie in den Arbeitstag mitnimmt. Dasselbe gilt für die Verletzungen, die eine Organisation erlitten hat – sie wirken in ihr und damit auch auf ihre Mitarbeiter. Daraus entsteht eine sich selbst verstärkende Doppelströmung: Die Mitarbeiter geben ihre persönlichen Verletzungen in die Organisation und die Organisation als gelebtes Miteinander von vielen unterschiedlichen Menschen ihre Verletzungen an die einzelnen Mitarbeiter ab.

Organisationen sind „Klangkörper", die die Resonanz der Erschütterung der einzelnen Menschen aufnehmen und ihre eigenen Erschütterungen an die Menschen in der Organisation weitergeben. Die Mitarbeiter reagieren mit ihren eigenen „Bordmitteln", ihrer eigenen persönlichen Vulnerabilität darauf und üben damit wiederum einen Einfluss auf die Gesamtorganisation aus. Die Organisation versucht ihrerseits, mit ihren Regeln und Strukturen der eigenen Verunsicherung Herr zu werden und Angst zu kontrollieren. Sie wirkt damit auf die Mitarbeiter ein. Die Frage ist dabei nicht, wie das Aufeinander-Einwirken verhindert werden kann. Die Frage ist, wie der einzelner Mensch oder die ganze Organisation mit dieser Interdependenz umgehen und sie zu steuern wissen.

4.3   Bindung und Beziehung

Eine Organisation besteht aus Menschen. Und wo Menschen sind, geht es immer auch Bindung und Beziehung – zwischen den einzelnen Mitarbeitern oder zwischen Teams und Abteilungen, zwischen der Organisation und ihren Mitarbeitern und zwischen der Organisation und ihrem Umfeld als Ganzes, dessen Teilgebieten, sowie den Akteuren und Protagonisten darin.

Das entscheidende Erleben von Bindung geschieht in den ersten Lebensjahren. Das daraus resultierende Beziehungsmuster – der Bindungsstil – entscheidet darüber, wie fest verankert wir auf dieser Welt sind. Dasselbe gilt für Organisationen. Deren Gründer prägen die Organisation automatisch und unweigerlich durch ihren eigenen Bindungsstil und prägen damit die soziale Unternehmenskultur.

Nach der Bindungstheorie von John Bowlby und Mary Ainsworth gibt es vier kindliche Bindungserfahrungen (Ainsworth und Bowlby 1991):

- sichere Bindung,
- unsicher-vermeidende Bindung,
- unsicher-ambivalente Bindung,
- desorganisierte/desorientierte Bindung

Die sich aus den Bindungserfahrungen entwickelnden Bindungsstile gestalten unsere Beziehungen – sowohl zu Menschen als auch zu Organisationen. Während in früheren Organisationen die Bindung und mit ihr die Arbeitsverhältnisse langjährig und stabil waren („Von der Lehre bis zur Rente"), ist die Welt volatiler geworden, die verlässliche Kontinuität ist im Zug der Globalisierung mit zunehmender Komplexität einer dynamischen Veränderung gewichen. Der Wechsel von einer zur nächsten Organisation ist ebenso zur Normalität geworden wie der Wechsel in Partnerschaften. Selbst Partnerschafts- bzw. Eheverträge garantieren keine Verlässlichkeit mehr, wie die Scheidungsstatistiken zeigen.

Die großen Patriarchen, die einst eine Organisation wie ein übergroßer Vater geführt haben und omnipräsent waren, haben es oft geschafft, dass sie und ihr Wort, ihre Regeln und Strukturen gefürchtet wurden – und sie verstanden es dabei meistens, für Sicherheit und Ordnung ihn ihren Organisationen zu sorgen. Hier konnte sich vieles in Ruhe entfalten.

Wenn Sicherheit und Stabilität maßgeblich dafür sind, wie geborgen sich Mitarbeiter fühlen, bzw. wie sicher sich dadurch auch eine Organisation fühlen kann – dann werden im Umkehrschluss sowohl die Bindungsstile der Organisationsmitglieder auf die Organisation, als auch der Bindungsstil der Organisation auf die Mitarbeiter wirken, und sie werden einander beeinflussen. Das durch Interdependenz entstehende Beziehungsmuster prägt die Organisation in ihrer Einzigartigkeit.

Parallel zu den Bindungserfahrungen entwickeln Erwachsene vier verschiedene Bindungsstile, die zum Beispiel durch das Adult Attachment Interview (AAI) von George, Main et al. (1985) bestimmt werden können (Ainsworth und Bowlby 1991):

- sicher
- abweisend
- ängstlich
- besitzergreifend

In Organisationen findet immer ein Wechselspiel zwischen Organisation und Mitarbeitern statt, und also beeinflussen deren Bindungsstile auch das Wesen einer Organisation. Nicht nur einzelne Menschen suchen Stabilität, Ordnung und Sicherheit, auch Organisationen funktionieren nach diesen Grundbedürfnissen. Wie oben beschrieben, bieten Organisationen heute in der Regel immer weniger Stabilität und Sicherheit.

Wenn Mitarbeiter die Reaktionsmechanismen der Organisationen als unberechenbar erleben, löste das bei ihnen in der Regel Stress und Unsicherheit aus. Eine Organisation und ihre Führungskräfte können das im günstigsten Fall kompensieren, wenn sie selbst einen sicheren Stand haben und genau diese Sicherheit auch ihren Mitarbeitern vermitteln. Wenn nicht, wird mit der Unsicherheit der Menschen auch die Unsicherheit der Organisation befeuert – und umgekehrt.

4.4   Arbeit und Leistung

Fight, Flight, Freeze ist die immer wieder kehrende Trias der stammhirngesteuerten Trauma-Response. Allen drei Traumareaktionen ist gemein, dass die Umwelt und die Umstände durch eine stressbedingte Dissoziation als psychische Bewältigungsstrategie nicht mehr richtig wahrgenommen werden.

Eine Organisation kann sich nach außen abkapseln, eine traumageprägte Innenwahrnehmung kultivieren und resistent gegen neue Sichtweisen oder Entwicklungen im Außen sein. Grundsatz eines jeden Zuviels ist die eingeschränkte Wahrnehmung, der sogenannte Tunnelblick, der kein Rechts und Links mehr kennt, sondern sich verengt und auf etwas fokussiert. Natürlich ist Fokussierung per se nicht schlecht oder gut, sondern ein Zustand höchster Konzentration auf ein Thema. Aber auch hier gilt: Im Interesse des Gleichgewichts und der Ausgewogenheit sollte auf die bewusste Fokussierung Entspannung folgen – der Blick sollte wieder weiter werden, damit er wieder mehr wahrnimmt.

Geschieht das nicht, kann Arbeit ein probater Fokussierungs-Versuch sein, dem Trauma zu entkommen – sie wird dann zur Trauma-Bewältigungsstrategie. Man konzentriert sich ausschließlich auf die Arbeit und arbeitet viel (oder nur noch). Man betäubt sich mit Arbeit, um nichts zu spüren. Wer erschöpft ist, spürt weniger und kann nicht mehr richtig fühlen. Die Arbeit bis zur Erschöpfung ist heute zunehmendes Thema in

Organisationen. Gleichwohl wird viel Arbeiten mit Anerkennung und Wohlwollen der Umwelt belohnt – wer viel arbeitet, ist ein nützliches Mitglied der Gesellschaft und bekommt seinen gerechten Lohn. Durch die Kompensation mit Arbeit verlieren wir aber den realistischen Blick nach draußen, unsere Wahrnehmung wird eingeengt und verzerrt – das sind klassische Symptome eines übererregten Nervensystems, das einen Ausweg sucht, um sich zu beruhigen.

Hauptsache, die 24 Stunden unseres Tages sind einigermaßen angefüllt – je mehr Füllung und Aktivität in unserem Leben, desto weniger spüren wir, denn jede Aktivität verursacht einen gewissen Level an Anspannung in unserem Körper – und damit eine Engstellung der Blutgefäße, der Nervenbahnen, der Wahrnehmungskanäle. Um zu spüren, benötigen wir einen gewissen Grad der Entspannung, damit unser Nervensystem wieder aufnahmefähig für die inneren und äußeren Reize ist. Aus diesem Grund kann eine übermäßige Aktivität in Beruf oder auch in der Freizeit (!) ein Sedativum darstellen. Wir beruhigen uns durch ein „konzentriertes Zuviel", damit wir weniger spüren.

Daraus entwickeln sich projektiv-identifikatorische Prozesse mit mächtigen emotionalen Tendenzen im Sinne einer Gruppenmentalität – sie sind regressive Varianten psychosozialer Abwehr, die das psychische Überleben der Gruppe sichern, diese aber definitiv von den Erfordernissen der Realität entfernen. Organisationen verlieren den Blick für die Realität und bewegen sich ohne Verortung im „outer space". Wer genügend traumatisiert und übererregt ist, bietet immerhin gute Voraussetzungen für ein Zuviel an Arbeit – er wird von entsprechend traumatisierten Organisationen gerne auf- und mitgenommen.

Die Gruppe kann in maximaler Abhängigkeit und Lähmung verharren und Rettung von einer als allmächtig fantasierten Führung erwarten. Tritt diese Rettung nicht ein, können maximale Enttäuschung, Wut und tiefe Hoffnungslosigkeit resultieren, sodass die eigentliche Arbeitsaufgabe vollkommen in den Hintergrund gerät. Die Gruppe kann dabei Feindbilder und paranoid getönte Verschwörungstheorien kultivieren. Sie kann alternativ den kollektiven Glauben an etwas Verheißungsvolles in der Zukunft entwickeln, das, wenn nicht die Rettung von allem Übel, so doch dauerhafte Erfüllung in der Arbeit verspricht. Sie kann in zahllose, unverbundene Fragmente zerfallen – jeder überlebt für sich, alles andere ist ihm gleichgültig. Oder sie kann zu einer amorphen Masse des Gleichgeschaltet-Seins verschmelzen.

Arbeit ist für die meisten von uns identitäts- und sinnstiftend – sie gibt uns einen Lebens-Sinn, der uns in der Gesellschaft verortet, den Grad des Angesehen-Werdens und damit oft auch unseren Selbstwert und unsere Selbstsicherheit bestimmt. Wir leben bzw. arbeiten in einer *„Ich arbeite, also bin ich"*-Kultur. Fleiß und Strebsamkeit gerieren zu Grundpfeilern unserer Existenz, damit wir gesellschaftlich anerkannt und mit Wertschätzung bedacht sind.

In den letzten Jahrzehnten – und insbesondere nach dem zweiten Weltkrieg – zeigt sich deutlich eine Überbetonung der Aktivität, der Leistung und der Erfüllung von Zielen als Maßstab für den Grad der Wertschätzung von Menschen. Die Frage *„Was machst Du?"* ist zur gängigen Kennenlernen-Formel geworden, mit der wir den Wert unsere

Gegenüber einzuschätzen und festzulegen suchen. *„Wer bist Du?"* stellt sich als Frage nicht mehr.

Interessant sind in diesem Zusammenhang auch gesellschaftlich vermeintliche Lebensweisheiten wie: *„Wer rastet, der rostet"*, *„Müßiggang ist aller Laster Anfang"* oder *„Nichts hat mehr Ähnlichkeit mit dem Tode als Müßiggang"*. Hinter diesen Aussagen steht die beinahe als panisch einzuschätzende Abwehr von Stillstand, Müßiggang und Erholung bei gleichzeitiger Betonung der Aktivität als wahres Maß der Dinge.

Gegen die Arbeit zur Selbstverwirklichung und den einfachen Broterwerb stehen spätestens seit dem Zeitalter der Industrialisierung und in potenzierter Form seit den 1950er Jahren wieder Werte wie Leistungsgesellschaft, Nutzen von Humankapital und Gewinnmaximierung. Die Folge sind eine permanente Überforderung, oftmals unrealistische Ziele und keine ausgleichende Kraft mehr im Privatleben, da das Arbeitsleben fast die komplette Lebensenergie frisst. Dies hat Auswirkungen auf das Wechselspiel zwischen den Organisationen und den Menschen, die in ihnen arbeiten. Eine Organisation, die auf viel Arbeit gegründet ist, hat irgendwann die Arbeit als Selbstzweck gefunden und wird die Fähigkeit verlieren, sich im Rhythmus von „Anspannung und Entspannung" zu bewegen.

Allen Formen traumatisierter Organisationen ist gemein, dass sie aus dem Kreislauf des normalen Werdens und Vergehens ausgeschert sind – meistens irgendwann in Richtung Wachstumssucht und der Verleugnung, dass alles begrenzt ist und einmal ein Ende haben wird. Die Verleugnung jeglicher Begrenzung ist der Hort des Narzissmus' und sie ist uns zum „Common Sense" geworden, den wir nicht mehr hinterfragen. Tatsächlich aber ist die Anerkennung der individuellen wie organisationalen Begrenztheit eine Grundbedingung für den Selbsterhalt, weil sie unsere Fähigkeit zu realistischer Wahrnehmung und Einschätzung, und damit auch die für uns so nötige Bodenhaftung sichert.

Einer der wenigen, der zu organisationalen Traumata geforscht und hierzu eigene Theorien entwickelt hat, ist der britische Soziologe und Psychoanalytiker Earl Hopper (Hopper 2012). In seinen Untersuchungen hat er herausgefunden, dass extreme Hilflosigkeit und traumatische Erfahrungen unbewusste Vernichtungsangst in Gruppen und Organisationen auslösen kann – als Reaktionen auf Ängste werden psychosoziale Abwehrprozesse in Gang gesetzt und durch den Einzelnen, die Gruppe und die gesamte Organisation ausagiert.

Mit Hoppers Diagnose müssen wir unsere heutige Art zu arbeiten als psychosozialen Abwehrprozess gegen die Vernichtungsangst verstehen.

4.5   Führung und Containment

Eine Organisation als „umhüllendes" Gebilde für Menschen hat immer etwas mit Sicherheit und Vertrauen zu tun. Sicherheit und Vertrauen werden in erster Linie durch die Gründer und Führungskräfte gestiftet – sie geben der Organisation ihren ersten Rahmen.

Auch der Sinn bzw. die Selbstverortung einer Organisation kann Sicherheit geben – *„Wir tun Gutes"* oder *„Wir helfen anderen Menschen oder Lebewesen"* sind sinnbietende Leitbilder für Menschen und Organisationen, an denen diese sich ausrichten. Je mehr Mitarbeiter für sich einen Sinn und damit Ruhe und Ausgeglichenheit spüren, desto stabiler wird auch die Organisation sein. Das Vertrauen der Mitarbeiter in den Sinn, die Werte und die Tätigkeit kann Stabilität stiften und für das nötige Vertrauen in andere wie in sich selbst sorgen.

Aufgabe der Führung in Unternehmen ist deshalb (auch) die Schaffung von Sicherheit und Vertrauen. Leider wird Führung als psychosoziale Kompetenz so gut wie gar nicht an Universitäten gelehrt. Im Rahmen der Betriebswirtschaftslehre werden vielmehr sach-, technik- und finanzzentrierte Managementtechniken gelehrt. Diese verstehen Organisationen als komplizierte (mit rationaler Vernunft zu kontrollierende) Konstrukte und zweidimensional zu bedienende Maschinen (wenn-dann) – was sie nicht sind. Organisationen sind komplex, und sie sind multidimensional. Dennoch wird Know-what an den Universitäten gelehrt. Know-how nicht. Das bringt vielerorts keine Führungspersönlichkeiten, sondern Fach(führungs-)kräfte hervor, die in der Regel bei Mitarbeitern Unruhe stiften, anstatt ihnen – entsprechend ihrer Funktion – Sinn und Halt zu geben.

Kontrolle, Ordnung, Guidelines, und Leitplanken geben Orientierung und Sicherheit. Sie werden durch Regeln, einen Verhaltenskodex und Führung – nicht durch Management – hergestellt. Mein Kollege Olaf Hinz sagt hierzu: *„Führung muss Haltung zeigen und grundlegende Werte/Prinzipien leben, statt moderne Methoden richtig umzusetzen – sie muss Komplexes von Kompliziertem trennen und gerade in stürmischer See Haltung zeigen"*. Bei Warren Bennis und Burt Nanus klingt das so: *„Managers do things right, Leaders do the right things"* (Bennis und Nanus 1996).

Eine fehlende psychosoziale oder eine durch Traumatisierung instabile Führung fördert regressiv-destruktive Gruppenprozesse, die das Überleben der Gruppe gefährden, weil die Angst zu deren Motor wird. Führung aber soll Containment fördern, ein Sichgehalten-Fühlen. Das, was ein kleines Kind von Geburt an von seiner Mutter braucht, um ein sicheres Bindungsmuster entwickeln zu können, gilt gleichermaßen auch für Organisationen. Hier zeigt sich das Nicht-gehalten-Fühlen der Mitarbeiter in Phänomenen wie Demoralisierung, hohe Krankenstände, hohe Personalfluktuation, berufliche Selbstzweifel, emotionale Distanz zu anderen Menschen, Arbeit nach Vorschrift, paranoid getönte Vorwürfe in Richtung Führung, Spaltungs- und Fragmentierungsprozesse unter den Angestellten, chronische Kämpfe zwischen verfeindeten Gruppen, Teams und Abteilungen, eine chronische Abwendung von der primären Aufgabe.

Noch belastender und kumulativ traumatisierend wird es dann, wenn Führung und Leitung selbst zur Quelle wachsender Frustration, Belastung und Überforderung werden – durch persönliche Abwesenheit (fehlende Präsenz, Absentismus), ein spezifisches Desinteresse an den Mitarbeitern und der Organisationsentwicklung, den Missbrauch der Organisation zu persönlichen Zwecken, die Neigung zur Willkürherrschaft, oder durch persönliche Eigenheiten wie Konfliktunfähigkeit, Beziehungsstörungen oder handfeste psychische Erkrankungen.

Natürlich stehen Führungskräfte immer auch unter großem Druck. Sie sehen sich Erwartungen von allen Seiten ausgesetzt. Auch sie brauchen Containment und reflexive Räume, um ihre Rolle klären und weiterentwickeln zu können. Haben die heutigen Führungskräfte dieses Containment? Und wenn sie es nicht haben: Trauen sie sich, das nötige Containment entweder selbst zu holen oder in der nächsthöheren Ebene einzufordern?

4.6 Gründung und Kompensation

Jedes Gründungsmitglied wird seine Lebenserfahrungen – fördernde wie belastende oder behindernde – unbewusst in die Organisation einfließen lassen und ihr dadurch eventuelle Traumata bereits bei der Gründung einimpfen, quasi mit der Gründungs-Muttermilch. Die Gründungsmitglieder werden aus ihren bisherigen Lebens- und Trauma-Bewältigungsmethoden schöpfen und diese als Verhaltensvorgaben in ihre Organisation einbringen, sie als Leitlinien setzen und den Mitarbeitern verpflichtend vorgeben.

Mit ihren eigenen Trauma-Motiven impfen die Firmengründer förmlich ihre Organisation, die Führungskräfte und die Mitarbeiter. Die Persönlichkeit der Firmengründer prägt das, was sie erschafft. Hinzu kommen verstärkend die Wechselwirkungen – auch die Mitarbeiter, obwohl austauschbar, interagieren mit ihrer Organisation, nehmen Strömungen wahr und geben eigene Strömungen an die Organisation weiter. Manche Organisationen suchen spezielle Mitarbeiter mit speziellen Persönlichkeitsanteilen oder auch Traumata, die zur Organisation passen und umgekehrt. Je unbewusster wir uns unserer eigenen Traumata sind, desto unbewusster und garantierter landen wir in traumatisierten Organisationen – und umgekehrt.

Als ich Geschäftsführer eines Weiterbildungsunternehmens war, konnte ich genau sagen, welches Unternehmen welche Mitarbeiter für Weiterbildungsmaßnahmen zu uns geschickt hatte. Das jeweilige Auswahlverfahren in den Unternehmen hatte dafür gesorgt, dass sich die neuen Mitarbeiter in ihren Persönlichkeitsmerkmalen stark ähnelten. Die jeweiligen Assessment-Verfahren hatten gut gewirkt. Die Vielfalt blieb dabei auf der Strecke.

Für die Generation der Organisationsgründer der Kriegs- und Nachkriegsjahre war es wichtig, dass der erlebte Tod, der Mangel, die Zerstörung und die Schuld seelisch nicht realisiert werden durften – durch beinahe manisches Handeln und Aufbauen wurde versucht, die Wunde der Verletzungen mit einem dicken Pflaster zu versehen.

Wurde man erst im Krieg oder in der Nachkriegszeit geboren, bekam man die Verletzungen durch die eigenen Eltern und Verwandten vermittelt und hat die Erzählungen und vorgelebten Werte und Ängste verinnerlicht. Das ist im Grunde genommen ein normaler Vorgang, zumal während des Krieges und auch danach eine psychosoziale Versorgung fehlte. Für die einzelnen Menschen stellte sich – neben der Befriedigung der

Grundbedürfnisse – meist unbewusst die Frage, wie sie am besten mit der seelischen Not umgehen sollten.

Wir haben für solche Lebensmomente unter anderem die Mechanismen der Verdrängung und – wie schon weiter oben dargelegt – der Kompensation zur Verfügung. Wir können ausweichend an etwas Anderes denken und uns mit anderen Dingen beschäftigen. Dabei kommen wir – in der Regel – nicht zur Ruhe, weil in der Stille, beim Müßiggang die bedrohlichen Erinnerungen an Erlittenes und die überbordende Verzweiflung wiederauftauchen können.

Um Grundbedürfnisse befriedigen zu können, arbeiteten wir. Wir werden mehr oder weniger satt, und vielleicht bemerken wir beinahe „nebenbei", dass die Arbeit als Kompensation unsere seelischen Wunden förmlich mit Erfolg zudecken kann. Genau dann haben wir die Tendenz, erfolgreiches Handeln zu wiederholen, um mehr Erfolg zu haben. Wenn Arbeit erfolgreich der Traumabewältigung dient, dann wird sie nicht nur wiederholt – sie wird durch Mehrarbeit gesteigert. Mehr Arbeit soll mehr helfen, viel Arbeit viel. Denn wer viel arbeitet, ist andauernd beschäftigt. Er ist am Abend müde und so erschöpft, dass er weder Zeit noch Kraft hat, sich um seine erlittenen Verletzungen zu kümmern.

Vor allem die Gründer nach dem zweiten Weltkrieg haben damit erfolgreich auch die Beschämung, den Schmerz und die Trauer der Zeit des Weltkrieges verdrängen können. Dabei haben sie jede Menge Arbeitsplätze geschaffen und ihren Mitmenschen Sicherheit und Wohlstand gegeben. Das wurde – auch zurecht – gesellschaftlich anerkannt. So haben sie ihr erfolgreiches Handeln vielfach wiederholt und übersteigert und ihre Ängste und Verletzungen zugedeckt. Eine tatsächliche Aufarbeitung des Erlebten hat in der Regel kaum stattgefunden.

Solche wirtschaftlichen Kompensationsprozesse sieht man überall. Es gibt z. B. amerikanische Firmen, die gegründet wurden, um gegen ein anderes Unternehmen zu kämpfen, das den Firmengründer zuvor entlassen oder beschämt hat. Oder es gibt Unternehmens-Gründer, die aufgrund ihrer Persönlichkeitsstruktur Probleme haben, sich in Organisationen, Gemeinschaften und Hierarchien zurecht zu finden und deshalb ihr Heil in einer eigenen Unternehmung als Chef suchen.

Dieses Phänomen zeigt sich auch bei Politikern, die zwar eigene Werte und Visionen haben, denen es aber in ihrer Parteiarbeit mehr darum geht, die eigene Persönlichkeit in den Vordergrund zu stellen – und weniger darum, dem zu „dienen", was die Werte der Partei ausmacht. Die Partei geriert in diesem Fall zum schmückenden Außen, um die eigenen Persönlichkeitsanteile, den eigenen Narzissmus und die eigenen Defizite auszuleben. Durch den Einfluss solcher Persönlichkeiten wird die Partei in eine bestimmte Richtung geformt, und wird so attraktiv für neue Mitglieder, die – mit ähnlichen Defiziten ausgestattet – Rückhalt in eben dieser Linie finden.

Je mehr Erfolg sich einstellt, umso größer wird in der Regel die Angst davor, alles wieder zu verlieren. Das hat damit zu tun, dass eine Kompensationshandlung (= Erfolg) nicht die zugrunde liegende Motivation (= Angstbewältigung) verschwinden lässt, sondern nur zudeckt und im Verborgenen belässt. Die Angst aber mildert sich nur dann, wenn man sich ihr stellt, ihr ins Auge blickt. Versucht man allerdings, sie durch Einengung zu verdrängen, dann wird sie in der Regel (im Verhältnis zum nun engeren Raum) größer und wirkt entsprechend stärker.

Angst ist ein vorherrschendes Thema in der Organisationsgestaltung und häufig die treibende Kraft hinter der Ausgestaltung des Arbeitsalltags. Angst ist – wie Verunsicherung – auch ein vorherrschendes Thema bei Traumatisierungen.

4.7 Auslöser organisationaler Schock- und Bindungstraumata

Es gibt verschiedene Auslöser organisationaler Traumata, und die Liste ist sicher erweiterbar:

- Verpassen von Trends: Kodak, oder Agfa sind Beispiele – sie haben die digitale Fotografie nicht ernst genommen und dadurch existenzielle Krisen und Sinnentleerung in Bezug auf den Zweck der Organisation befördert
- Gier: Einige wenige missbrauchen die Organisation (Zweck) zum eigenen Vorteil und setzen damit viele andere Organisationsmitglieder in den Nachteil. Damit einher gehen auch Machtmissbrauch und auf der Gegenseite Ohnmacht
- Rücktritte, Entlassungen von Führungs- und Gründungsmitgliedern oder deren plötzlicher Tod und damit Identitätsverlust der verbleibenden Organisationsmitglieder
- Fusionen, die mit dem Verlust der eigenen Identität einer Organisation einhergehen
- Verkauf/Bankrott
- Sanierungsprogramme mit Abfindungen und Freisetzung von Mitarbeitern und damit Induzieren von Angst bei den verbleibenden Mitarbeiten – *„Es kann jeden treffen, niemand ist sicher",* damit verbunden auch Karriereeinbrüche und Gehaltseinbußen
- Krieg und Nachkriegsgründung
- Wettbewerb, Konkurrenz, Marktführerschaft
- Hybris & Narzissmus
- Globale Katastrophen
- Leistungs-/Ergebnisdruck
- Informationsdefizite
- Beschuldigungen & Mobbing
- Versagensängste/Existenzängste
- Schuldverschiebungen: Täter-Opfer-Roulette
- Alter als Ausgrenzungsfaktor – zu jung, zu alt
- Brand/sonstige Katastrophen/Terroranschlag/Amoklauf

Eine grundlegende Verunsicherung/Traumatisierung kann auch dann entstehen, wenn bestimmte Werte verletzt werden, bzw. die Priorisierung der Unternehmenswerte nicht mehr stimmt. Der Philosoph Robert S. Hartman, zugleich Begründer der Wertewissenschaft, setzt den Menschen in Organisationen an erste Stelle (intrinsische Dimension).

An zweiter Stelle steht die Sache oder das Gegenständliche (extrinsische Dimension) und schließlich dann folgen die organisationalen Setzungen (formale Dimension).

Steht im Widerspruch zu dieser Reihenfolge bei einer Organisation die Sache im Vordergrund, dann verunsichert sie – unbewusst oder bewusst – ihre Mitarbeiter, weil sie ihnen verdeutlicht, dass sie nicht im Fokus stehen und beliebig auswechselbar sind. Das schafft wiederum Unsicherheit und Angst. Insofern kann es wichtig sein, immer wieder die Prioritäten und Werte der Organisation in den Fokus zu nehmen und zu überprüfen, wer oder was im Vordergrund steht.

5   Die drei Ausprägungen organisationaler Traumata

Fight, Flight, Freeze sind die 3 natürlichen Reaktionen auf eine Bedrohung. Sie sind uns genetisch mitgegeben, und – ob wir wollen oder nicht – in Gefahrensituationen reagieren wir, gesteuert von unserem Stammhirn, immer nach diesen 3 Mustern. Organisationen sind von Menschen geformt sind und bestehen aus Menschen – sie reagieren deshalb mit denselben Mustern auf eine interne oder externe Bedrohung. Kann die Bedrohung von der Organisation nicht bewältigt werden, entwickelt sie eine von 3 Traumaformen als Folge der jeweiligen Reaktion.

Dabei gibt es keine scharfe Trennlinie zwischen den verschiedenen Typen von Organisationstrauma, es gibt Mischformen und Organisationen werden vor allem zwischen Typ II und Typ III oszillieren, da der Weg von der Flucht zum Sich-tot-Stellen nicht weit ist, insbesondere dann, die Organisation realisiert, dass die Flucht nichts nützen wird.

Traumata sind mitnichten immer nur große Ereignisse sondern in der alltäglichen Mehrzahl solche, die durch Bindungen und den dabei möglichen Verletzungen wie z. B. Vernachlässigung, Zurückweisung oder seelische und körperliche Übergriffig entstehen. Hier können bisweilen kleine, beinahe unmerkliche Ereignisse einen nachhaltig negativen Eindruck hinterlassen. Eine hochgezogene Augenbraue, verbunden mit einem missfallenden/abschätzigen Blick oder bloßes Bestrafen durch Schweigen, sind oft „wirkungsvollere" Erziehungsmaßnahmen als lautes Schimpfen oder gar körperliche Gewalt. Und wenn die Bindung also solche bereits unsicher ist, kann ein noch so kleiner Anlass auf einem fruchtbaren, weil vor-traumatisierten Boden ein großes Trauma säen.

Aus diesem Grund ist es sinnvoll, sich immer wieder vor Augen zu führen, dass nicht nur große, sondern vor allem auch kleine Auslöser eine Organisation traumatisieren können. Viele kleine, unmerkliche Vorgänge, die über einen längeren Zeitraum geschehen, können eine Organisation nachhaltiger in ein Trauma führen und viel häufiger vorkommen, als z. B. die großen Ereignisse wie Konkurs oder Übernahme durch einen Mitbewerber.

5.1   Typ I: Trauma und übererregter Kampf – die ADHS-Organisation

Die traumatisierte und hyperaktive ADHS-Organisation ist immer in Bewegung. Sie kommt nicht zur Ruhe, denn die Ruhe könnte sie zum Nachdenken anregen und zu Erkenntnissen. Sie könnte Erinnerungen an Unruhe und Schmerzen befördern, die nicht gewünscht werden.

Insbesondere nach den beiden Weltkriegen, aber auch grundsätzlich nach kriegerischen Auseinandersetzungen und größeren Katastrophen ging und geht es zuerst um den Aufbau und das Vergessen der „schweren Zeit". Die Selbstreflexion über die eigenen Versäumnisse und Fehler wird gerade in dieser Zeit vermieden. Denn das könnte zu schmerzhaft werden. Auch Stillstand ist nicht gefragt – denn Stille fördert eben jenes Nachdenken.

Stattdessen geht es um den hektischen Aufbau der neuen Existenz als eine Art der Verdrängung von erlittenem Schmerz und Beschämung. Die Hyperaktivität, die dabei an den Tag gelegt wird, lässt das eigene Sensorium verstummen – zugunsten von Anspannung und Leistung. Dadurch werden schlechte Gefühle und das Nachdenken über das „Warum" vermieden und kompensiert.

„Wer rastet, der rostet" – und kann vor dem Hintergrund eines Traumas allzu leicht in eine Depression abgleiten. Wer es sich erlaubt, sich immer wieder Gedanken über den Sinn einer Organisation im Sinne der Neu- und Feinjustierung zu machen, der kann schnell auf schädliche Gedanken kommen, die für den Bestand der Organisation gefährlich werden können. Das notwendige Gefühl für die Gegenwart im Kontext von „zu viel, genau richtig oder zu wenig" geht verloren zugunsten eines scheinbar tröstenden Teppichs der Aktivität und des Erfolgs.

Wachstum, Gewinn und Marktanteile werden um jeden Preis angestrebt. Die Organisation will den kriegs- oder katastrophenzerstörten Ruinen entkommen, jedoch klebt ihr förmlich die Angst vor einem erneuten Zusammenbruch im Nacken. Und das ist die eigentliche Krux: Die Angst vor dem Zusammenbruch verschwindet nicht durch den Erfolg. Sie bleibt, und sie wird möglicherweise sogar größer und lässt sich weder durch mehr Erfolg noch durch mehr Aktivität kontrollieren oder gar bewältigen. Die Organisation ist so im ewigen Kreislauf gefangen – sie wird Aktivität zeigen, versuchen, innovativer als der Rest zu sein, und immer Vollgas geben.

Mit immer größerem Erfolg wächst die Angst ins Unermessliche. Die Leistungsfixierung und die in der Regel damit verbundene Freudlosigkeit schaffen ein Klima, in dem es gilt, sich von vielen Empfindungen abzuspalten, um im Hamsterrad bleiben zu können. Hinter dem Fokus auf Leistung steckt oft Angst und die damit verbundene fehlende Sicherheit, eine Kompensation also, die früh angelegt wird. Diese gefühlte und/oder verdrängte Angst schafft Unruhe und mit dieser Unruhe werden auch die organisationalen Strukturen nervös und überaktiv – die Organisation leidet an einem Aufmerksamkeits-Defizit-Hyperaktivitäts-Syndrom, kurz ADHS.

Hinter der Fixierung auf Leistung kann auch eine Art Größenfantasie stecken. Die ADHS-Organisation wähnt sich als Held, der auf wunderliche Weise unverwundbar ist. Er zieht auf das Organisations-Schlachtfeld und besiegt andere Organisationen. Jede Größenfantasie speist sich aus Angst – und genau das macht es der ADHS Organisation schwer, mit Niederlagen umzugehen, denn Niederlagen befeuern ihre verdrängten Ängste.

Um lebensfähig zu bleiben, entwickelt die ADHS Organisation Feindbilder. Diese werden im Inneren verortet (bei Kollegen und Abteilungen, in der Verwaltung oder im Vorstand). Feinde können auch im Umfeld sein – wie z. B. Wettbewerber, der Gesetzgeber, die Politik oder gar die gesamte Weltpolitik. Angesichts ihrer fantasierten Feinde und deren Pläne zum Angriff schottet sich die ADHS-Organisation nach außen ab und entfaltet kollektive Dynamiken in ihrem Inneren. Das nach außen hin gezeigte kriegerische Selbstvertrauen braucht einen ständigen Zufluss an Erfolgen und Anerkennung. Typische Anzeichen dafür sind heroische Durchhalteparolen und das Verleugnen bzw. Ausblenden von Fehlern und Angst. Nicht selten herrscht eine Nulltoleranzpolitik gegenüber Fehlern.

Die ADHS-Organisation teilt ihre Umwelt und die eigenen Mitglieder in Freund und Feind. Entweder man gehört dazu oder man wird bekämpft. Dieser übererregte Zustand ist durchaus typisch für amerikanische Unternehmen und auch für die derzeitige amerikanische Politik: Sie sind immer aggressiv und wettbewerbsorientiert. Andere sollen ausgestochen, sie sollen besiegt werden. Man will der Beste sein und ist dabei immer gut für Größenfantasien – 20 % pro Jahr Wachstum sind normal. Wer mitzieht, ist gut, und wer außergewöhnliche Leistung bringt, ist ein Held. Wer nachlässt, wird aussortiert.

Die „Fight" Reaktion der ADHS Organisation zeigt sich auch in einer „Augenzu-und-durch"-Mentalität. Aus einem vermeintlich positiven Denken addieren sich Glaubenssätze wie *„Ich habe es in der Hand und alles unter Kontrolle"* oder *„Dem Tüchtigen winkt der Erfolg"*, die den Fight-Modus weiter anheizen und Grenzenlosigkeit suggerieren. Erfolg und die damit verbundene Anerkennung von Menschen oder Gesellschaften, die sich ebenfalls im ADHS-Zustand befinden, werden zu steigernden Motivatoren des eigenen Handelns, stehen im Vordergrund und/oder in den Leitlinien der Organisation. Wenn sich der Erfolg nicht einstellt, dann hat man eben nicht genug geleistet oder hatte ganz einfach die falschen Gedanken.

Mit Niederlagen und Rückschlägen weiß die ADHS Organisation nicht umzugehen. Sie werden als Kränkung erlebt, rütteln an den Festen des eigenen Weltbildes und befördern in der Regel den Reflex eines „mehr desselben" – mehr Leistung, mehr Anstrengung, mehr Kontrolle. Dann wird alles wieder gut. Das „mehr desselben" wird wiederum befeuert durch das positive Denken und die sich daraus entwickelnden Allmachtsfantasie, dass man wirklich alles selbst in der Hand hat und dass es sicher klappen wird, wenn man sich nur genügend anstrengt. Wer nicht erfolgreich ist, der hat sich nicht genug angestrengt, er hat nicht alles gegeben.

Was in der ADHS Organisation vernachlässigt bzw. verdrängt wird, ist die besonnene Reflexion. Erfolg und Wachstum infrage zu stellen, ist verpönt und wird mit Ausschluss aus der Organisation bedroht. Auch Unabhängigkeit von den Organisationsprinzipien und ein gewisses Freidenkertum gelten als suspekt, genauso wie eine zu lange Zugehörigkeit und das Erreichen bzw. Überschreiten einer gewissen Altersschwelle – hier wird vermutet, dass das Wachstumsideal bald nicht mehr mitgehalten wird. Die Folge ist Ausschluss.

In den 17 Jahren meiner Tätigkeit im Vertrieb amerikanischer Softwarefirmen wurden in den Angebotsphasen von Großprojekten sowie gegen Ende eines jeden Geschäftsjahres sogenannte „war rooms" eingerichtet. Diese Kriegszimmer dienten dazu, die Großprojekte ebenso lückenlos wie die darin involvierten Mitarbeiter zu überwachen. Durch die engmaschige Kontrolle sollte der Erfolg garantiert werden. Der wirtschaftspsychologische Blick hinter solche Kulissen zeigt, dass es darum geht, die eigene Angst zu minimieren – die Angst davor, Fehler zu machen, nicht alles bedacht zu haben und im schlimmsten Fall keinen Geschäftserfolg zu haben.

In Zuge der Konzentration im Softwaremarkt wurde Unternehmen für Unternehmen geschluckt, bzw. übernommen – eine Integration der übernommenen Mitarbeiter wurde nicht wirklich versucht, der Abfluss an wertvollem „Humankapital" nach der Übernahme in Kauf genommen. Es ging um schieres anorganisches Wachstum und darum, Mitbewerber vom Markt zu nehmen oder durch den Aufkauf anderen Marktteilnehmern etwas wegzuschnappen. Jedes Jahr gab es neue, höhere Ziele. Auf die Erfolge des vergangenen Geschäftsjahres konnte man nie zurückgreifen: Mit jedem neuen Geschäftsjahr wurde die Uhr wieder auf Null gestellt.

Auch die Nachhaltigkeit beim Kunden stand nicht immer im Vordergrund, vielmehr die aktuellen Umsatzziele, die es zu erreichen galt – ob realistisch oder nicht. Charakteristisch für den permanenten Wandel und die innere Unruhe in den Unternehmen war auch der stetige Wechsel der Vorgesetzten – zwei Jahre waren normal, darunter kam öfters vor, darüber kaum. Das Credo der Unternehmen lautete: „stetig frischer Wind". Die Marktbegleiter waren Feinde, die es zu schlagen oder zu übernehmen galt. Und wer Probleme mit seiner Motivation hatte, der wurde früher oder später aussortiert: Entweder über eine großzügige Abfindung, oder über Isolierung, Demütigung und andere Methoden, die die Führungskräfte zur Verfügung hatten.

Anzeichen der ADHS Organisation können sein:

- übermäßige Anstrengung
- ewiger Kampf gegen vermutete Feinde
- Unersättlichkeit
- Perfektionismus bei Nulltoleranz gegenüber Fehlern
- Effizienz als erstes Gebot
- nur Siege zählen
- keine Ruhe, kein Nachlassen, keine Schwäche möglich

5.2   Typ II: Trauma und wachsame Abwehr, bzw. Flucht – die Hypervigilanz-Organisation

Die Abwehr von und die Flucht vor irgendwelchen Gefahren oder Feinden in ihrem Umfeld oder im Inneren wird zum Überlebenszweck der Hypervigilanz-Organisation – überall droht Gefahr. Es kehrt keine Ruhe ein, weil sie permanent damit beschäftigt bleibt, sich vor erwarteter Unbill zu schützen. Im Gegensatz zur hyperaktiven ADHS Organisation, die ihre Energie nach außen richtet („Fight"), ist die Hypervigilanz-Organisation zuvorderst mit der Flucht („Flight") beschäftigt.

Sie flieht vor einer drohenden Übernahme, vor einem Großinvestor, oder vor einer Regulierung durch die jeweilige Regierung. Ihr PS-starker Motor ist die Angst vor Anderen, die Angst vor dem Unbekannten, die Angst vor allem und jedem. Dabei ist irrelevant, ob eine tatsächliche Bedrohung besteht – die Hypervigilanz Organisation fühlt sich per se bedroht. Überall und immer.

Ihre Ängste breiten sich auf immer mehr Bereiche der Organisation aus und nehmen bald einen großen Raum ein. Deshalb ist die Hypervigilanz-Organisation grundsätzlich im Abwehrmodus und achtet peinlichst darauf, dass möglichst nichts Fremdes oder Neuartiges ihr zusätzlich Angst bereitet. Das stellt – natürlich – ein beinahe unmögliches Unterfangen dar.

An die Stelle der kämpfenden Übererregtheit der ADHS Organisation tritt bei der Flucht-Organisation die Überwachsamkeit (Hypervigilanz). Alles Fremde und Neue wird misstrauisch beobachtet, bewertet und analysiert. Die Abwehr möglicher Angriffe von außen höhlt langsam den Zweck der Organisation aus. Die Konzentration auf Schutz und Abwehr stellt sich vor die Idee und Vision der Gründungsmitglieder und schwächt deren wegweisendes Potenzial. Die Organisation verliert ihre Lernfähigkeit ebenso wie die Fähigkeit, sich selbst zu verändern – weil die Abwehr von Impulsen von außen Priorität vor allem anderen hat.

Die Hypervigilanz-Organisation ist beinahe ausschließlich mit der Bewältigung der eigenen Angst und mit Selbstberuhigung beschäftigt. Wobei meist die Angst immer größer wird und die Selbstberuhigung immer weniger gelingt. Je weniger die Hypervigilanz-Organisation die Unsicherheit des Marktes kompensiert, desto empfindlicher reagiert sie auf alles, was von außen kommt. Dabei bleibt sie defensiv und übt sich in Abwehrschlachten. Sie geht nicht proaktiv oder gar aggressiv auf die reale oder vermutete Bedrohung zu, sondern versucht hektisch, sich abzuschotten, einzuigeln und zu fliehen.

Jedes Überholen durch einen Marktbegleiter trifft die Hypervigilanz-Organisation ins Mark, ihr organisationaler Narzissmus ist nicht auf Niederlage vorbereitet und löst verstärkte hektische Abwehrmechanismen aus. Bei wiederholter Niederlage droht der Zusammenbruch der als aussichtslos erfahrenen Abwehrstrategien und führt die Organisation schließlich – ähnlich dem paralysierten Zustand in einer starken Depression – in die Lähmung. Ein gutes Antidepressivum für die Hypervigilanz Organisation wäre in diesem Moment die Kontaktaufnahme. Die aber entspricht nicht ihrem Reaktionsmuster

– stattdessen igelt sie sich noch mehr ein, und gleitet nun endgültig in das Reaktionsmuster der stillstehenden Schock-Organisation des Typ III.

Die Trennlinie zwischen Typ II und Typ III ist häufig unscharf, d. h. Organisationen können sehr leicht auf eine Art Gratwanderung zwischen Abwehr/Flucht und Stillstand gehen, oder auch zwischen diesen beiden Polen beständig wechseln. So gesehen ist Typ II ein häufiger Vorläufer von Typ III: Noch gelingt die Flucht, noch werden Auswege gefunden, noch gibt es vermeintlich Wege aus der Notlage. Dies kann aber recht schnell umschlagen, wenn kein Ausweg mehr gesehen wird – der Totstellreflex des Typus III tritt dann zum Vorschein.

Vorausgegangen ist vielleicht ein schockartiges Erlebnis, wie z. B. ein Übernahmeversuch durch eine andere Organisation, oder die Zerschlagung einer Organisation in viele Teile. Vielleicht kommt unerwartet ein Mitbewerber mit einem sehr viel besseren Produkt auf den Markt und beeinflusst so die Umsätze der eigenen Organisation negativ – bis hin zur Insolvenz. Vielleicht vollzieht sich ein abrupter Führungswechsel, etwa durch den Austausch der Geschäftsführung oder des Vorstandes, der durch einen neuen Aufsichtsrat eingeleitet wird, um damit der Organisation seinen eigenen Stil, seine eigenen Spielregeln aufzudrücken.

Oder vielleicht stirbt der Gründer unerwartet und hinterlässt ein Loch, eine Leere und eine Art Schockzustand bei der Belegschaft. Das kann Angst und Verunsicherung auslösen und sich zum Beispiel dadurch äußern, dass überdurchschnittliche viele Mitglieder die Organisation verlassen.

Menschen ertragen nur bedingt ein Zuviel – unabhängig davon, ob es ein Zuviel des Guten oder des Schlechten ist. Ein Zuviel gleich welcher Art geht mit einer Überforderung, mit einer Überflutung durch Empfindungen und Emotionen einher. Sowohl ein übergroßer Schreck als auch übergroße Freude können uns sprichwörtlich im ersten Moment die Luft zum Atmen nehmen.

In solchen Momenten erlebt die Hypervigilanz-Organisation ein Schocktrauma mit kurzzeitigem Atemstillstand, und es kommt darauf an, wie viel Resilienz sie sich im Laufe ihrer Geschichte zugelegt hat. Findet sie wieder stabilen Boden unter ihren Festen. Kann sie ihre Hypervigilanz Schritt für Schritt abbauen? Bewältigt sie die Angst vor einem erneuten Schock?

Gelingt ihr das nämlich nicht, dann bleibt die Hypervigilanz-Organisation im potenzierten Maße das, was sie schon vor dem Schock war: überwachsam, vorsichtig und zurückhaltend. Sie wird nun alles Fremde und jede Abweichung von der Norm als noch mal so kritisch beäugen. Vor lauter Überwachsamkeit gehen ihr Fähigkeiten wie Freude, Spaß und auch Kreativität verloren. Die Hypervigilanz-Organisation schafft es in den seltensten Fällen, etwas Großes und Neues zu kreieren, sie ist mit andauernder Zurückhaltung bei doppelt angezogener Handbremse unterwegs.

Sollte sie zum Beispiel im Markt durch die Konkurrenz geschwächt worden sein, kann es sein, dass sie sich komplett aus dem angestammten Markt zurückzieht oder bestimmte Bereiche der Organisation aufgibt, abspaltet und/oder verkauft. Ein Beispiel hierfür ist ein nordeuropäischer Konzern, der als „Gemischtwarenladen" in den 1970er

Jahren entstanden war und sich irgendwann zum Weltmarktführer für Mobiltelefone entwickelt hatte – also etliche Metamorphosen leistete. Sehr bald aber und ziemlich abrupt wurde der Konzern aus seiner beherrschenden Marktstellung herauskatapultiert – amerikanische und asiatische Unternehmen hatten ihn vom Thron gestoßen. Von diesem Schlag hat er sich der Konzern nicht mehr erholt. Innerhalb von zwei Jahren hat er sich vollständig aus dem Markt zurückgezogen und sich einem neuen Aufgabenfeld gewidmet.

Der besagte Konzern war so mit sich und seinen Produkten beschäftigt, dass er nicht registrierte, wie der Markt sich entwickelt. Als die Mitbewerber aggressiv im Markt vordrangen, kämpfte er nicht proaktiv, sondern flüchtete nach einigen, so reaktiven wie vergeblichen Abwehrschlachten aus seinem Markt. Dabei gingen tausende Arbeitsplätze verloren. Der Konzern hat sich einen neuen Markt gesucht und sein neues Geschäft in diesem wieder – immerhin erfolgreich – aufgebaut.

Anzeichen der Hypervigilanz-Organisation können sein:

- wenig Zutrauen in sich und die eigenen Leistungen
- Vorsicht als oberstes Prinzip/Risikoscheue
- abwarten und zurückhalten, nur nicht auffallen
- der Markt ist gefährlich
- Angst vor den Folgen unbedachter Aktionen

5.3 Typ III: Trauma und gelähmter Stillstand – die Schock-Organisation

Die gelähmte Schock-Organisation verharrt im Stillstand wie das Kaninchen vor der Schlange. Nichts bewegt sich. Nichts darf sich bewegen, nichts darf stören. Interne Konflikte werden unter den Teppich gekehrt. Vor möglichen Störungen werden die Augen verschlossen. Korpsgeist ist wichtig, Andersdenkende und Fremde werden abgewehrt. Einzig Zusammenhalt zählt, wer stört, wird mit Ausschluss bestraft. Die gelähmte Schock-Organisation hält an allem fest, was einmal war – an der Tradition, an den Gründungszuständen und an allen anderen Zuständen aus einer vergangenen Zeit, die sich im Nachhinein wohlig-warm anfühlen. Das Festhalten wird zu ihrem einzigen Zweck.

Die Sehnsucht der Schock-Organisation neigt der Stabilität, der Sicherheit und der Ordnung zu. Globalisierung etwa, oder auch ein unerwartet großer Zuzug an Flüchtlingen, kann zu einem noch größeren Einmauern und Schockstarre führen. Die Herausforderung für jede Organisation, dass sie nämlich flexibel jede äußere und innere Dynamik kompensieren und kreativ beantworten muss, wirkt in der Schock-Organisation verstärkend auf den Zustand ihrer gelähmten Traumatisierung – insbesondere dann, wenn „alte Werte" im Zentrum der Schockstarre stehen.

Die Dynamik innerhalb einer „gesunden" Organisation wird durch die Lebendigkeit der eigenen Mitarbeiter verursacht. Leben generell ist dynamisch. Wenn aber die Dynamik der Mitarbeiter einer Schock-Organisation diese an ihrer „Wunde" berührt, entsteht Schmerz, den die Schock-Organisation im Zustand ihrer Lähmung nicht abwenden kann.

Menschen und Organisationen stehen in Resonanz miteinander und mit anderen. Befinden wir uns in einem (wenn auch unbewussten) Zustand der „Abpanzerung", damit wir nicht mehr spüren, dann nehmen wir dennoch die Emotionen der Anderen wahr. Sie bringen in uns etwas ins Schwingen, das wir nicht spüren möchten. Und damit das nicht geschieht, müssen wir die Lebendigkeit und Emotionen der anderen abwehren.

Und wo Stabilität und das Festhalten an alten Werten und Zeiten zur Bewältigung der Angst überbetont wird, da wächst die Angst im Nacken, so paradox das auch klingen mag. Es ist die Angst davor, dass all das, was wir abzuwehren versuchen, irgendwann wiederauftaucht und uns überflutet. Der österreichisch-amerikanische Soziologe und Philosoph Paul Watzlawick sagt hierzu, dass die Vermeidung der Gefahr die Gefahr in sich birgt. Wir können demnach an Stabilität und alten Werte nur dann festhalten, wenn wir gleichzeitig alles Neue und Lebendige abwehren (Watzlawick 2009).

Die Erstarrung des „Freeze"-Modus verhindert das Spüren – sämtliche Funktionen des Organismus' werden auf ein überlebensnotwendiges Minimum reduziert. In diesem Zustand kann zwar der Alltag bewältigt werden, die Fähigkeit aber zu Flexibilität, Kreativität und Experimentierfreude versiegt ebenso wie Motivation und Neugier. Dazu kommt, dass in der Erstarrung – gleich wie in der Übererregtheit – der empathische Kontakt zu den Mitmenschen verloren geht. Man spürt weder sich selbst noch seine Umwelt – und gerät dadurch zunehmend in Isolation. Hier aber droht nun endgültig der Verlust der Sicherheit, denn alle Organismen – Menschen wie Organisationen – brauchen ein Umfeld, in dem sie ihren Platz haben und sich sicher fühlen. In der Isolation fehlt der sichere Platz, der Austausch mit dem Umfeld lässt nach, und die Grundbedingung für das lebendige Überleben wird nachhaltig beeinträchtigt.

Während bei der Organisation im „Fight"-Modus das Größenselbst der Organisation komplett nach außen gerichtet ist, sind bei der Schock-Organisation die Selbstabwertung groß und das Selbst klein. Das führt schließlich zu Lähmung und Stillstand. Beim Größenselbst der ADHS-Organisation wird alles, was von außen kommt, zur Steigerung ihres Selbstbewusstseins genutzt, wodurch sie sich in ihrer Selbsteinschätzung bis hin zu einem übersteigerten Narzissmus aufplustert. Sie wird – in ihrer Fantasie – zur unschlagbaren Scheinriesen-Organisation. Die Schock-Organisation hingegen wähnt sich grundsätzlich klein, sie versteckt sich, macht sich unsichtbar und/oder flieht. Sie ist machtloses Opfer der Umstände und fühlt sich entsprechend minderwertig und beschämt.

Der Schockzustand des Typ III gestaltete – ebenso wie der Kampf des Typ I – das Wirtschaftsleben der Nachkriegszeit und inkorporierte sich z. B. in Ludwig Ehrhard: Für ihn galt es vordringlich, das zu bewahren was man hat. Auch das übermäßige Festhalten an den Gründungszielen und an aus der Gründungszeit gegebenen Geboten kann ein Indiz für Typ III sein. Während Typ I andauernd aktionistisch und in der Regel zu schnell unterwegs ist, bewegt sich Typ III „zu langsam" – bis hin zum kompletten Stillstand.

Dabei wird im Zustand der ängstlichen Schockstarre nach einem „genau richtig" nicht gesucht – wo bewahrt werden soll, verbreitet Neues Schrecken.

Anzeichen der Schock-Organisation können sein:

- Stillstand
- Bewahren des Status quo
- Verherrlichung der Vergangenheit, der Gründungsphase
- Schutz, Misstrauen gegen Neues, Fremdes, Innovatives
- Kochen im „eigenen Saft"

6   Mögliche Wege aus dem organisationalen Trauma

Der Weg aus jedem Trauma führt über die Wiederherstellung von gefühlter Kontrolle über die Situation. Erst dadurch kehrt wieder mehr Sicherheit in der Gegenwart ein. Die Sicherheit in Organisationen hängt in erster Linie vom Verhalten der Gründer und Führungskräfte und deren Fähigkeit ab, sowohl die Organisation als auch die Mitarbeiter zu führen.

Führung soll nicht mit Management verwechselt werden. Management ist die Verwaltung und Anwendung von Handlungsabläufen und Werkzeugen. Führung beschreibt hingegen die sozialpsychologische Fähigkeit, Anderen ein Gefühl von Sicherheit zu geben und/oder ihnen aufzuzeigen, wie sie und die Organisation sich erfolgreich im Gleichgewicht halten können.

Mit einem Beispiel aus meiner Beratungspraxis möchte ich noch einmal den Unterschied zwischen Management und Führung verdeutlichen: In einer Organisation hatte eine neue, von extern kommende Führungskraft eine Abteilung mit 30 Mitarbeitern übernommen. Zudem hatte die Organisation in den letzten zwei Jahren auch die Geschäftsführung neu besetzt. Die neue Führung postulierte nun, die „alten Zöpfe" abzuschneiden zu wollen, die sich in den 40 Jahren des Bestehens der Organisation angesammelt hatten – so wolle man fit für die Zukunft werden.

Die neue Führungskraft der Abteilung verstand unter Führung eher ein sachliches Anwenden von verschiedenen Werkzeugen (managen) und unterdrückte ihre Emotionen, während sie zugleich versuchte, näher an ihre neuen Mitarbeiter ranzukommen. Sie behauptet Empathie gegenüber ihren Mitarbeitern, während sie zugleich wenig Emphase zum Selbst zeigte – wodurch sie für ihre Mitarbeiter schwer greifbar wurde.

Im Verlauf der ersten Monate häuften sich die Konflikte in der Abteilung bis hin zur offenen Rebellion. Zwar ging es vorrangig nur um Sachthemen und Organisationsabläufe, die begleitenden Emotionen bei den Mitarbeitern aber waren derart intensiv, dass ich als Berater daran zweifeln musste, dass es nur um die Organisation und um Sachfrage geht.

Im Rahmen einer Arbeitsmediation zeigte sich schließlich, dass die Mitarbeiter ihren neuen Abteilungsleiter nicht „spüren" konnten, nichts von ihm mitbekamen und das

Gefühl hatten, dass „alles an ihm abperlt". Ein Klima des Misstrauens und des persönlichen Unwohlseins war entstanden, die Störungen in der für die Gesamtorganisation sehr wichtigen Abteilung begannen, zum offensichtlichen Problem zu werden. Während die Mitarbeiter nun im „Fight"-Modus waren, zog sich der neue Abteilungsleiter immer mehr zurück („Flight or Freeze") und befeuerte damit einmal mehr den Kampfmodus der Mitarbeiter.

Das Beispiel mag verdeutlichen, dass es in Organisationen zu einem Trauma kommen kann, wenn es nur noch sachlich bzw. um das *„Management by Objectives"* geht und der Mensch in der Organisation außer Acht gelassen wird.

C. Otto Scharner und Katrin Käufer schreiben in ihrem Buch *„ Von der Zukunft her führen": „Wir versuchen, die Komplexität mit alter Managementtechnik (Controlling, managen) zu handeln und scheitern grandios dabei. Dabei geht uns zunehmend auch der Sinn unserer Arbeit verloren, wir entkoppeln uns von unserem eigenen Selbst, weil wir das, was wir tun, nicht mehr glauben oder es sinnlos für uns ist. Wir sollten mehr spüren und fühlen, um dann von einem inneren Ort uns auszurichten"* (Scharmer und Käufer 2014).

Angesichts all dessen bleibt die Frage, ob die bisher als stabil angenommenen konservativen Organigramme noch durchhaltbar sind – oder ob wir uns grundsätzlich anders organisieren sollten, ja gar müssen. Organisationen sind keine Maschinen, sondern sie funktionieren durch die Menschen, die für sie arbeiten, und sie leben von den Menschen, die die Produkte oder Dienstleistungen der Organisationen kaufen. Sie müssen deshalb gleich einem lebendigen Organismus verstanden und entsprechend gestaltet werden.

Eben hierzu hat der belgische Unternehmensberater Frederic Laloux in seinem Buch *„Reinventing Organizations"* zahlreiche Anregungen gegeben und belegbare Beispiele aus der Praxis angeführt. Dabei ging er auch auf das Leistungsprinzip als Allmacht ein, auf das Prinzip also, das vor allem die ADHS-Organisation befeuert und antreibt.

Die genannten Autoren verbindet die Erkenntnis, dass die Entfremdung der Menschen in den heutigen Organisationen sehr weit fortgeschritten ist. Das zeigt unweigerlich Auswirkungen auf die Organisationen, die sich nun ebenfalls entfremden – von ihrem gegebenen Zweck, von ihrem Sinn und von ihren Werten.

Abhilfe mag zum Beispiel das Buch von Karsten Drath *„Die Kunst der Selbstführung"* bieten (Drath 2017). Hierin beschreibt er sechs Aspekte, nach denen sich Menschen selbst führen können:

- Selbsterkenntnis
- Selbstakzeptanz
- Selbstverantwortung
- Selbstfürsorge
- Selbstregulierung
- Selbstaktualisierung

Die sechs Säulen der Selbstführung können helfen, Organisationen und Menschen zu ent-traumatisieren und wieder klarer zu machen. Und sie fördern die Besinnung auf wohltuende Werte – jenseits von Kampf, Leistung und Anstrengung. So kann die Gestaltung einer lebendigen Organisation gelingen, die sowohl angespannte als auch entspannte Zeiten erleben kann und darf und dies auch ihren Mitarbeitern erlaubt.

Grundsätzlich gilt: Trauma bedeutet immer, dass es ein Zuviel gibt, das mit den eigenen Bordmitteln nicht mehr bewältigt werden kann. Das „genau richtig" geht angesichts einer Überforderung verloren. Vielleicht hilft unser Buch mit seinen vielfältigen Aspekten zum Thema „Trauma in der Arbeitswelt" dabei, sich wieder auf die Suche nach diesem „genau richtig" zu begeben und fündig zu werden. Vielleicht hilft es dem Einzelnen, vielleicht Organisationen und vielleicht sogar Volks- und Weltwirtschaften.

Literatur

Ainsworth, M. D. S., & Bowlby, J. (1991). An ethological approach to personality development. *American Psychologist, 46,* 331–341.
Bennis, W., & Nanus, B. (1996). *Führungskräfte – Die vier Schlüsselstrategien erfolgreichen Führens.* München: Heyne.
Drath, K. (2017). *Die Kunst der Selbstführung: Was Führungskräfte über Resilienz wissen sollten* (S. 8–14). Freiburg: Haufe.
George & Main et al. (1985). Das Adult Attachment Interview – Grundlagen, Anwendung und Einsatzmöglichkeiten im klinischen Alltag. *Zeitschrift für Psychosomatische Medizin und Psychotherapie, 59*(3), 231–246.
Hopper, E. (2012). *Trauma and organizations.* London: Karnac Books.
Scharmer, C. O., & Käufer, K. (2014). *Von der Zukunft her führen – Von der Egosystem- zur Ökosystem-Wirtschaft.* Heidelberg: Carl-Auer.
Watzlawick, P. (2009). *Anleitung zum Unglücklichsein.* München: Piper.

Weitere Literaturempfehlungen

Hinz, O. *Segeln auf Sicht.* Springer Gabler.
Kotter, J. P. *Leading change.* Vahlen.
Laloux, F. *Reinventing organizations.* Vahlen.
Levine, P. *Sprache ohne Worte.* Kösel.
Levine, P. *Vom Trauma befreien.* Kösel.
Levine, P. *Trauma-Heilung.* Synthesis.
Levine, P. *Trauma und Gedächtnis.* Kösel.
Maaz, H.-J. *Das falsche Leben.* Beck.
Maaz, H.-J. *Die narzisstische Gesellschaft.* dtv.
Maaz, H.-J. *Der Gefühlsstau.* Beck.
Precht, R. D. *Wer bin ich und wenn ja, wie viele.* Goldmann.
Rittershaus, A. *Führungspraxis für Ingenieure und IT-Experten.* Springer Vieweg.
Robertson, B. J. *Holacrazy, ein revolutionäres Management-System für eine volatile Welt.* Vahlen.

Schmidbauer, W. *Raubbau an der Seele*. Oekom.
Schmidbauer, W. *Wie wir wurden, was wir sind*. Herder.
Schmidbauer, W. *Ein Land, drei Generationen*. Herder.
Schmidbauer, W. *Lebensgefühl Angst*. Herder.

Volker Hepp, Jhrg. 1962, verheiratet, lebt und arbeitet zusammen mit seiner Frau Nicole, zwei Hunden und zwei Vollblutarabern am Wörthsee, westlich von München. Nach 6 Jahren im Jesuiteninternat St. Blasien und anschließendem Abitur absolvierte er ein Volontariat bei einer größeren Tageszeitung in Baden-Württemberg und arbeitete bei verschiedenen Printmedien in Deutschland als Journalist. Über diverse „Umwege" als Geschäftsführer einer mittelständischen GmbH und als Berater für KMU kam er schließlich im Vertrieb und in der Großkundenbetreuung bei deutschen und amerikanischen Unternehmen an, denen er bis heute treu geblieben ist. Mehr noch: Ihm ist dieser Spagat zwischen den beiden Welten „Psyche und Organisation" wichtig, weil er dadurch sowohl die Menschen als auch die Organisationen aus eigener Erfahrung wesentlich besser verstehen gelernt hat.

Durch die eigene Biografie war er schon immer an psychologischen und menschlichen Themen interessiert und hat sich im Laufe seines Lebens ständig aus- und weiterbilden lassen. Den größten Einfluss auf seine Arbeit haben mittlerweile seine traumatherapeutischen Aus- und Weiterbildungen nach den verschiedenen Schulen innerhalb der Traumatherapie.

Volker Hepp ist neben seiner Tätigkeit in der Industrie als Berater, Coach, Mediator, Seminarleiter und Buchautor sowohl eigener Bücher als auch Co-Autor von Büchern mit Kollegen tätig.

Trauma Management am Arbeitsplatz

Liz Royle

Inhaltsverzeichnis

Zusammenfassung

In meinem Beitrag betrachte ich die verschiedenen Anlässe, die zu psychischen Traumata bei Menschen am Arbeitsplatz führen können. Organisationen haben höchst unterschiedliche Risiko-Profile und unterscheiden sich dementsprechend in der Häufigkeit, mit der ihre Mitarbeiter Bedrohungen wie Gewalt, schwere Unfälle, Tod und natürliche oder von Menschen verursachte Katastrophen ausgesetzt sind. Berufstraumata können intensiv, kumulativ oder stellvertretend sein. Es ist möglich, einige der Faktoren zu identifizieren, die meisten Faktoren aber bleiben verborgen. Ich beschreibe, in welcher Form Organisationen proaktive Trauma-Prophylaxe betreiben, bzw. ein angemessenes Trauma-Management implementieren können. Dabei führen sechs Schritte zu einer effektiven Trauma Management Strategie. Diese umfasst

Übersetzung Stephanie Hartung.

L. Royle (✉)
Lancashire, UK
E-Mail: liz.royle@krtsinternational.com

verschiedene Verantwortungsebenen, die in Summe zu einer Organisationskultur führen können, in der die Bedürfnisse der Betroffenen besser berücksichtigt und unterstützt werden. So kann ein bedarfsgerechtes Versorgungskontinuum gewährleistet
werden, das zur psychischen Genesung beizutragen vermag. Sofortmaßnahmen,
welche die Organisation ergreifen kann, werden zusammen mit einigen der Probleme dargelegt, die bei der längerfristigen Rehabilitation und Genesung häufig auftreten. Anhand von Beispielen werden einige der zu vermeidenden Fallstricke bei der
Unterstützung von Mitarbeitern nach einem Vorfall sowie die Überzeugungen und
Annahmen erläutert, die bewährte Verfahren verhindern.

1   Was ist ein traumatischer Vorfall am Arbeitsplatz?

Will eine Organisation mit traumatischen Ereignissen am Arbeitsplatz richtig umgehen,
ist der erste Schritt die Beurteilung der Art und des Ausmaßes des Risikos, d. h., Organisationen müssen zunächst definieren, was sie unter Trauma verstehen.

Im Zuge meiner langjährigen Tätigkeit in einer großstädtischen Polizeibehörde mit
proaktiver und reaktionsschneller Trauma-Unterstützung für Polizeibeamte und Hilfs-
personal musste ich mir die Frage danach, wie ich Trauma definiere, zunächst selber
beantworten.

Spricht man von Trauma im Polizeidienst, stellen sich wahrscheinlich Gedanken und
Bilder von gewalttätigen und blutigen, in jedem Fall schlagzeilenträchtigen Ereignissen
ein, und wenn Organisationen über Trauma am Arbeitsplatz nachdenken, konzentrieren
sie sich in der Regel eher auf Großereignisse wie Terrorakte, einen aktiven Schützen
oder einen Zwischenfall mit mehreren Unfällen, von Menschen verursachte Katastrophen (z. B. Chemikalienleck, Feuer) oder Naturkatastrophen.

In ihrem „*Diagnostic and Statistical Manual of Mental Disorders*" legt die **American
Psychiatric Association** fest, dass ein Trauma nur dann vorliegt, wenn eine Person einer
tatsächlichen oder drohenden Todesbedrohung, einer schweren Verletzung oder sexueller Gewalt ausgesetzt war (APA 2013). Bei der Welt Gesundheitsorganisation WHO
hingegen heißt es im Rahmen der internationalen statistischen Klassifikation der Krankheiten und damit zusammenhängenden Gesundheitsprobleme (ICD-10), dass dann ein
Trauma vorliegt, wenn ein Mensch einem (kurz- oder langfristigen) Stressereignis oder
einer außergewöhnlich bedrohlichen oder katastrophalen Situation ausgesetzt ist, die zu
einer allgegenwärtigen Notlage führen kann (WHO 2010).

Einige Organisationen sind natürlich einem höheren Risiko für Ereignisse oder Situationen dieser Art ausgesetzt. Industriezweige, wie die Luft- und Seefahrt, der Ver-
kehr, die chemische Industrie oder auch Industrien, in denen mit schweren Maschinen
gearbeitet wird, haben ein offensichtlich hohes Gefahrenpotenzial im Arbeitsumfeld,
das zur Entstehung eines größeren Vorfalls oder einer Katastrophe beitragen kann.
Hinzu kommt, dass einige Arbeitsplätze aufgrund des Arbeitsumfelds oder der Art der

beruflichen Tätigkeit lebensbedrohlichen oder gewalttätigen Ereignissen stärker ausgesetzt sind. Und schließlich arbeiten immer mehr Menschen in unsicheren oder gefährlichen Ländern (BCI 2018).

Organisationen wie Rettungsdienste oder Sicherheitsunternehmen, sowie Bereiche, in denen mit Bargeld oder Wertgegenständen gearbeitet wird, können ebenfalls regelmäßig der Gewalt ausgesetzt sein. Es kann auch sein, dass einzelne Kunden oder Kundengruppen, die bedient werden, ein erhöhtes Risiko für körperliche und/oder verbale Übergriffe mit sich bringen. Dies ist z. B. nicht selten der Fall bei Verwaltungsmitarbeitern des Wohnungsamtes, oder bei Sozialarbeitern und anderen, die mit benachteiligten oder stark beanspruchten Gruppen zu tun haben. Alle diese Risikoarten unterscheiden sich in ihrer Relevanz, Komplexität und Schwere und gelten als wesentlich zu betrachtende Aspekte für die Entwicklung eines unternehmerischen Konzepts für ein angemessenes Trauma Krisenmanagement.

Für Organisationen, die nicht im Bereich dieser höheren Risikosphären tätig sind, mag es verlockend sein, anzunehmen, dass *„bei uns nichts dergleichen passieren wird"*, oder dass die statistische Wahrscheinlichkeit dafür derart gering sei, dass es sich nicht lohnen würde, hier entsprechende Risikomanagement Ressourcen zuzuteilen.

Weltweit nehmen jedoch die von Menschen verursachten Zwischenfälle und Naturkatastrophen zu, und die Bedrohung durch Terror wird von den europäischen Organisationen als eines der größten Probleme eingestuft (AGCS 2018). Wenn wir dann noch die oben beschriebenen Risiken um den Aspekt der unvorhersehbaren *„Lebensereignisse"* erweitern, dann kann der Unfalltod eines Kollegen oder der Selbstmord eines Mitarbeiters jede Organisation unvermittelt in einen traumatischen Zustand stürzen.

Neben dem direkten Erleben eines traumatischen Ereignisses können auch Mitarbeiter von Rettungsdiensten oder im Sozial- und Gesundheitswesen, Journalisten und Therapeuten, die in ihrem Arbeitsalltag dem Trauma anderer ausgesetzt sind, durch Ereignisse, die anderen widerfahren sind, überfordert werden. Die Rechtsanwaltsfachangestellte, die immer wieder Bilddateien über Fälle von sexuellem Kindesmissbrauch betrachten muss, kann im Laufe der Zeit traumatisiert werden, obwohl sie nie direkt mit den Betroffenen zusammentrifft. Dieses „Berufsrisiko" wird als stellvertretendes Trauma bezeichnet (McCann und Pearlman 1990; Pearlman und Saakvitne 1995). Stellvertretendes Trauma entwickelt sich im Laufe der Zeit und beeinflusst die berufliche und soziale Identität einer Person. Die Symptome stehen in engem Zusammenhang mit anderen traumatischen Stressreaktionen. Die Effekte sind kumulativ und können dauerhaft sein.

Die Dimension der beruflichen Gefährdung bei Trauma ist komplex, intensiv und kumulativ, jedenfalls war das meine Erfahrung im Polizeidienst. Dabei unterscheiden die diagnostischen Beschreibungen der DSM-V und der WHO nicht einmal zwischen einmaligen traumatischen Ereignissen, wie ein schwerer Angriff oder Unfall, das als Typ-I-Trauma bezeichnet wird, und dem sogenannten Typ-II-Trauma (Terr 1994), bei dem es sich um mehrfache oder wiederholte traumatische Vorfälle handelt, die in allen uniformierten Diensten und vielen anderen Branchen häufiger auftreten können.

Die klinischen Definitionen schließen außerdem solche Ereignisse wie *„kleine t-Traumata"* aus (Anm. der Übersetzerin: Die Definition für kleines t-Trauma lautet: tiefes Erschrecken o. Angst, Demütigung, große Peinlichkeit, psychischer oder sozialer „Verrat", bestürzende Beschämung, Schuld, Rat- oder Hilflosigkeit, tiefe Verunsicherung), ebenso wie *„Erfahrungen, die einem ein geringeres Selbstvertrauen geben und das Selbstwirksamkeitsgefühl beeinträchtigen"* (Parnell 2007) oder solche, die unsere Kernüberzeugungen oder kognitiven Schemata stören (Young 1990). Nach der konstruktivistischen Selbstentwicklungstheorie von McCann und Pearlman schreiben Menschen Ereignissen einen Sinn zu und je nachdem, wie sie diese interpretieren, können ihre Sinn-Interpretationen die Art und Weise verändern, wie sie sich selbst, andere und ihre Welt sehen. In seiner *Shattered Assumptions Theory* (Theorie der zerbrochenen Voraussetzungen/Vorannahmen) erklärt Ronnie Janoff-Bulman, wie Individuen Annahmen über die Welt und sich selbst treffen, wie zum Beispiel *„die Welt ist gerecht und macht Sinn"* oder *„ich bin im Grunde ein guter Mensch"* (Janoff-Bulman 1992). Durch ein erlittenes Trauma können solche Annahmen *„zerbrochen"* werden. Ein Beispiel hierfür könnte die persönliche Erfahrung eines Polizeibeamten mit dem Pflichttod eines Kollegen und seiner potenziell *„zerbrochenen"* Annahme der Welt sein, die jetzt lauten könnte: *„Ich bin nicht unverwundbar"; „Die Welt macht keinen Sinn", „Ich hätte mehr tun sollen"*. Die Zerstörung der vorher *„heilen"* Weltannahmen kann zu einem psychischen Trauma führen.

Die Verwendung der DSM-V- oder der WHO-Definition schließt so gesehen möglicherweise Ereignisse aus, die ebenso verheerend sind und dem gesamten Spektrum potenziell traumatischer Ereignisse am Arbeitsplatz – wie z. B. chronisches oder schweres Mobbing, andauernder verbaler Missbrauch oder Entlassungen – nicht gerecht werden.

Die *International Critical Incident Stress Foundation* (ICISF) verwendet den Begriff *„kritischer Vorfall"* anstelle von „traumatisches Ereignis". Dabei konzentriert sich die Stiftung auf die Krisenreaktion, also auf den Zustand erhöhter kognitiver, körperlicher, emotionaler und verhaltensbezogener Erregung, die auf einen kritischen Vorfall folgt. Der Begriff des kritischen Vorfalls lässt dabei offen, ob dieser von einer Person als traumatisch erlebt wird oder nicht – die Frage nach tatsächlicher Traumatisierung entscheidet sich allein angesichts der individuellen Reaktion.

Auch der neue internationale Standard für das Management der menschlichen Reaktion auf Krisen und traumatische Ereignisse am Arbeitsplatz (ISO 22330) verwendet die Terminologie eines psychologisch kritischen Ereignisses. Wie die ICISF geht der neue ISO Standard von der Ursache zur Wirkung über und erkennt an, dass es sich um ein Ereignis oder eine Reihe von Ereignissen handeln kann, die eine erhebliche emotionale, psychische oder physische Belastung oder eine Beeinträchtigung der normalen Funktionsweise verursacht (ISO 2018).

Diese Betrachtungen richten den Fokus auf die Erfahrung des/der Betroffenen.

Das Problem ist, dass Organisationen in der Lage sein müssen, erkennen zu können, ob oder dass ein traumatisches Ereignis eingetreten ist, um den Bedürfnissen der

Beteiligten gerecht zu werden. Natürlich ist die Risikoeinschätzung eines Ereignisses wichtig, die Feinheiten aber sind komplex und da, wo der Fokus auf dem Ereignis und nicht auf der Person liegt, konzentrieren wir uns eher auf die Pflichtübung. Was ich damit meine, beschreibt das Beispiel eines großen Geldtransport Unternehmens, das seine Führungskräfte im Krisenmanagement schulte, um die Kollegen angesichts der häufigen bewaffneten Raubüberfälle zu unterstützen. Obwohl dieses Krisenmanagement sich gut etabliert hatte, betrachtete der verantwortliche Krisenmanager einen kritischen Vorfall als unkritisch: *„Es war kein bewaffneter Raubüberfall"*, sagte er, nachdem ein Fußgänger vor einen fahrenden Geldtransport lief und dabei getötet wurde.

Der erste Schritt, mit dem Menschen nach einem traumatischen Ereignis am Arbeitsplatz unterstützt werden müssen, ist die Erkenntnis, dass dies geschehen ist! Organisationen müssen sich auf das Ergebnis – die menschliche Reaktion auf das Ereignis – und nicht auf die Ursache konzentrieren. Allerdings erfordert diese Konzentration sorgfältigeres und informiertes Nachdenken. In einer risikoreichen Organisation werden in der Regel gerne genügend Ressourcen bereitgestellt, damit alle Mitarbeiter darin geschult werden, wie sie die subtilen Anzeichen eines Traumas bei sich selbst und bei den Kollegen identifizieren können. Die Bereitstellung der nötigen Ressourcen zur Vorbereitung und Bewältigung von Trauma ist jedoch bei niedrigeren Risikoeinstellungen eher unwahrscheinlich. Letztlich wird die Bereitschaft von der Risikowahrnehmung abhängen.

2   Vorbereitung zur Bewältigung von Trauma-Auswirkungen – die 6 Schritte

Einige Organisationen holen von sich aus Ratschläge zur Bewältigung traumatischer Ereignisse ein. Und meiner Erfahrung nach zahlt sich die Planung eines Risikomanagements immer aus – unabhängig davon, wie es ausfällt. Die Entwicklung eines strukturierten Ansatzes zur Erarbeitung einer proaktiven Strategie geschieht in 6 Schritten – wie in Abb. 1 dargestellt (siehe Abb. 1).

Schritt 1
Schritt 1 beschreibt die nötige Risikobewertung der Organisation – trotz der Komplexität bei der Definition eines traumatischen Ereignisses – entweder durch die Betrachtung des Auftretens offensichtlicher Ereignisse, die Identifikation möglicher Auswirkungen (durch Trends bei psychischen Erkrankungen oder Retention) oder durch formale Gesundheits- und Sicherheitsbewertungen von Rollen bzw. Funktionspositionen in der Organisation, die durch kumulative oder stellvertretende Traumata gefährdet sind. Es ist in jedem Fall wichtig, dass ein Risikoprofil alle Arten von potenziellen Vorfällen berücksichtigt.

Abb. 1 Die 6 Schritte nach Royle und Kerr (2016)

Schritt 2

Schritt 2 erfordert eine klare Begründung für die Intervention und eine Kosten-Nutzen-Analyse für die Ressourcenallokation. Die zugrunde liegende Motivation zum Handeln variiert von Unternehmen zu Unternehmen. Viele haben einen zunehmenden Fokus auf das Wohlbefinden der Mitarbeiter und das soziale Gewissen. Sie wollen als ethischer Arbeitgeber gesehen werden und konzentrieren sich auf die Auswirkungen, die ein Trauma auf die betroffenen Personen haben kann.

Es gibt eine Vielzahl von Symptomen, die nach einem traumatischen Ereignis auftreten können, und die diagnostische Kennzeichnung für den resultierenden Zustand hängt von der Art, Intensität und Dauer dieser Symptome ab. Sofortige Symptome sind in ihrer Häufigkeit und Intensität weitreichend, verringern sich aber normalerweise auf natürliche Weise und sollten nach etwa 4 Wochen abgeklungen sein. Sie können physiologische Erregungen wie Angst, Wut, Schlafstörungen und kognitive Beeinträchtigungen beinhalten, ein Wiedererleben in Form von sich aufdrängenden Gedanken, Träumen und Bildern, oder auch die Vermeidung von Reizen im Zusammenhang mit dem Ereignis sowie schließlich auch den Rückzug aus unterstützenden Beziehungen (APA 2013).

Während der unmittelbar eintretende posttraumatische Stress oft als normale Reaktion auf ein abnormales Ereignis beschrieben wird, ist eine weitere, relativ neue Diagnose bei DSM-V die akute Belastungsstörung. Sie umfasst Symptome, die sich entweder während des Ereignisses oder unmittelbar danach entwickeln. Wenn die Symptome der physiologischen Erregung, des Wiedererlebens und der Vermeidung schwerwiegend sind und länger als einen Monat andauern, kann die Reaktion als Post-traumatische Belastungsstörung (PTBS) kategorisiert werden, jedoch nur, wenn die spezifischen Kriterien des DSM-V erfüllt sind.

Die Auswirkungen aber beschränken sich bei weitem nicht nur auf die direkt Betroffenen. Sie wirken auch auf Kollegen, Familien und andere Gemeinschaften, und nicht selten können im Umfeld Folgen wie das Auseinanderbrechen der Familie, Selbstmord, rücksichtsloses Verhalten, Alkohol- und Drogenmissbrauch oder auch Gewalt beobachtet werden.

Und obwohl eben nicht nur Betroffene, sondern auch deren Umfeld einen hohen Preis bei Trauma bezahlen, müssen viele Organisationen noch davon überzeugt werden, dass sie handeln müssen. In der Unternehmenswelt muss jede Investition gerechtfertigt sein, und die psychische Gesundheitsfürsorge kann als ein Luxus angesehen werden, der den Betrieb oder das finanzielle Ergebnis nicht wirklich verbessert. Für diese Organisationen muss ein Business Case erstellt werden.

Die längerfristige krankheitsbedingte Abwesenheit, die auf schlecht oder unzureichend verwaltete Ereignisse folgt, ist in der Regel der häufigste finanziell bedingte Faktor für Veränderungen. Die Bereitstellung von Agenturpersonal oder erhöhte Überstunden, um das Arbeitspensum abwesender Arbeitnehmer mit zu bewältigen, oder das Management von Gesundheits- und Personalprozessen und die Unterbrechung der Erbringung von Betriebsdienstleistungen können die Organisation veranlassen, ihre Arbeitnehmer angemessen zu unterstützen. In Fällen, in denen sich die Mitarbeiter nicht mehr in der Lage fühlen, an ihren Arbeitsplatz zurückzukehren, verliert das Unternehmen wertvolles Know-how und muss sich mit den Kosten für die Rekrutierung und Ausbildung von Ersatzarbeitern auseinandersetzen.

Organisationen haben natürlich die Option, sich vor möglichen rechtlichen Konsequenzen zu schützen, die sich aus der Nichterfüllung einer Sorgfaltspflicht gegenüber ihren Mitarbeitern ergeben können. Neben einer eventuellen Entschädigung aber fallen dann auch die Kosten für die Abwehr einer Klage (Zeit- und Anwaltskosten) und die Schädigung der Reputation des Unternehmens an.

Einer oder mehrere dieser Gründe werden oft die Motivation einer Organisation zum Handeln fördern, obwohl man aus humanitären Gründen durchaus argumentieren könnte, dass die moralische Verpflichtung als solche bereits ausreichen sollte.

Wie bei allem, was mit Trauma zu tun hat, gibt es auch andere, subtilere Kosten für alle Beteiligten. Die kognitive Beeinträchtigung, die häufig mit einer Traumareaktion einhergeht (Beeinträchtigung von Fokus, Konzentration, Gedächtnis, Entscheidungsfindung und Risikowahrnehmung), kann ein Risiko an einem Arbeitsplatz darstellen, an dem diese Fähigkeiten für einen sicheren Betrieb erforderlich sind. Der Zynismus und die Abstumpfung, die mit einem stellvertretenden Trauma verbunden sind, können sich bestenfalls negativ auf die Hilfsberufe auswirken und schlimmstenfalls ein schlechtes Urteilsvermögen und Schäden für die Beziehungen zu gefährdeten Kunden oder Kundengruppen verursachen.

Die physische Natur einer Traumareaktion kann zu einem chronisch schlechten Allgemeinzustand und in Folge zu krankheitsbedingter Abwesenheit führen, die nicht direkt auf das Ereignis zurückzuführen ist, sich natürlich aber als kostspielig erweisen wird.

Wenn die Auswirkungen eines traumatischen Ereignisses schlecht oder unzureichend gehandhabt werden, entsteht ein weiterer Schaden für die Organisationskultur. Ein Vertrauensverlust in die Führung wird nicht nur bei den direkt Beteiligten, sondern auch bei der weiteren „Organisationsfamilie" zu spüren sein. Sie werden beurteilen, wie sie selbst behandelt werden können, je nachdem, wie sie die betreuende oder eben nicht betreuende Organisation wahrnehmen. Der daraus möglicherweise resultierende Zynismus kann zu einer subtilen Zurückhaltung des Engagements oder auch zu einer schlechten Arbeitsmoral führen.

Ungelöste Traumareaktionen können eine kontinuierliche „Kampf- oder Fluchtreaktion" beinhalten. Wut und Kampfesdrang können zu schlechten Arbeitsbeziehungen und Konflikten führen. Wut kann von Ärger über Schärfe und Reizbarkeit bis hin zu einer Egal-Haltung und einem Rückgang der üblichen Leistungsstandards reichen. Die Verantwortung für die Notlage kann sich eher an die Organisation als an die Täter richten (obwohl sie in einigen Fällen ein und dieselben sein können!). Betroffene Personen können Gegenstand von Beschwerden und Situationen werden, die eine Beteiligung der Personalabteilung oder Disziplinarverfahren erfordern. Angst und ständige Überwachung möglicher Gefahren können die Perspektive verzerren und zu einer erhöhten Risikosensibilität oder gar zu Beschwerden über vermeintliches Mobbing führen.

Wenn traumatisierte Menschen ihre Reaktionen unterdrücken – oft aus Angst vor dem Verlust ihres Arbeitsplatzes – können sie mit Angst und Panik gequält werden, was wiederum zur Vermeidung von besonders den Pflichten führt, die Erinnerungen an das Trauma auslösen. Dies wiederum kann zu Schwierigkeiten bei der Erfüllung von Dienstplänen oder zu scheinbar „unbeholfenen" Mitarbeitern führen. Angesichts solcher subtilen oder unterdrückten Reaktionen besteht die Gefahr, dass beim Betroffenen einfach nur ein negatives Verhalten erkannt wird (nicht aber dessen Ursache) und dass ihm deshalb die nötige Unterstützung untersagt bleibt.

Schritt 3

Schritt 3 verlangt von der Organisation, Verantwortlichkeiten zu identifizieren und Schlüsselpersonen auf allen Ebenen einzubeziehen. Eine der Tücken bei der Umsetzung proaktiver Maßnahmen besteht darin, dass innerhalb der Organisation verschiedene Menschen oft unterschiedliche Motivationen zum Handeln haben. Zum Beispiel können direkte Vorgesetzte und Kollegen die menschliche Not unter ihren Kollegen sehen; einzelne Führungskräfte können sich darum kümmern, den Betrieb aufrecht zu erhalten und die durch Krankenstand bedingte Unterbesetzung zu managen; das Management kann sich um die soziale Reputation oder die Rechtskonformität kümmern. Grundsätzlich gilt: Wenn nicht alle Beteiligten eingebunden werden und gemeinsam dieselben Ziele verfolgen, kann Schritt 3 zu einer holprigen Angelegenheit werden.

Abb. 2 zeigt Beispiele für die verschiedenen Verantwortungsebenen innerhalb einer Organisation und es ist leicht zu erkennen, dass der beste Plan scheitern wird, wenn eine der Gruppen nicht ihren angemessenen Anteil übernimmt (siehe Abb. 2).

Ein deutliches und Anzeichen für den gängigen Verzicht auf Verantwortung ist die vollständige Delegierung an die Personalabteilung, einen Assistenten oder einen Vertreter des Gesundheitswesens. Wenn ein Mitarbeiter ein Trauma hat, soll er damit zum „Problem" eines anderen werden. Wenn wir die meiste Zeit unseres aktiven Lebens bei der Arbeit verbringen, kann sich diese Delegierung wie ein Mangel an Sorgfalt oder Interesse oder sogar ein Verrat durch die Organisation anfühlen. *„Komm zurück, wenn du wieder gesund bist!"* Eine solche Haltung fragmentiert die soziale Arbeitsgemeinschaft, sie stigmatisiert und isoliert.

Schritt 4

In Schritt 4 geht es um die komplexe Frage der Verfahrensentwicklung und Ressourcenvorbereitung. Dazu gehören sowohl proaktive als auch reaktive Maßnahmen. Im Jahr 2002 war die Stadt, für deren Polizeidienst ich gearbeitet habe, Gastgeber der Commonwealth Games. Es war ein Großereignis und begründete die proaktive Planung einer Reaktion auf eine mögliche große Katastrophe. Als Team entwickelten wir unsere „Nach-Ereignis-Verfahren" und übten die Kontinuität der Betreuung. Glücklicherweise mussten wir sie bei den Commonwealth Games nicht umsetzen. Nur 5 Monate später

Die Organisation ist verantwortlich für

- das Ergreifen der Initiative und deren Unterstützung
- die Durchführung von psychologischen Gefährdungsbeurteilungen für Mitarbeiter
- die Bereitstellung der notwendigen, effektiven Ressourcen
- die Überwachung der Gesamteffektivität des Prozesses

Führungskräfte und Vorgesetzte sind verantwortlich für

- die Förderung eines Arbeitsumfelds, in dem Fragen der psychologischen Auswirkungen unterstützend und rechtzeitig angesprochen werden können
- die Feststellung, wann eine Intervention erforderlich ist, und welche Mitarbeiter weitere Unterstützung benötigen
- Unterstützung bei Abwesenheitsmanagement und Rehabilitationsprogrammen

Alle Mitarbeiter (auf allen Ebenen) sind verantwortlich für

- das Engagement für Gesundheit und Wohlbefinden
- die Beachtung der Vorgaben für Arbeitssicherheit
- die Kontaktaufnahme mit den Unterstützungssystemen
- ihre Aktivität bzgl ihrer eigenen Genesung

Abb. 2 Identifikation der Verantwortlichkeiten in der gesamten Organisation. (Nach Royle und Kerr 2016)

aber ließ ein terroristischer Anschlag einen Offizier tot und andere verwundet zurück. Das führte dazu, dass die Notaufnahme eines großen Krankenhauses wegen einer möglichen Gefahrenlage durch chemischen Waffen geschlossen wurde. Unsere vorher erarbeiteten Planungen ermöglichten es uns, den gesamten Polizeidienst sowohl in der unmittelbaren als auch in der längerfristigen Folgezeit wirksam zu unterstützen.

Die Verfahren und Ressourcen variieren – je nachdem, ob eine Organisation proaktiv für einen Großschaden, für die Unterstützung schutzbedürftiger Rollen oder nur für einzelne Vorfälle plant. Sie alle haben unterschiedliche Anforderungen, und ein Tod am Arbeitsplatz bringt viele zusätzliche Verfahrensschritte mit sich. Diese im Vorfeld vorzubereiten, erlaubt es der Organisation, sensibel und gelassen zu agieren, wenn Verfahren eingesetzt werden müssen.

Schritt 5

In einem Umfeld mit hohem Risiko, in dem traumatische Ereignisse erwartet werden können, bestehen die proaktiven Maßnahmen unter anderem auch darin, die Mitarbeiter durch entsprechende Schulungen vorzubereiten. Je nach Bedarf können solche Trainings zum Aufbau von Resilienz eingesetzt werden.

Die Notwendigkeit einer erhöhten Resilienz kann am Beispiel des medizinischen Personals in einer Notaufnahme veranschaulicht werden, das regelmäßig Situationen ausgesetzt ist, die der Durchschnittsmensch als traumatisch empfinden würde. Die allmählich zunehmende Exposition während des Trainings erhöht die Resilienz der Mitarbeiter gegenüber solchen Vorfällen, und ermöglicht es ihnen, sich im gegebenen Fall auf ihre Arbeit zu konzentrieren.

Ein anderes Beispiel sind die Übungen und Manöver von Rettungsdiensten und Militär. Deren Schwerpunkt liegt in der Regel darin, den Menschen beizubringen, angemessen zu reagieren. Derart Geschulte werden dann nach einem traumatischen Ereignis Sätze sagen wie: *„das Training hatte begonnen"*, *„ich habe mich nur auf das konzentriert, was getan werden musste"* oder *„ich ging auf Autopilot"*. Darüber hinaus können solche Trainings ein Gefühl von Geschütztsein fördern und den Aktionsfokus erhöhen. Viele Polizisten beschreiben genau das als ihre mentale Schutzweste.

Das bedeutet nicht, dass es keine Notwendigkeit gibt, Unterstützung zu leisten oder Menschen aktiv bei der Genesung nach der Veranstaltung zu helfen. Selbst die erfahrenste Person kann einen bestimmten Aspekt eines Ereignisses als traumatisierend erleben. Belastbarkeitstrainings vor dem Vorfall können die Trauma-Reaktion normalisieren und der Person helfen, sich aktiv und eigenverantwortlich um ihre eigene Genesung zu kümmern. Sie können außerdem Mitarbeitern in Rollen, die anfällig für ein stellvertretendes oder kumulatives Trauma sind, helfen zu erkennen, wann eine subtilere Verschlechterung ihrer psychischen Gesundheit eintritt. Wenn eine professionelle psychiatrische Betreuung erforderlich ist, können die Trainings beim Betroffenen die Bereitschaft fördern, sich vorurteilsfrei darauf einzulassen und ihren Teil der Verantwortung für den gesamten Nachsorgeprozess zu übernehmen.

Vorgesetzte und Kollegen können darin geschult werden, psychologische Erste Hilfe bei Trauma zu leisten, und in risikoreichen Branchen kann es von Vorteil sein, interne Krisenunterstützungsteams auszubilden. Diese sind sehr hilfreich, wenn eine starke kulturelle Identität vorhanden ist, wie z. B. bei Gesundheits- und Rettungsdiensten.

Programme wie das Aktionsprogramm für angegriffene Mitarbeiter *(Assaulted Staff Action Programme, ASAP)* (Flannery 1998) oder das Management kritischer Störfälle *(Critical Incident Stress Management)* (Mitchell und Everly 2001) wurden erfolgreich in Krankenhäusern, Rettungsdiensten, Gefängnissen und Schulen umgesetzt. Auch die Wirksamkeit von kollegialer Unterstützung ist gut erforscht (Brooks et al. 2017). Die Theorie der sozialen Identität besagt, dass es einfacher ist, Unterstützung von *„jemandem wie mir"* zu erhalten (Haslam et al. 2012). Die kollegiale Unterstützung kann denjenigen, die eine höhere Pflegestufe benötigen, ein Sprungbrett bieten.

Die Art des vorbereitenden Trainings hängt vom Risikoniveau und den organisatorischen Zielen ab. Das Training kann daher von Einstellung zu Einstellung variieren. Es kann außerdem einen positiven Einfluss auf die Organisationskultur und die Stigmatisierung der psychischen Gesundheit haben.

Schritt 6

Wenn die Organisation einen Plan ausgearbeitet hat, muss dieser regelmäßig getestet, überwacht und bewertet werden. Anderenfalls bliebe der Plan reine Makulatur, lediglich eine ergebnislose Pflichtübung. Stimmt das Kosten-Nutzen-Verhältnis? Wird der Plan konsequent genutzt? Erfüllt er noch die genannten Ziele?

Eine gute Vorbereitung und proaktive Maßnahmen werden die Reaktion auf den Vorfall in jedem Fall erheblich erleichtern.

3   Reaktion auf ein Trauma

Nach einem akuten traumatischen Ereignis werden sich viele Organisationen zu Recht zunächst auf die Menschen konzentrieren, sie an einen sicheren Ort bringen und Erstversorgung bzgl. der Befriedigung grundlegender körperlicher Bedürfnisse gewährleisten. In der Regel aber erschöpfen sich die Unterstützungsmaßnahmen dann darin. Wenn eine Person oder Gruppe frei von unmittelbaren Gefahren ist, bedeutet das jedoch noch lange nicht, dass sie sich dann sicher fühlt. Die Genesung von einem Trauma erfordert die Wiedererlangung eines psychischen Gefühls der Sicherheit. Das wird jedoch selten in Betracht gezogen, bzw. einfach sträflich den „Profis" überlassen.

Um das nötige Sicherheitsgefühl wiederzuerlangen, müssen einige grundlegende psychologische und physiologische Aufgaben erfüllt werden:

- die innere „Alarmanlage" muss wieder ausgeschaltet werden;
- die mit dem Ereignis verbundenen sensorischen Daten und Emotionen müssen verarbeitet werden;
- der Schutz vor weiterer Gefährdung muss gewährleistet sein.

Hierbei handelt es sich zwar um Aspekte der instinktiven Überlebensreaktion vieler Tiere mit hoch entwickelten Gehirnen. Allerdings kann der moderne Mensch, der bei der Arbeit ein Trauma erlitten hat, diese Herausforderungen weniger einfach bewältigen.

Im akuten Moment der Gefahr kreieren die Stresshormone eine übermächtige Antwort auf die Bedrohung. Die vermehrte Produktion der Stresshormone braucht einige Zeit, um wieder herunterzufahren. Sie kann jedoch jederzeit durch irgendeinen Auslöser am Arbeitsplatz wieder hochgefahren werden. Wo eine ständige Bedrohung besteht, werden die Menschen damit zu kämpfen haben, die natürliche und angemessene Reaktion des inneren Alarmsystems abzuschalten und ein Gefühl der psychologischen Sicherheit wiederzuerlangen. In einer Organisation kann es Untersuchungen oder eine andere Strafe dafür geben, dass Dinge falsch gemacht werden, Das kann die Angst vor dem Verlust des Arbeitsplatzes fördern. Es kann auch sein, dass die Arbeit einen prinzipiell gefährlichen Aspekt birgt. Für einen Sicherheitsoffizier kann es schwieriger sein, sich zu beruhigen, wenn er weiß, dass die Möglichkeit für einen weiteren bewaffneten Raubüberfall hoch ist.

Schnelle Denkprozesse während eines traumatischen Ereignisses bewirken einen engen Fokus auf Sinneseindrücke (Kahneman 2012). Der daraus resultierende Verlust des peripheren Sehens und die Hörverzerrung können dazu führen, dass Menschen berichten: *„Ich habe nur die Augen der Täter gesehen"* oder *„Ich habe die Schüsse nicht gehört"*. Das instinktive Gehirn muss einen engen Fokus haben, um sich auf den bedrohlichsten Aspekt zu konzentrieren. Erst später können dann die anderen damit verbundenen Daten und zuvor unterdrückten Emotionen verarbeitet werden.

Wir können uns das in etwa wie der sich drehende Kreis auf einem Computer vorstellen, der Programme stoppt, während er aufholt. Die Bearbeitung seines Rückstands nimmt Zeit, Geduld und Rechnerkapazität in Anspruch. Unser geschäftiger Lebensstil kann dazu führen, dass wir genau diese nötige Pause nicht haben, bzw. sie uns nicht nehmen und stattdessen unsere erregten Gedanken und Gefühle unterdrücken.

Möglicherweise werden wir zudem an unserem Arbeitsplatz ermutigt, das Erlebte hinter uns zu lassen und störungsfrei weiterzumachen. Das aber geht nicht. Denn wenn etwas Bedrohliches und Bedrückendes passiert, streben unsere Gehirne danach, aus der Erfahrung zu lernen. Das tun sie, indem sie das, was geschehen ist, wieder und wieder durchspielen. Dies kann in Form von Gedanken, Erinnerungen oder Sinneseindrücken – bewusst oder unbewusst – geschehen. Mit dieser Art des Lernens hilft uns unser Gehirn, zukünftige Bedrohungen zu überleben. Erschwerend kommt allerdings hinzu, dass wir es in unserer modernen Zeit schwierig finden, einen sinnlosen Akt zu verstehen oder ein Ereignis hinzunehmen, das wir weder vorhersagen noch beeinflussen können.

Mit der Hypervigilanz (erhöhte Wachsamkeit) und dem Hyperarousal (Übererregbarkeit des autonomen Nervensystems), die wir in Gefahrenmomenten erleben, hilft uns unser Überlebenssystem, bereit für die Gefahr zu bleiben, bis wir wieder den Zustand der psychologischen Sicherheit erreicht haben. Dabei verspüren wir einen instinktiven Drang, die Rückkehr in den „gefährlichen" Bereich zu vermeiden.

Dies kann natürlich dann zu Problemen führen, wenn der Arbeitsplatz der Ort ist, an dem die Gefahr bestand. Unsere Vermeidung kann sich auf den Kontakt mit Vorgesetzten, Kollegen und bisweilen sogar auf unser Vorbeifahren am Arbeitsplatz erstrecken. Die negative Assoziation von Arbeit und Gefahr wird sich verschärfen, wenn es bereits schlechte Beziehungen, Zynismus über die Absichten des Führungspersonals oder eine schlechte Moral gab.

Eine gute Kommunikation der Führung kann die Wiedererlangung psychologischer Sicherheit insbesondere während oder unmittelbar nach einem Ereignis erheblich erleichtern (Brooks et al. 2017). Während einer Krise suchen (und brauchen) Menschen eine glaubwürdige und damit vertrauenswürdige Führung. Die Bereitstellung von angemessenen Informationen für die Betroffenen wird dazu beitragen, Gerüchte im Zaum zu halten und das Chaos zu verringern – sie beide befördern ein Gefühl der Unsicherheit.

Gute Führung setzt voraus, dass jemand einen kritischen Vorfall sofort als solchen identifiziert und den Unterstützungsprozess unmittelbar aktiv einleitet. Die adäquate Identifizierung der Betroffenen sorgt dafür, dass die Unterstützung dort wirksam eingesetzt werden kann, wo sie am dringendsten benötigt wird. Nicht immer aber ist dies eine einfache Aufgabe – sie erfordert ein hohes Maß an emotionaler Intelligenz.

Da die Reaktionen in ihrer Schwere und Dauer sehr unterschiedlich sein können, wird von Laien oft die Frage gestellt: *„Warum verkraftet der eine ein traumatisches Ereignis, während der andere hinterher psychisch gestört ist?"* Die Frage macht deutlich, dass der Verständnisfokus auf das Ereignis selbst gerichtet ist. In Folge wird eine Diskrepanz in der Reaktion nicht selten auf eine Form von geistiger Schwäche zurückgeführt: *„Sie sind dem Job nicht gewachsen".* Alternativ wird auch häufig Simulation unterstellt: *„Sie wollen nur Freistellung oder Entschädigung".* Solche Einstellungen können kulturell tief greifend sein. Sie können außerdem die Betroffenen stigmatisieren, die ihrerseits dann das Gefühl bekommen, dass sie versagt haben und sich besser zusammenreißen sollten.

Individuelle Traumareaktionen hängen von vielen Faktoren ab. Einige sind offensichtlicher, wie die Intensität, mit der Betroffene den schlimmsten oder bedrohlichsten Aspekten des Vorfalls ausgesetzt sind. Die Zuschauer sind oft verständnisvoller und empathischer.

In einer Branche, in der es häufig zu traumatischen Ereignissen kommt, kann derjenige, der bisher immer alles „bewältigt" hat, feststellen, dass ein Vorfall, selbst ein vergleichsweise kleiner, der sprichwörtliche letzte Tropfen ist, der sein „Trauma-Fass" zum Überlaufen führt. Dann können die kumulativen Auswirkungen von Monaten oder Jahren in einem bedrohlichen Umfeld plötzlich überwältigend sein. Menschen mit einem solchen Reaktionsmuster können bei der Trauma-Nachbehandlung leicht übersehen werden, weil man davon ausgeht, dass bei Ihnen alles in Ordnung sei.

Es gibt viele Risiko- und viele Schutzfaktoren, wenn es um Trauma am Arbeitsplatz geht. Wann immer uns etwas passiert, sind wir an einem einzigartigen Punkt in unserem Leben. Unsere persönliche geistige wie körperliche Belastbarkeit schwankt im Laufe der unseres Lebens, ja sie schwankt gemeinhin täglich. Sie beeinflusst, wie wir auf ein traumatisches Ereignis reagieren, und ob wir anschließend wieder Tritt fassen.

Ein weiterer entscheidender Faktor sind unsere früheren Trauma-Erfahrungen. Retraumatisiert das aktuelle Ereignis uns? Triggert es ein ungelöstes Trauma? Haben wir ein früheres Trauma effektiv bewältigt und sind wir von unserer Widerstandskraft und unserer Fähigkeit, uns zu erholen, überzeugt? Am Arbeitsplatz wird sich unser Vertrauen in unsere Rolle und die uns gewährte soziale Unterstützung auf unseren körperlichen und geistigen Stresslevel positiv oder negativ auswirken.

Wenn wir uns lediglich auf den kritischen Vorfall selber fokussieren, dann besteht die Gefahr, dass wir den individuellen und einzigartigen psychologischen Moment und den Ort vergessen, an dem sich die Betroffenen befanden. Wir urteilen dann, ohne alle Fakten zu kennen, und wir wägen ab – wäre ich betroffen gewesen und wie sehr? Sympathie oder Schuld werden dann entsprechend zugeschrieben. Wir wissen nicht, wie Betroffene ein Ereignis interpretieren und welche Momente und Gefühle von Scham, Schuld, Hilflosigkeit oder von „zerbrochenen Annahmen" sie durchleben.

Aus den oben genannten Gründen kann der Welleneffekt eines traumatischen Ereignisses bei der Arbeit ausgedehnt sein und eben auch diejenigen betreffen, die nicht direkt, sondern nur indirekt betroffen waren.

Wenn ein Polizist im Dienst getötet wird, gehen wir davon aus, dass seine Kollegen, die auch am Tatort sind, Unterstützung brauchen. Was aber ist mit dem Offizier, der vor ein paar Wochen einen „Beinahe-Unfall" hatte, der zwar den Verstorbenen nicht kannte, aber denkt, *„das hätte ich sein können"* und traumatisiert ist, wenn er die Auswirkungen auf seine Familie und Kollegen durchlebt. Oder was geschieht mit dem Familien-Verbindungsoffizier, der sich hilflos gegenüber der Trauer anderer fühlt und das nicht in Ordnung bringen kann? Wie ergeht es der Kollegin, die nicht da war, als das schreckliche Ereignis stattfand, weil sie die Schichten getauscht hatte, um an einer Party teilnehmen zu können? Der Welleneffekt ist wie der beim Werfen eines Steines in einen See – trotz aller Planungen können wir die Auswirkungen nur selten vollständig vorhersehen.

Organisationen, die einen engen Fokus auf die direkt Betroffenen legen, werden wahrscheinlich viele der tatsächlich Betroffenen übersehen. Oftmals werden nur die sichtlich Notleidenden oder Kranken unterstützt. Es wird aber darüber hinaus viele Menschen geben, die am Arbeitsplatz bleiben und schweigend leiden. Es ist unrealistisch, jede mögliche Person in der Organisation auf hohem Niveau zu unterstützen, aber ein bedarfsgerechtes Kontinuum an Pflege sollte so viele wie möglich auf die effektivste Weise erreichen.

3.1 Bedürfnisorientiertes Versorgungskontinuum

Natürlich werden Menschen zu unterschiedlichen Zeiten unterschiedlich reagieren, aber die Organisation kann einiges tun, um deren unterschiedlichen Bedürfnisse zu unterstützen. Ein gutes Beispiel für ein bedarfsgerechtes Versorgungskontinuum ist in Abb. 3 dargestellt (siehe Abb. 3).

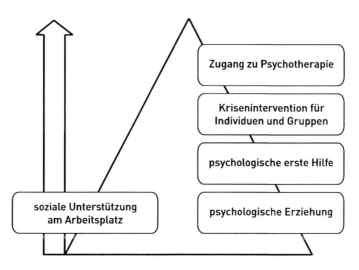

Abb. 3 Bedürfnisorientiertes Versorgungskontinuum

Die soziale Unterstützung am Arbeitsplatz – sei es durch Kollegen oder durch Vorgesetzte – sollte auf allen Ebenen des Versorgungskontinuums gefördert werden. Dies gilt als grundlegend notwendige menschliche Reaktion auf einen kritischen Vorfall durch nicht speziell geschultes Personal. Eine solche Unterstützung umfasst die Befriedigung grundlegender praktischer Bedürfnisse, die Sensibilisierung für Sorgen, eine gute Krisenkommunikation und die Förderung weitergehender Unterstützung. In großen Organisationen gibt es hierbei sehr unterschiedliche Stile. In jedem Fall werden sich frühere Beziehungen, die Arbeitsplatzkultur und – wie oben beschrieben – die emotionale Intelligenz auf die Qualität der sozialen Unterstützung auswirken.

3.1.1 Psychologische Erziehung
Psychologische Erziehung meint die Beratung und Betreuung in Bezug auf das psychische Wohlbefinden. Sie sollte in der Regel einen Überblick über häufige Reaktionen auf belastende Ereignisse bereitstellen, damit diese als normale Reaktionen verstanden, und damit Ängste vor ihnen abgebaut werden können. Sie bietet außerdem einfache Selbsthilfe-Strategien, um die Genesung in den ersten Tagen zu erleichtern sowie Informationen darüber, wo und wann Betroffene weitere Unterstützung benötigen. Für viele Menschen werden solche Traumareaktion-Informationen gänzlich neu sein, für andere stellen sie eine hilfreiche Erinnerung an Selbstversorgungsstrategien dar. Psychologische Erziehung bietet die Grundlagen für die Selbstkontrolle und für selbstverantwortliche Entscheidungen in der Genesungsphase nach einem Trauma.

Die Bereitstellung einer angemessenen psychologischen Erziehung kann in vielen Formen geschehen, sollte aber als absolutes Minimum in Form einer kurzen

Aufklärungsbroschüre zur Verfügung stehen. Die Informationen sollten grundsätzlich immer vorliegen und auf den höheren Managementebenen spezifischer und tiefer auf die Themen der Erstversorgung und der Nachsorge eingehen. So kann z. B. der Psychotherapeut oder Psychologe eine zielgerichtete Beratung und Anleitung auf der Grundlage der individuellen Umstände geben.

3.1.2 Psychologische Erste Hilfe

Psychologische Erste Hilfe (PEH) ist eine temporäre, unterstützende Intervention, die mit dem Konzept der physischen Ersten Hilfe vergleichbar ist. Kollegen und Vorgesetzte können in grundlegender PEH geschult werden, damit sie ein höheres Niveau bei der lebenswichtigen sozialen Unterstützung am Arbeitsplatz bieten können. Zu den Zielen der PEH gehört es, emotionale Not zu lindern, Ratschläge zur Selbsthilfe und Psycho-Erziehung zu geben, Menschen zu identifizieren, die professionelle Hilfe benötigen und entsprechende Hilfe bei Bedarf zurate zu ziehen. Je früher wir nach einem traumatischen Ereignis angemessene Unterstützung leisten, desto schneller und effektiver wird sich die Mehrheit der Menschen erholen – das zeigt die Ergebnisse der Forschung immer wieder.

Kurz- und langfristig müssen Vorgesetzte und Kollegen in der Lage sein, betroffene Mitarbeiter zu unterstützen. Sie können darin trainiert werden, PEH zu leisten und auf Anzeichen von traumatischem Stress in ihren Teams zu achten. Die Kollegen am Arbeitsplatz bringen Qualitäten und Stärken mit, mit denen sie beteiligte psychiatrische Fachkräfte ergänzen sollten. Sie sind in der Regel leichter und schneller verfügbar, um die notwendige sofortige Unterstützung zu leisten. Die bestehende Arbeitsbeziehung, erleichtert den vertrauenswürdigen Beziehungsaufbau nach einer traumatischen Situation.

Vorgesetzte und Kollegen kennen den Arbeitskontext und können die persönlichen Umstände einer betroffenen Person besser einschätzen. Sie haben eine kontinuierlichere Präsenz als jeder externe Krisenhelfer, der hinzugezogen wird und eher subtile, längerfristige Veränderungen wahrnimmt. Darüber hinaus mag es weniger stigmatisierend sein, mit einem vertrauten Kollegen als mit einem unbekannten Psychiater zu sprechen.

3.1.3 Krisenintervention für Individuen und Gruppen

Die Krisenintervention für Individuen und Gruppen erfordert in der Regel ein höheres Ausbildungsniveau, kann jedoch von Personen innerhalb der Organisation in Absprache mit psychiatrischen Fachkräften durchgeführt werden. In risikoreichen Organisationen kann es ein eigenes Krisenreaktionsteam geben, das mit den Betroffenen zusammenarbeitet. Das Ziel der Krisenintervention ist es, die Stabilität in den ersten Tagen wiederherzustellen, die persönlichen Ressourcen zu mobilisieren und die Reaktionen zu normalisieren. Die Menschen werden ermutigt, Emotionen sein zu lassen wie sie sind, ohne sie verstehen zu wollen. Jedes Gespräch über das Geschehene soll sich auf kurze Übersichten über die Fakten beschränken, aus denen dann eine Erzählung entwickelt werden kann. Das ermöglicht dem Verstand der Betroffenen, einen Sinn für das Geschehene zu entwickeln.

Anders als bei der herkömmlichen Beratung oder Psychotherapie bevorzugt die Handlungsreihenfolge während einer Notlage, die sogenannte Triage, die Konzentration auf Fakten, das Vermeiden von verstehen wollenden Gedanken und die Deeskalation von Emotionen. Da, wo sich jemand bereits im Chaos befindet oder sich überwältigt fühlt, kann jede andere Intervention gefährlich sein. Im Einklang mit dem bedarfsgerechten Kontinuum der Pflege ist die Triage entscheidend für die Identifizierung von Personen, die ein höheres Maß an professioneller Unterstützung benötigen.

Die Krisenintervention kann sofort oder innerhalb weniger Tage nach einem Ereignis erfolgen. Es handelt sich um eine einfache, kurze und frühe Intervention, die in der Regel direkt am Arbeitsplatz oder der Nähe stattfindet. Der Vorteil der unmittelbaren kollegialen Unterstützung und Krisenintervention – noch bevor der Betroffene nach Hause geht – ist, dass die Intervention ihm die Möglichkeit bietet, die innere Alarmanlage abzuschalten und die Masse der damit verbundenen sensorischen Daten zu verarbeiten. Darüber hinaus kann er auch die Assoziationen von *Arbeit = Gefahr* und *Heimat = Sicherheit* reduzieren. Ein Gefühl der Sicherheit am Arbeitsplatz kann ihm – trotz des traumatischen Ereignisses – die Rückkehr erleichtern, und das ist in der Regel für alle von Vorteil!

Manchmal kann es angebracht sein, Kriseninterventionen einer Gruppe und nicht nur dem Einzelnen anzubieten. Gruppen oder Teams sind besonders anfällig für Konflikte nach einem gemeinsamen traumatischen Ereignis. Der Einzelne wird individuell reagieren und sich in seinem eigenen Rhythmus erholen. Während einige Teammitglieder auf das Ereignis reagieren, indem sie sich mit Beschäftigung ablenken und vermeiden, über das Geschehene nachzudenken, fühlen sich andere zwanghaft hingezogen, die Fakten durchzugehen und über das zu sprechen, was passiert ist. Diese unterschiedlichen Bewältigungsstile können zu dauerhaften Konflikten in Beziehungen führen, wenn Kollegen als „kalt" oder „überempfindlich" wahrgenommen werden.

Kriseninterventionen in der Gruppe können deren inneren Zusammenhalt stärken, die gegenseitige Unterstützung fördern, das Spektrum der Reaktionen normalisieren und hilfreiche Bewältigungsstrategien bieten. Ein Beispiel für eine interaktive Gruppenintervention ist die von Dr. Jeffrey Mitchell entwickelte Nachbesprechung von Stress durch kritische Störfälle *(Critical Incident Stress Debriefing, CISD)* (Mitchell und Everly 2001). Hierbei handelt es sich um einen kurzgehaltenen 7-phasigen Kriseninterventionsprozess. Er wurde für den Einsatz in einer Gruppe entwickelt, deren Mitglieder bereits ein kollegiales Arbeitsverhältnis und alle das gleiche traumatische Ereignis erlebt haben. Die anfängliche Popularität dieses Prozesses führte dazu, dass viele Organisationen (und psychiatrische Fachkräfte) es auf ungeeignete Gruppen oder auch bei Einzelpersonen anwendeten. Die Kontroverse, die dadurch entstand, ging über viele Jahre, bevor Standards unabhängig voneinander geklärt und CISD als wirksam anerkannt wurde – sofern der Prozess richtig angewendet wird (SAMHSA 2017).

Gruppeninterventionen können enorme Vorteile bringen und die Unterstützung vieler Menschen ermöglichen. Sie sollten jedoch mit Vorsicht behandelt werden. In der Vergangenheit haben unangemessenes Timing, übermäßige Katharsis, unrealistische Erwartungen (z. B. die Verhinderung von PTBS) und gemischte Gruppen, die zu stellvertretenden Traumatisierungen führen, gerade den Menschen, denen geholfen werden sollte, Schaden zugefügt. Nicht zuletzt hat eine unzureichende und ineffektive Forschung zu weiterer organisatorischer Verwirrung geführt (BPS 2015).

Es ist also nicht immer sinnvoll, einen CISD bereitzustellen. Manchmal reicht es, die Gruppe entsprechend zu informieren. Dies kann in Form einer einfachen, kurzen psychoedukativen Teamübung geschehen oder auch ein Krisenmanagement Briefing *(Crisis Management Briefing)* (Mitchell und Everly 2001) sein, welches Informationen über das Ereignis und seine Folgen mit einer maßgeschneiderten psychologischen Ausbildung kombiniert. Jeder, der Krisenintervention betreiben möchte, muss über umfassende Unterstützungsoptionen verfügen, um seine Unterstützung auf eine Vielzahl von Umständen und Menschen abzustimmen.

3.1.4 Zugang zu Psychotherapie

An der Spitze des Versorgungskontinuums steht der Zugang zur Psychotherapie – wie in Abb. 3 dargestellt. Hier werden Menschen unterstützt, die eine intensivere Versorgung benötigen. Professionelle Unterstützungsleistungen können durch Mitarbeiterhilfsprogramme, Telefon-Hotlines, psychologische Krisenbewältigungsdienste oder andere Gesundheitsdienstleister erbracht werden. Organisationen sollten sicherstellen, dass die von ihnen in Anspruch genommenen Dienste über das Fachwissen im Umgang mit Reaktionen auf kritische Vorfälle verfügen, da diese oft nicht gut auf nicht-direktive Formen der Beratung reagieren (NICE 2005). Eine vertiefte und maßgeschneiderte Psycho-Erziehung sollte immer Teil der professionellen Unterstützung für einen Betroffenen sein.

Die Triage der Unterstützung muss sensibel und mit gebührender Aufmerksamkeit auf mögliche Probleme der Stigmatisierung und Angst erfolgen. Menschen zu fragen, ob sie *„Hilfe"* brauchen, kann in einer Organisationskultur, in der sich die Mitarbeiter selbst als unabhängig und stark empfinden oder als *„Helfer"* verstehen, abschreckend wirken. Wenn diese deshalb der Organisation nicht vertrauen, kann sich ihr Misstrauen auch auf die Unterstützungs- oder Hilfsdienste ausdehnen, zu denen die Organisation Zugang gewährt. Die Dienste könnten dann als nicht unparteiisch oder nicht vertrauenswürdig angesehen werden. Das Misstrauen kann auch die Angst vor Jobverlust schüren – z. B. in der Vorstellung, dass die Hilfsdienste eine traumatisierte Person als nicht geeignet erachten, im Job zu bleiben. Menschen sind nach einem Trauma besonders risikosensibel! Erlaubt man den Betroffenen, selbst zu entscheiden, ob und in welcher Form sie nach Hilfe fragen, schafft man für sie einen gefühlten Raum von Privatsphäre und Kontrolle.

Sobald die sofortige Unterstützungsmaßnahme stattgefunden hat, mag die Organisation aufatmen – in der Vorstellung, das Trauma überwunden zu haben. Allerdings kann die Genesung Wochen, Monate, ja manchmal sogar Jahre dauern. Weitergehende Untersuchungen, Gerichtsverfahren, Jubiläen und andere Anlässe, welche die Trauma-Erinnerungen potenziell wieder hervorrufen, können das gesamte System in der Entwicklung wieder zurückwerfen.

Nach der Erstversorgung kann der Schwerpunkt auf das Management von Krankheitsfällen verlagert werden – sowohl in Bezug auf die Rückkehr zum Arbeitsplatz, nachdem der Mitarbeiter länger abwesend war, als auch mit Blick auf das Management der Krankheitsfälle von Mitarbeitern, die noch nicht zurückgekehrt sind. Dies kann eine harte Zeit für alle Beteiligten sein.

Führungskräfte erlauben in der ersten posttraumatischen Periode möglicherweise eine gewisse Flexibilität in Bezug auf Anwesenheit und die Erledigung der Aufgaben, werden aber letztendlich die Rückkehr zum früheren Leistungsumfang fordern. Es kann sein, dass die Führungskräfte den Druck verspüren, Mitarbeiter vorzeitig in Funktion und Leistung zurückzubringen – abwesende Mitarbeiter könnten fürchten, deshalb negativ beurteilt und isoliert zu werden. Anstatt als Teil einer gemeinsamen Verantwortung für das Wohlergehen aller Mitarbeiter zu gelten, werden psychiatrische Dienste oft als ein Ort angesehen, an den man Menschen schicken kann, damit sie wieder „repariert" werden, während die Organisation sich zurücklehnt und wartet.

Es ist wichtig, dass die Organisation den Kontakt hält, wenn der Mitarbeiter nicht da ist. Anderenfalls könnte er schnell den Kontakt zu aktuellen Prozessen und Informationen oder auch zu gesellschaftlichen Neuigkeiten verlieren. Dies kann zu einem Gefühl der Nichtzugehörigkeit beitragen und die Herausforderungen bei der Rückkehr an den Arbeitsplatz erhöhen. Der Zeitdruck auf Führungskräfte ebenso wie der Glaube, dass es am besten ist, betroffene Mitarbeiter in Ruhe zu lassen, stehen oft hinter dieser Isolation. Zur guten Praxis gehören deshalb die Aufrechterhaltung des Kontakts, die regelmäßige Überprüfung der Fortschritte und die Gewährleistung eines Unterstützungssystems für Betroffene.

Der Drang des Gehirns, sich gegen eine Wiederholung der Bedrohung zu schützen, kann zu scheinbar irrationalen oder übertriebenen Ängsten führen. In dieser Phase sind kleine Schritte in der Rehabilitation wichtig, und viele Organisationen werden es hilfreich finden, eine schrittweise Rückkehr an den Arbeitsplatz und/oder einen vorübergehenden Rollenwechsel zu ermöglichen. Gute Führungskräfte werden sich die Zeit nehmen, auf Ängste vor der Rückkehr zu hören, ohne zu urteilen, und sie werden die Person sanft ermutigen, sich diesen Ängsten zu stellen und gleichzeitig Panik oder Überforderung zu vermeiden. Hier kann eine feine Balance in der Reaktion und Kommunikation vonnöten sein, besonders dann, wenn man die Notwendigkeit berücksichtigt, dass operative Dienstpläne bei all dem umgesetzt sein wollen.

Nicht nur diejenigen, die nicht am Arbeitsplatz sind, brauchen weiterhin Aufmerksamkeit. Es wird geschätzt, dass etwa 30 % der Fälle von posttraumatischer Belastungsstörung erst 3–6 Monate nach dem eigentlichen Ereignis auftreten. Zu diesem Zeitpunkt ist die Mehrheit der Kollegen vielleicht schon weitergezogen, und psychische Probleme können nicht einmal mehr dementsprechend zugeschrieben werden.

Es gibt viele Gründe, warum Menschen Zeit brauchen, um ihre Trauma-Reaktionen wahr zu nehmen. Die Unterdrückung von Emotionen und die Vermeidung von traumatischen Erinnerungen sind zunächst eine natürliche Abwehr gegen existenzielle Not. Wie bei einem Strandball, der unter Wasser gehalten wird, kann jedoch der Druck groß werden, und je tiefer man den Ball nach unten drückt, desto größer wird der Spritzer, wenn er nach oben und durch die Wasseroberfläche schießt!

Es gibt auch Menschen, die glauben, dass sie auf ihre eigene Traumatisierung keine Rücksicht nehmen dürfen, weil sie vielleicht damit beschäftigt sind, sich um ihre Mitmenschen zu kümmern oder weil man ihnen – subtil oder auch nicht – zu verstehen gibt, dass grundsätzlich erwartet wird, dass es ihnen gut geht. Das wird in der Regel durch die Glaubenssätze einer Führungskraft bestimmt und kann bis hin zur Ablehnung von Unterstützungsangeboten gehen – *„meinem Team geht es gut, wir brauchen nichts"* – manchmal getrieben von der eigenen Leugnung, von der Angst vor der Not anderer oder durch negative Vorurteile über Trauma und die Folgen.

So können Symptome von traumatischem Stress für den äußeren Betrachter nicht in vollem Umfang ersichtlich werden oder ihm sogar verborgen bleiben. Sie treten jedoch oft in Form von verändertem Verhalten auf – eine Verschlechterung der körperlichen Verhältnisse, Ungepflegtheit oder offensichtliche Anzeichen eines erhöhten oder unangemessenen Alkoholkonsums. Betroffene neigen auch dazu, bestimmte Situationen oder Aufgaben zu vermeiden, bei denen sie sich weniger sicher fühlen, oder die sie an das Geschehene erinnern. Symptome können auch emotionale Ausbrüche, Reizbarkeit, kontrollierendes Verhalten, Zurückgezogenheit, Schweigsamkeit oder eine ständige Besorgtheit sein.

Die zu frühe und zu schnelle Herausforderung durch Vorgesetzte zeigt sich auch darin, dass Betroffene mit posttraumatischen Belastungsstörungen als ungeschickt oder schwierig bezeichnet werden. Es ist nicht ungewöhnlich, dass unterdrückte Wutprobleme zu Negativität, Zynismus und schließlich zu Beschwerden anderer über die eigene Leistung und Haltung führen. Schlafverlust, kognitive Beeinträchtigungen oder Depressionen können sich als Desinteresse an Arbeit, Verspätung, Konzentrationsschwäche und als Schwierigkeiten mit Konzentration, Entscheidungsfindung oder Gedächtnisleistung zeigen. Wenn ein Vorgesetzter oder eine Organisation das zugrunde liegende Problem nicht kennt – oder nicht kennen will –, fehlt es schnell an Geduld und Einfühlungsvermögen.

Je größer der Zeitraum zwischen dem Trauma Ereignis und dem Auftreten von Reaktionen ist, desto schwieriger wird es für die Betroffenen. Die Organisation als Ganzes hat sich dann vielleicht weitestgehend erholt und ist wieder im Alltags-Modus.

4 Fazit

Was also ist ein traumatischer Vorfall am Arbeitsplatz? Die Wahrheit ist, dass wir wahrscheinlich nie eine definitive Antwort finden werden, die den Bedürfnissen einer Organisation nach klaren und einfachen Erklärungen entspricht. Für mich geht es bei einem Arbeitstrauma sowohl um das Ereignis als auch um die Reaktion auf dieses Ereignis.

Trauma ist eine Kombination aus einer bestimmten äußeren Situation und der inneren Erfahrung eines Individuums an einem bestimmten Punkt in seinem Leben. Diese Kombination kann zu einer heftigen Traumatisierung führen, die existenzielle Glaubenssätze bricht und damit zu einem Gefühl der andauernden Unsicherheit und der Sinnlosigkeit mit Blick auf das Geschehene. Nicht zuletzt bewirkt Trauma eine dramatische Veränderung der eigenen Beziehung zur Welt und zu den Menschen.

Innerhalb dieser summativen Definition gibt es unzählig viele und komplexe Variablen. Gerade aber, weil es unmöglich ist, eine übergeordnete und im Detail zufriedenstellende Definition zu erhalten, müssen wir alles in unserer Macht Stehende tun, um auf Trauma und seine Auswirkungen vorbereitet und genügend geschult zu sein, damit wir im gegebenen Fall angemessen und unterstützend reagieren können.

Meine goldenen Prinzipien für eine Organisation sind:

- seien Sie vorbereitet;
- seien Sie aktiv bei der Bewältigung im gegebenen Fall;
- reagieren Sie unmittelbar;
- werfen Sie einen weiten Blick darauf, wer potenziell betroffen ist oder sein könnte;
- bieten Sie ein bedarfsgerechtes Betreuungskontinuum;
- vernetzen Sie die unterstützenden Maßnahmen zwischen den Kollegen am Arbeitsplatz, der Familie zu Hause und den professionellen Diensten – jeder hat eine wichtige Funktion;
- nehmen Sie eine langfristige Perspektive ein.

Die Organisation ist erst dann vollständig von einem Trauma genesen, wenn der letzte Mitarbeiter es auch ist.

Literatur

Allianz Global Corporate and Specialty SE/Allianz Versicherung. (2018). *Global risks barometer/ Globaler Risiko Barometer.* München.

American Psychiatric Publishing/Amerikanisches Psychiatrisches Verlagswesen. (2013). *Diagnostic and statistical manual of mental disorders/Diagnostisches und statistisches Handbuch für psychische Störungen* (5. Aufl.). Arlington.

British Psychological Society, Crisis, Disaster and Trauma Psychology section/Britische Psychologische Gesellschaft, Abteilung für Krisen-, Katastrophen- und Traumapsychologie. (2015). *Early interventions for trauma/Frühzeitige Interventionen bei Trauma.* London.

Brooks, S. K., Dunn, R., Amlôt, R., Rubin, G. J., & Greenberg, N. (2017). Social and occupational factors associated with psychological wellbeing among occupational groups affected by disaster: A systematic review/Soziale und berufliche Faktoren im Zusammenhang mit dem psychischen Wohlbefinden der von der Katastrophe betroffenen Berufsgruppen: ein systematischer Überblick. *Journal of Mental Health, 26*(4), 373–384. https://www.tandfonline.com/toc/ijmh20/current.

Business Continuity Institute/Institut für Geschäftskontinuität. (2018). *Communicating risks with a global workforce report/Risikokommunikation mit einem globalen Mitarbeiterbericht.* London.

Flannery, R. B. (1998). *The Assaulted Staff Action Program (ASAP): Coping with the psychological aftermath of violence/Das Aktionsprogramm für angegriffene Mitarbeiter: Umgang mit den psychologischen Folgen von Gewalt*. Ellicott City: Chevron Publishing.

Haslam, S. A., Reicher, S. D., & Levine, M. (2012). When other people are Heaven, when other people are Hell: How social identity determines the nature and impact of social support/Wenn andere Menschen der Himmel sind, wenn andere die Hölle sind: Wie die soziale Identität das Wesen und die Wirkung sozialer Unterstützung bestimmt. In J. Jetten, C. Haslam, & S. A. Haslam (Hrsg.), *The social cure: Identity, health and wellbeing/Die soziale Heilung: Identität, Gesundheit und Wohlbefinden* (S. 157–174). East Sussex: Psychology Press.

International Organisation for Standardisation/Internationale Organisation für Standardisierung. (2018). *Guidelines for People Aspects of Business Continuity/Richtlinien für personale Aspekte für den Organisationserhalt*. Genf, Schweiz, ISO 22330.

Janoff-Bulman, R. (1992). *Shattered Assumptions, towards a new Psychology of Trauma/Zerbrochene Annahmen, eine neue Trauma Psychologie*. New York: Free Press.

Kahneman, D. (2012). *Thinking, fast and slow/Schnelles Denken, langsames Denken*. London: Penguin Books.

McCann, L. I., & Pearlman, L. A. (1990). Vicarious traumatisation: A framework for understanding the psychological effects of working with victims/Stellvertretende Traumatisierung: Richtlinien für das Verständnis der psychologischen Folgen durch die Arbeit mit Opfern. *Journal of Traumatic Stress, 3,* 131–149.

Mitchell, J. T., & Everly, G. (2001). *Critical incident stress debriefing: An operations manual/Nachbesprechung von Stress durch kritische Störfälle: ein Betriebshandbuch*. Ellicott City: Chevron Publishing.

National Institute for Health and Care Excellence/Nationales Institut für Exzellenz bei Gesundheit und Pflege. (2005). *Post Traumatic Stress Disorder (PTSD): The management of PTSD in adults and children in primary and secondary care/Posttraumatische Belastungsstörung (PTBS): Das Management von PTBS bei Erwachsenen und Kindern in der Primär- und Sekundärversorgung*. Clinical guideline CG26, London.

Parnell, L. (2007). *A therapist's guide to EMDR. Tools and techniques for successful treatment/Ein EMDR Leitfaden für Therapeuten – Werkzeuge und Techniken für eine erfolgreiche Behandlung* (S. 4). New York: Norton Publishers.

Pearlman, L. A., & Saakvitne, K. W. (1995). Treating therapists with vicarious traumatization and secondary traumatic stress disorder/Behandlung von Therapeuten mit stellvertretender Traumatisierung und sekundärer traumatischer Belastungsstörung. In C. R. Figley (Hrsg.), *Compassion fatigue: Coping with secondary traumatic stress disorder in those who treat the traumatized/Abnahme des Mitgefühls: Bewältigung der sekundären traumatischen Belastungsstörung bei denen, die traumatisierte Patienten behandeln*. New York: Brunner/Mazel.

Royle, L., & Kerr, C. (2016). *Power to Recover: A Complete Guide to Managing Psychological Trauma at Work*. KRTS International Limited. ISBN: 9780995556409.

Substance Abuse and Mental Health Services Administration. (2017). *National registry of evidence-based programs and practices*. https://nrepp.samhsa.gov/ProgramProfile.aspx?id=222. Zugegriffen: 08. Juni 2018.

Terr, L. (1994). *Unchained memories: True stories of traumatic memories lost and found/Entfesselte Erinnerungen: Wahre Geschichten von verlorenen und gefundenen traumatischen Erinnerungen*. New York: Basic Books.

World Health Organization/Welt-Gesundheits-Organisation. (2010). *The ICD-10 classification of mental and behavioral disorders: Clinical descriptions and diagnostic guidelines/Die ICD-10 Klassifikation von psychischen und Verhaltensstörungen: Klinische Beschreibungen und Diagnoserichtlinien*.

Young, J. E. (1990). *Cognitive therapy for personality disorder: A schema focused approach/Kognitive Therapie bei Persönlichkeitsstörungen: Ein schemafokussierter Ansatz.* Sarsota: Professional Resource Exchange.

Dr. Liz Royle Seit 1998 befasst sich Dr. Liz Royle in ihrer Arbeit mit Organisationstraumata – heute verfügt sie über eine profunde und weitreichende Erfahrung.

Als Senior Welfare Officer der Greater Manchester Police war Liz Royle bis 2004 für die Entwicklung und Implementierung proaktiver Verfahren zur Bewältigung traumatischer Vorfälle verantwortlich. Sie leitete ein Team, das 24/7 Notfalleinsatz und eine sofortige Reaktion auf zahlreiche Todesfälle, Morde, Selbstmorde, Geiselnahmen, Unfälle mit mehreren Todesopfern, öffentliche Ordnung und Schusswaffenvorfälle bot.

Nachdem sie den Polizeidienst verlassen hat, gründete sie die Task Force *"Managing Psychological Trauma in the Uniformed Services" (Der Umgang mit psychologischem Trauma in uniformierten Diensten)* der European Society for Traumatic Stress Studies und leitete diese 8 Jahre lang. Sie ist außerdem Gründungsmitglied der UK Psychological Trauma Society. Als erfahrene Traumapsychotherapeutin und EMDR Europe Approved Consultant arbeitet Liz seit über 20 Jahren klinisch mit Klienten, die an posttraumatischen Belastungsstörungen und Traumareaktionen nach einem Arbeitstrauma leiden. (EMDR, Eye Movement Desensitization and Reprocessing, ist eine psychotraumatologische Behandlungsmethode, die von der US-amerikanischen Psychologin Francine Shapiro in den USA entwickelt wurde.)

Liz Royle ist eine internationale Sprecherin und Autorin und promovierte an der University of Manchester.

Organisationale Veränderungsprozesse und seelische Gesundheit

Steen Bjerre

Inhaltsverzeichnis

Zusammenfassung

„Stress ist ein Muster aus spezifischen und unspezifischen Reaktionen des Organismus' auf ein Ereignis, welches dessen Gleichgewicht und dessen Verarbeitungsfähigkeit stört oder übersteigt" (APA, Stressdefinition, American Psychological Association, 2018).

Übersetzung Stephanie Hartung

S. Bjerre (✉)
Berlin, Deutschland
E-Mail: steen.bjerre@gmail.com

© Springer-Verlag GmbH Deutschland, ein Teil von Springer Nature 2019   143
S. Hartung (Hrsg.), *Trauma in der Arbeitswelt,*
https://doi.org/10.1007/978-3-662-58622-8_6

Stress kann so zu einem traumatisierenden Moment werden; und es kann auch sein, dass *„verarbeiteter Stress uns produktiv und glücklich macht"* (APA, Stressdefinition, American Psychological Association, 2018). Natürlich wünschen sich Organisationen glückliche und produktive Angestellte um ihre Produktivität und ihre Wettbewerbsfähigkeit erhalten und weiterentwickeln zu können. Dabei sehen sich Organisationen einem andauernden Wandel ausgesetzt, der von ihnen fordert, kontinuierliche kleinere und wirklich große Veränderungsprozesse erfolgreich zu managen. Für den einzelnen Menschen in der Organisation bedeuten solche kontinuierlichen Veränderungsprozesse, dass sein bestehendes Gleichgewicht andauernd gestört und in Folge justiert werden will. Je schneller aber die Veränderungen aufeinanderfolgen, und je umfassender sie sind, desto schneller und grundlegender müssen Menschen in der Lage sein, sich zu verändern und dabei ihr seelisches Gleichgewicht zu erhalten. Wenn Stress die Folge eines gestörten Gleichgewichts ist, dann müssen die kontinuierlichen Veränderungsprozesse als mögliche Hauptursache für Stress in der Arbeitswelt verstanden werden. Erfolgen solche Veränderungsprozesse mit zunehmender Geschwindigkeit und in umfassenderen Umfang, dann wird zugleich die Verarbeitungsfähigkeit des Einzelnen gestört und eben auch überstiegen. Andauernd schnelle und grundlegende Veränderung kann das das auslösende Trauma sein, dessen Folge ein Zustand von andauerndem und nicht mehr kontrollierbarem Stress ist, der zu Schlafstörungen, Depressionen und Angstzuständen führt, die in Summe als ein traumatisierter Dauerzustand für jeden Einzelnen verstanden werden müssen. Mitarbeiter mit Trauma wirken negativ auf die allgemeine organisatorische Motivation. Und in Kombination mit zu erwartenden langen krankheitsbedingten Ausfällen beeinträchtigen sie oder bedrohen gar die Leistungskraft der Organisation für Selbsterhalt und Geschäftsentwicklung. Organisationen sollten daher wissen, wie unnötiger – oder auch schlecht verarbeiteter – Stress vermieden werden kann. Denn wir leben heute in einer Welt, in der die ständigen Veränderungen größer und schneller sind, als wir oder unsere Organisationen sie überhaupt verarbeiten können. Diesbezüglich brauchen uns nur die Veränderungen durch neue Robotertechnologien oder die künstliche Intelligenz zu vergegenwärtigen. Oder auch die Frage betrachten, welche von den Jobs, die wir heute machen, in ein paar Jahren überhaupt noch existieren werden. Wir brauchen also ein Verständnis für das Verhältnis zwischen Veränderungsprozessen in Organisationen und menschlichem Stress. Und wir sollten die Ursachen für dieses Verhältnis kennen. Dann und nur dann werden wir in der Lage sein, die nötigen Maßnahmen zur Stressvorsorge einzuleiten und das Ausmaß stressiger und stressender Veränderungsprozesse in Organisationen zu begrenzen. Wenn es darüber hinaus eine direkte negative Beziehung zwischen Engagement für die eigene Arbeit und Stress gibt, und wir auch hierüber mehr Kenntnisse hätten, dann wären wir vielleicht auch in der Lage, die Zahl der engagierten Mitarbeiter zu erhöhen: Nach Gallup sind lediglich 32 % der US-amerikanischen Angestellten engagiert, involviert und begeistert bei der Arbeit – die anderen 64 % sind es nicht!

(Gallup, Gallup Bus J, Jan. 7, 2016) Weltweit sind übrigens nur noch 13 % engagiert in ihren Jobs. Das sind wahrhaft keine ermutigenden Zahlen. Der folgende Text untersucht Gründe und Hintergründe für die genannten Zahlen und zeigt Möglichkeiten für Veränderungen auf.

1   Worum geht es?

„Früher war alles besser. Wir hatten Zeit, miteinander zu reden, das Leben war nicht so hektisch. Heute geht alles so schnell, nichts bleibt, wie es war. Das Leben ist nur noch purer Stress." Hören wir nicht andauernd solche und ähnliche Worte?

Eine – ziemlich paradoxe – Tatsache ist, dass die Menschheit nach jedem größeren Fortschritt mehr statt weniger Arbeit hatte. Ein englischer Bauer des 12. Jahrhunderts hatte eine geschätzte Jahresarbeitsbelastung von 1600 Stunden, während die Menschen der Steinzeit nur 700 Stunden pro Jahr arbeiteten (Nørmark und Jensen 2018a). Im Jahr 2015 lag die Arbeitsbelastung im OECD-Durchschnitt bei 1766 Stunden (OECD 2017).

Hand in Hand mit den technischen Innovationen und den enormen wirtschaftlichen Fortschritten des 19. und 20. Jahrhunderts ging eine lange Zeit der Glaube, dass die Notwendigkeit zu arbeiten konsequent weniger werden würde, und zwar in einem solchen Ausmaß, dass der britische Wirtschaftswissenschaftler John Maynard Keynes im Jahr 1930 in seinem Essay *„Economic Possibilities for our Grandchildren"* schrieb, dass innerhalb weniger Jahrzehnte *„…zum ersten Mal seit seiner Entstehung der Mensch mit einem wirklichen und andauernden Problem konfrontiert sein würde – nämlich, wie er seine Freiheit von wirtschaftlichem Druck und seine Freizeit, die ihm Wissenschaft und Zinseszins ermöglichten, weise, angenehm und gut würde ausfüllen und leben können"* (Keynes 1963, S. 363).

Eine geringere Arbeitszeit und deutlich mehr Freizeit galten für die Zukunft als sicher. Im späten 19. Jahrhundert arbeiteten Politiker und Gewerkschaften intensiv an Modellen für Arbeitszeitverkürzung. Innerhalb der Unternehmen wuchsen das Verständnis und die Akzeptanz für die neuen Anforderungen. 1920 führte Henry Ford als erster die 5-Tage-Woche ein, weniger aus sozialer Verantwortung, sondern vielmehr vor dem Hintergrund seiner Einsicht, dass eine längere Arbeitszeit nicht unbedingt zu einer höheren Produktivität führen würde.

Im Laufe des 20. Jahrhunderts wurde die Wochenarbeitszeit von 60 auf rund 40 Stunden reduziert (Eurostat 2018). Und in den vergangenen 30 Jahren hat sich die Arbeitszeit mehr oder weniger konstant auf diesem Wert gehalten. Obwohl wir also konsequent die Produktivität verbessert und gesteigert haben, ist das Volumen der Arbeitsstunden nicht zurückgegangen.

Dabei scheint sich der Stresslevel in nur eine Richtung zu entwickeln – er steigt konstant. Es zeigt sich, dass unsere Belastung durch Arbeit heute deutlich höher ist als früher. Roboter, künstliche Intelligenz, die Sharing-Economy oder auch 3D-Druck-Produkte gesellen sich zu enormen Umweltherausforderungen und einer scheinbar nicht enden wollenden globalen Verrechtlichung – in Summe bringen all diese Aspekte große Veränderungen für unser Leben.

Durch technologische und andere innovative Entwicklungen haben Unternehmen Produktivität und Wachstum gesteigert. Spannend sind die Zahlen: Die Entwicklung der Dampfmaschine verbesserte die Produktivität um weniger als 1 %. Die neuen Robotertechnologien versprechen eine Produktivitätssteigerung von bis zu 50 %.

Wir stehen also vor dramatischen Veränderungen in unserer Arbeitswelt. Das betrifft unsere Art zu arbeiten ebenso wie unser Produktionsmanagement und die Art, unsere Unternehmen zu führen. Das Ausmaß dieser Veränderungen wird derart weitreichend sein, dass wir es heute noch gar nicht absehen können.

Bei all dem wird unsere Welt immer komplexer. Unser Verstand versucht (natürlich) mitzuhalten und die Komplexität – ebenso wie die andauernd neuen Reize – zu verarbeiten. Mit ziemlicher Sicherheit wird dann eine höhere Produktivität das Resultat sein, damit verbunden aber werden wir wahrscheinlich kein glücklicheres Leben führen. Vielmehr werden wir uns mehr und mehr desorientiert und gestresst fühlen.

Die Lebensversicherungen verzeichnen einen substanziellen Anstieg bei den Ausgaben für therapeutische Maßnahmen bei Symptomen wie Atemnot, Herzrasen und Stress (Jyllands-Posten 2018). Laut einer Studie der führenden dänischen Versicherungsgesellschaft PFA aus dem Jahr 2017 geben 25 % der Befragten an, dass sie derart an den Folgen von Stress leiden, dass es ihnen unmöglich ist, ihren alltäglichen Lebensbewältigungsaufgaben nachzugehen. Darüber hinaus verzeichnet die PFA seit 2014 einen 43-prozentigen Anstieg der Anfragen von Versicherten, die die Kasse wegen Stress kontaktieren. Bei wiederum 85 % dieser Gruppe gewährt die Kasse ohne weitere Prüfung finanzielle Unterstützung…

Die deutschen Zahlen sind mit denen der Dänen beinahe identisch. Laut einer Studie der Techniker Krankenkasse in 2016 fühlen sich 23 % der Deutschen immer wieder gestresst – verglichen mit den Zahlen einer Studie aus dem Jahr 2013 entspricht das einem Anstieg von 15 %. Die Frage, ob das Leben im Vergleich zu vor 20 Jahren hektischer und stressiger geworden sei, beantworten 60 % der Deutschen mit Ja.

Ob es uns gefällt oder nicht – Organisationen werden durch eine sich immer schneller ändernde Welt maximal herausgefordert – vielleicht werden sie genau dadurch auch inspiriert. In jedem Fall müssen Organisationen auf diese Veränderungen und Herausforderungen mit Veränderung in ihrer Organisation reagieren. Das müssen sie tun, um nicht nur zu überleben und wettbewerbsfähig zu bleiben, sondern auch, um für ihre Eigentümer und ihre Angestellten attraktiv zu bleiben.

Das Spiel heißt „*andauernder Wandel*". So aber, wie wir Menschen veranlagt sind, begrüßen wir nicht unbedingt die Veränderungen und Innovationen, denen wir tagtäglich begegnen. Vielmehr erleben wir die meisten Veränderungen als Bedrohung, und in der Folge verweigern wir unsere Unterstützung. Diese Verweigerung wird von der schwachen Hoffnung getragen, dass die neuen Dinge wieder verschwinden (wenn wir nicht mitmachen), und dass wir so in unserer Komfortzone verharren können.

Bisweilen hören wir Fragen wie *„Warum brauchen wir die Veränderung und warum sollten wir die Dinge anders tun als bisher?"*. Was wir nicht hören, ist das, was zwischen den Zeilen unausgesprochen bleibt: *„Wir wollen keine Veränderung"*.

1.1 Der Himmel der Sicherheit kann tödlich sein

Einer meiner Freunde hatte auf seinem Landgut Getreide angebaut und Viehzucht betrieben. Dabei hat er seine Kühe nicht wie sonst üblich angebunden, sondern frei herumlaufen lassen – allerdings in befriedeten Viehhöfen in Form riesiger Hallen, in denen die Tiere ihr ganzes Leben fristeten. Dieses „Indoor"-Leben war zugegebenermaßen nicht besonders natürlich und auch nicht aufregend, wiewohl – es war friedvoll und ohne böse Überraschungen. Die Kühe trotteten Tag für Tag in den eigenen vier Wänden dahin.

Eines Nachts brach in einer der Viehhallen, in der 50 Kühe lebten, ein Feuer aus. Die Feuerwehr versuchte mithilfe der Nachbarn ihr Bestes, das Feuer aber war zu stark, es ließ sich nicht löschen. Deshalb entschied mein Freund, die Viehhallen zu öffnen, damit die Kühe rauslaufen und so ihr Leben an der frischen Luft retten würden.

Ich erzählte die Geschichte meinen Studenten und fragte sie: *„Was glaubt Ihr – wie viele Kühe haben den brennenden Stall verlassen?"* Nach einem kurzen Moment antwortete einer der Studenten etwas zögerlich: *„Alle"*. Und ein anderer Student ergänzte: *„Jedenfalls die meisten"*.

In Wahrheit hatte keine einzige Kuh die Halle verlassen, die sich mehr und mehr mit heiß beißendem Rauch und herunterfallendem brennenden Material füllte. Alle Kühe blieben und starben. Sie verbrannten, obwohl der rettende Weg aus dem Feuer nur wenige Meter entfernt war.

Ich bin kein Tierpsychologe, ich bin aber davon überzeugt, dass diese Geschichte auf eine ziemlich grausame Art verdeutlicht, dass – jedenfalls einige – Lebewesen nur widerstrebend oder eben gar nicht ihre Komfortzone verlassen. Das Vieh meines Freundes kannte das Grasen in der freien Natur nicht. Es hatte sein gesamtes Leben in einer Halle verbracht. In dieser Halle gab es kein „draußen". Das Vieh kannte nur die Halle von innen und wusste nichts vom Draußen. Deshalb war es gar nicht darauf vorbereitet, ja es kam ihm nicht einmal in den Sinn, den Hafen der Hallensicherheit zu verlassen, um dem Feuer in Richtung einer unbekannten Außenwelt zu entkommen.

Was können von dieser Geschichte lernen, dass Unsicherheit und lebensverändernde Ereignisse eine Herausforderung bedeuten. Bisweilen – so scheint es, ist diese Herausforderung allerdings zu groß, und das gilt eben nicht nur für Kühe, es gilt auch für Menschen.

1.2   Nichts bleibt, wie es ist

Der griechische Philosoph Heraklit (540–475 v. Chr.) war davon überzeugt, dass Feuer das fundamentalste aller Elemente sei – weil es sich andauernd ändert. Heraklit sagt auch, dass ein Mann niemals zweimal in denselben Fluss steige. Er war davon überzeugt, dass die einzige Konstante des Universums der stete Wandel ist (Diels 1903).

„Nichts bleibt wie es ist" ist nicht nur der Songtitel des britischen Songwriters Luke Sital-Singh (2018). Wir hören diesen und ähnliche Sätze täglich in unserem privaten und beruflichen Umfeld. Wir erleben Veränderungen durch äußere Einflüsse, und wir durchleben Veränderungen, die wir selber initiiert haben: Unser Unternehmen wird verkauft oder verschmilzt mit einem jüngst akquirierten anderen Unternehmen, wir werden befördert oder Kollegen verlieren ihren Job, eine neue Software wird eingeführt, der neue Chef kommt oder, oder, oder.

Manche Veränderungen gefallen uns. Für sie engagieren wir uns und unterstützen sie. Andere Veränderungen empfinden wir als Bedrohung, vielleicht, weil wir glauben, die Kontrolle zu verlieren. Solchen Veränderungen bieten wir Widerstand. Es kann auch sein, dass die neue unbekannte Situation als solche beängstigend erscheint und wir deshalb zögern, den Wandel dorthin unterstützen.

Die Businesspläne von Unternehmen zielen in der Regel darauf ab, bestens für eine Zukunft mit zu erwartenden Chancen und Risiken gerüstet zu sein. Das Unternehmensumfeld aber wandelt sich andauernd, sodass in der Regel immer wieder Justierungen oder gar komplette Neuentwürfe der bereits verabschiedeten Pläne von Nöten sind. Die Welt da draußen ist dynamisch. Unser Verhalten und unsere Art Unternehmen zu führen fordert unsere Fähigkeit zur schnellen Reaktion auf die andauernden Bewegungen und Entwicklungen im Umfeld.

Wenn die Unternehmen die sich wandelnden Marktbedingungen nicht willkommen heißen und nicht angemessen auf sie reagieren, verlieren sie ihren Wettbewerbsvorteil. Der Verlust von Wettbewerbsvorteilen führt zu einem Verlust von Kunden und Umsätzen. Die Business-Performance sinkt und kann schließlich zum Tod der Organisation führen.

Organisationen müssen die Variablen, die einen Einfluss auf ihre Performance haben können, permanent im Fokus halten – Variablen wie neue Technologien, neue Arten der Kommunikation, neue Verbraucherbedürfnisse und -trends, Veränderungen im Wettbewerbsumfeld, Verschiebungen, Beendigungen oder Neuanfänge von Märkten ebenso wie Rechtsreformen.

Außerdem hat auch das gesamtwirtschaftliche Umfeld einen wesentlichen Einfluss darauf, wie Unternehmen operieren. Bei starker Wirtschaft bauen Unternehmen vielleicht ihr Geschäft aus. Sie investieren in mehr Personal oder weitere Einrichtungen. In Zeiten schwacher Wirtschaft hingegen werden sie ihre Ausgaben begrenzen wollen, und das hat negative Folgen für die Höhe der Löhne oder die bereitgestellte Anzahl der Stellen.

In einer Studie des britischen Personaldienstleisters BIE Executive aus Anfang 2018 äußerten 80 % der insgesamt 132 befragten Führungskräfte, dass sie aktuell einen Transformationsprozess in ihren Unternehmen durchliefen (BIE 2018). Knapp 40 % dieser Transformations- oder Veränderungsprogramme betrafen die Implementierung neuer Systeme und Prozesse sowie Kostensenkungs-Maßnahmen.

Wie hoch die Notwendigkeit für die Fähigkeit ist, Veränderungen in Unternehmen zu managen, zeigte eine weitere BIE Studie aus 2017: 94 % der mehr als 100 befragten Führungskräfte gaben an, dass die Beweglichkeit ihrer Organisationen die höchste Priorität habe (BIE 2017). Die BIE Studie aus 2018 ergänzte hierzu, dass ein konstanter Bedarf an verbesserter Effizienz und gleichzeitig erhöhter Effektivität die beiden Haupttreiber für Veränderung seien: 60 % aller Veränderungsprogramme dienen der Verbesserung der Effizienz der Leistungserbringungsprozesse, 40 % der Programme dienen Kostensenkungsaspekten.

Nicht bleibt also, wie es ist. „*Steter Wandel*" ist der Name des Spiels, und Wandel ist ein „*sine qua non*" – ohne ihn wird es nicht gehen. Tatsache aber ist, dass der Wandel von Menschen möglich gemacht wird – oder eben nicht. In der besagten BIE Studie aus 2018 äußerten 50 % der Führungskräfte, dass das Personal sich von Veränderungsprozessen abgekoppelt, bzw. sich diesen verweigert habe. Dass bei einem so hohen Grad an Nicht-Engagement die Wahrscheinlichkeit, dass der Change-Prozess scheitern wird, in Richtung „*mit ziemlicher Sicherheit*" tendiert, kann erwartet werden.

In 2016 ergab eine Studie, die das dänische Forschungsinstitut Epinion für die dänische Gewerkschaft HK/private erhob, dass 2/3 aller aufgelegten Veränderungsprogramme scheiterten (Epinion 2016; HK 2016). Der Studie zufolge sind die Gründe für das Scheitern:

1. Die Vision ist nicht klar formuliert oder sie wird nicht verständlich durch das Management kommuniziert;
2. die Angestellten haben keinen Einfluss und/oder keine klar definierten Rollen/ Funktionen im Prozess.

Es ist Aufgabe der Menschen, bzw. des Personals, für die Implementierung von Veränderungsmaßnahmen zu sorgen. Häufig aber geschieht genau das nicht. Ich werde später im Text noch auf die Gründe hierfür eingehen.

1.3 Zwischen Akzeptanz und Stress

Im Wesentlichen kann man davon ausgehen, dass die oben beschriebenen Zu- und Umstände mehr oder weniger überall auf der Welt anzutreffen sind. Einmal abgesehen von einigen wenigen Unternehmen, die das Privileg haben, ohne Wettbewerb agieren zu können, gilt für alle anderen Unternehmen die andauernde Herausforderung des Change-Managements, damit sie mindestens ihre Wettbewerbsfähigkeit erhalten.

Das bedeutet, dass sich Unternehmen in einem andauernden Change Prozess oder in einem nicht enden wollenden Übergangsprozess befinden, und ihr Personal andauernd mit neuen Aufgaben, neuen Prozessen oder neuen Kollegen gefordert wird. Veränderungen und neue Herausforderungen lauern hinter jeder Ecke – kleine Herausforderungen, die nur geringer Aufmerksamkeit bedürfen und eben auch riesige Herausforderungen, die einen maximalen Grad an Stress verursachen.

2   Vier Arten der Veränderung in Organisationen

Bisweilen können leichte Verschiebungen im Markt einfach vorausgesehen werden – ganz im Gegensatz zu unerwartet und plötzlichen auftretenden neuen Marktbedingungen. Entsprechend beobachten wir zwei unterschiedliche Herangehensweisen an Veränderungen:

Proaktive Veränderung   Die Organisation agiert proaktiv (vorsorglich) auf mögliche Chancen oder Risiken. Die proaktive Veränderung kann also auch als Zukunftsvorsorge verstanden werden. Vielleicht wird zum Beispiel eine neue Gesetzesreform erwartet, auf die die Organisation vorbereitet sein will. Oder es besteht die Möglichkeit, dass ein Wettbewerber demnächst ein neues Produkt auf den Markt bringen oder eine neue Rabattaktion starten wird, sodass die Organisation für einen Gegenangriff gleich welcher Art gewappnet sein will.

Reaktive Veränderung   Im Gegensatz zur proaktiven Veränderung warten manchen Unternehmen einfach, ob etwas geschieht. Sie reagieren nur im gegebenen Fall und nur unter dem Druck zwingender Tatsachen. Einige warten zu lange, jedenfalls solange, dass dem Management so gut wie keine Zeit mehr für die Entwicklung einer angemessenen Lösung bleibt. Dieses Verhalten ist ein reaktives Veränderungsverhalten

Veränderungsprogramme unterscheiden sich maßgeblich nach dem Grad der Veränderung, die die Organisation durchlaufen muss.

Schrittweise Veränderung   Diese Art der Veränderung ist die einfache Verbesserung von Arbeitsprozessen. Wir nennen sie schrittweise Veränderung oder auch Neugestaltung. Sie baut auf etwas auf, das wir bereits erarbeitet oder erreicht haben, und wird als geringe Veränderung oder auch als kleine Justierung betrachtet.

Transformation   Die zweite Art der Veränderung setzt darauf, dass die Arbeitsprozesse nicht nur verbessert, sondern neugestaltet, bzw. transformiert werden. Diese Art der Veränderung erfordert einen spürbaren Bruch mit der Vergangenheit und verkündet eine neue Ära. Es kann sogar sein, dass sich dabei der eigentliche Unternehmenszweck ändert, wie das zum Beispiel bei Nokia der Fall war, als sie aufhörten, Gummistiefel zu verkaufen und sich dem Markt der Mobiltelefone zuwendeten.

Inspiriert von John Hayes' Change Management Theorie (Hayes 2002) habe ich eine Matrix der vier verschiedenen Typen organisationaler Veränderung entwickelt (siehe Abb. 1).

Es gibt nur einige wenige Jobs, in denen die Menschen morgen noch dasselbe tun werden, wie gestern. Beinahe alle Organisationen sehen sich Herausforderungen ausgesetzt, die nach einer Reaktion fragen – welcher Art auch immer. Einige dieser Herausforderungen wird der einzelne Angestellte als groß und „kritisch" einschätzen, andere als klein und „machbar".

Veränderungen gehören insofern zur organisationalen Routine – insbesondere bei den kleineren, da, wo es um Anpassung oder Verbesserung geht. Solche Veränderungen

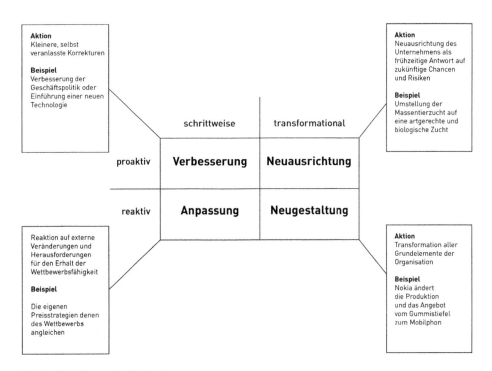

Abb. 1 Vier Typen der Veränderung

werden nicht unbedingt Stress oder seelische Störungen verursachen. Bei regelrechten Umwälzungen aber sieht sich das Personal wirklich großen und substanziellen Herausforderungen ausgesetzt. Bei diesen kann es darum gehen, Prozesse komplett neu zu gestalten oder gar neue Strategien zu entwickeln, bei denen nicht nur die Arbeitsprozesse neugestaltet, sondern die Handlungen als solche infrage gestellt werden müssen.

In solchen Fällen befürchten Einzelne den Verlust ihrer Vorteile oder gar ihrer Sicherheit und stellen Fragen wie *„Was geschieht bloß in meiner Organisation?"* oder *„Wofür brauchen wir eigentlich die Veränderungen?"*. Nicht selten ist dann die Folge, dass sich der Einzelne gegen die Veränderungen wehrt, und sein Widerstand führt häufig zu weiterem Ärger und noch mehr Frustration.

Wir mögen keine Veränderungen, denn die Folge einer Veränderung ist das Neue, das Unbekannte – *„also lass es uns weiter so machen, wie wir es hier immer gemacht haben"*.

Veränderungsaktivitäten, die eine Reaktion auf äußere Umstände sind, werden als intensiver empfunden als solche, die den Wechsel proaktiv mit Blick auf zukünftige Chancen und Risiken gestalten. Führt also der äußere Druck zu reaktiver Veränderung, kann es sein, dass die Organisation am Ende um ihr Überleben kämpft und den Angestellte der Jobverlust droht. Die dadurch ausgelösten Ängste können einmal mehr zu Stress und Trauma führen, die durch zusätzlichen Zeitdruck und zu geringe Ressourcen weiter verstärkt werden können.

Es wird also deutlich, dass organisationale Veränderungen von kleinen Adaptionen bis hin zu gewaltigen Umstrukturierungsprogrammen reichen können. Und entsprechend des Grades der Veränderung reichen die Grade der seelischen Belastung für jeden Einzelnen. Hieraus habe ich einen „Stressbarometer" abgeleitet, der den Stresslevel in Relation zum Grad der Veränderung setzt (siehe Abb. 2).

Abb. 2 Der Stressbarometer

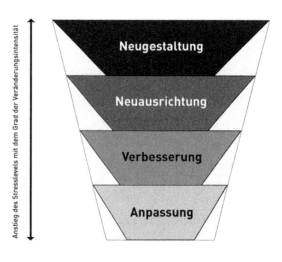

2.1 An Stress leiden viele Menschen

Die weltweite Anzahl der Menschen, die an Stress leiden, ist nicht klar. Einer Studie der Weltgesundheitsorganisation zufolge leiden 4,4 % der Weltbevölkerung an Depressionen und 3,6 % an Angststörungen (WHO 2017). Einige Menschen leiden an beiden Störungen gleichzeitig. Für ein eindeutiges Ergebnis können die Zahlen deshalb nicht addiert werden. Je nach Region weichen die Zahlen außerdem vom globalen Mittel ab. In Deutschland leiden z. B. 5 % der Menschen an Depressionen und 6 % an Angststörungen – was wiederum im Wesentlichen den europäischen Zahlen entspricht.

Auch wenn die Definition des Begriffs Stress unklar und der Gebrauch bisweilen subjektiv konnotiert ist, so kann man doch grundsätzlich sagen, dass Stress eine seelische Störung bezeichnet. Der ungarisch-kanadische Arzt und Biochemiker Hans Selye definiert Stress als unspezifische Antwort des Organismus' auf Veränderung (Selye 1973).

Was auch immer eine korrekte Definition des Begriffs sein mag, in der Regel assoziieren wir heute mit Stress eine zu hohe Arbeitsbelastung oder außergewöhnliche Herausforderungen. Und das Gefühl von Stress nimmt ebenso zu, wie die Zahlen seelischer Störungen. In einer Studie der Techniker Krankenkasse aus 2016 gaben 60 % der Deutschen an, dass sie deutlich mehr Stress verspürten als noch 3 Jahre zuvor (TK 2016).

Der Studie nach fühlen sich 23 % der Deutschen häufig gestresst, und verglichen mit den Zahlen aus 2013 war das ein Anstieg von 15 %. Eine dänische Studie des Nationalen Forschungszentrums für die Arbeitswelt in Kopenhagen führt an, dass 16 % der dänischen Bevölkerung häufig oder sogar andauernd an Stress leiden (NFA 2017a). Im westeuropäischen Mittel ergibt sich, dass jede/r Fünfte häufig an Stress leidet.

Menschen erleben ihr Leben zunehmend im Stress. Die Weltgesundheitsorganisation prognostiziert eine weitere Verbreitung der Stress Symptomatik und erwartet, dass in 2020 jede zweite Krankschreibung durch Stress bedingt sein wird. Dabei verursacht Stress nicht nur seelische und körperliche Krankheiten. Mit dem Stress einher gehen Gefühle der Unzufriedenheit wie auch der Wunsch, das eigene Leben ändern zu können. Das jedenfalls äußern 60 % der Menschen, die sich häufig gestresst fühlen. Zugleich sagt die Hälfte dieser Gruppe, dass sie keine Idee dazu haben, was sich und wie es sich ändern könnte. Sie fühlen sich als Gefangene ihres eigenen Hamsterrads.

Zwar finden wir auch Stress begünstigende Faktoren in unserem Privatleben, in der Hauptsache aber ist es das Arbeitsumfeld, das Stress verursacht. Von den 16 % der Dänen, die sich mehr oder weniger andauernd im Stress befinden, machen 54 % ausschließlich ihr Arbeitsumfeld für den Stress verantwortlich. Für 41 % wird der Stress durch eine Kombination aus Privat- und Arbeitsleben verursacht. Lediglich 5 % bezeichnen ausschließlich ihr Privatleben als Ursache für Stress. Auch für 55 % der Deutschen gelten Arbeitsumfelder und -bedingungen als ausschließliche Ursache für Stress – die dänischen und deutschen Zahlen sind also mehr oder weniger deckungsgleich.

Bekannt ist, dass seelische Störungen auch durch Armut, besonders belastende Ereignisse wie der Tod Nahestehender, auseinanderbrechende Beziehungen, der Missbrauch von Alkohol und anderen Drogen oder auch Arbeitslosigkeit verursacht oder begünstigt werden können. Darüber hinaus können sich solche seelischen Störungen alleine durch die Befürchtung oder Angst davor verstärken, man könne z. B. den Arbeitslatz, seinen Partner oder auch seine finanzielle Sicherheit verlieren.

Unsere Gesellschaft und unsere Märkte unterliegen einem konstanten und rasanten Wandel. Kundenanforderungen ändern sich ständig, neue Technologien poppen förmlich ununterbrochen hoch, immer neue Marktteilnehmer treten an, immer wieder neue Gesetzgebungsinitiativen fordern Änderungen in unserem Verhalten. Für die einzelnen Organisationen bedeutet das, dass sie sich konsequent auf vorhersehbare oder nicht-vorhersehbare Ereignisse, mithin auf andauernden Wandel einstellen müssen. Bei jeder neuen Herausforderung müssen wir handeln, und die Antwort muss die organisationale Veränderung sein. Dabei verursachen kleinere Justierungen keinen Stress, solange ein Gefühl der Angemessenheit beim Personal herrscht. Größere und häufige Veränderungen aber können Unsicherheit, Angst und Stress verursachen.

2.2   Wandel steht für Ende und Neuanfang

Der Begriff Wandel impliziert, dass wir uns von einem Zustand in einen anderen bewegen. Wenn aber Unternehmen ihre Prozesse reformieren wollen, dann reicht es in der Regel nicht, einfach eine neue Strategie zu entwickeln oder eine neue Software einzuführen. Denn der Wandel wird ohne die Menschen in der Organisation nicht geschehen – alleine sie sind die treibende Kraft für den Motor, der die nötige Bewegung für Veränderung möglich macht.

Solange die Menschen in einer Organisation nicht hinter den gewünschten Veränderungen stehen, werden anstelle der Veränderungen am Ende nur einige Stühle gerückt werden. Damit eine gewünschte Veränderung wie zum Beispiel eine neue Strategie erfolgreich sein kann, muss sich jedoch das organisationale Verhalten ändern, und das meint, das gesamte Personal muss sein Verhalten ändern. Insofern bezeichnet die organisationale Veränderung die sachlichen und/oder fachlichen Aspekte, während die Menschen in der Organisation angesichts der Veränderungen durch einen psychologischen Übergang gefordert werden, weil sie die Veränderungen nicht nur akzeptieren sondern sich entsprechend verhalten müssen (Bridges und Bridges 1991a).

Ein einfaches Beispiel hierfür ist der Angestellte, der zum Abteilungsleiter befördert wird (eine Veränderung), und der nun sein gesamtes Verhalten wird ändern müssen. Er (oder sie) muss sich aus seinen bisherigen sozialen Beziehungsgeflechten lösen, denn seine einstigen Kollegen sind ihm nun weisungsgebunden, und dieser Umstand fordert sein adäquates Funktions- und Rollenverhalten.

Nach Bridges und Bridges vollzieht sich der Übergang in drei Phasen (Bridges und Bridges 1991b):

1. **Das Ende:** Loslassen der alten Gewohnheiten und Rollenidentitäten. In dieser Phase der Beendigung haben die Menschen häufig das Gefühl, etwas zu verlieren.
2. **Die neutrale Zone:** In dieser Phase ist das Alte vorbei und das Neue noch nicht wirklich etabliert. Hierbei geschehen entscheidende Prozesse der inneren Reorganisation und das Einüben neuer Verhaltensweisen.
3. **Der Neuanfang:** Der Übergang ist geschafft und das Neue beginnt. Menschen können den Sinn der Veränderung spüren und unterstützen sie damit.

Aus Sicht dieser Theorie beginnt jede Veränderung mit einem Ende und endet mit einem Neuanfang. Ob ein Übergang erfolgreich ist oder nicht, entscheidet sich an der unbedingt notwendigen Bereitschaft, alte Funktions- und Rollenbilder mit den dazugehörenden entsprechenden Verhaltensmustern loszulassen. Und zu dieser Bereitschaft „ja" zu sagen und ihr konsequent nachzugehen ist für uns eine wirklich große Herausforderung.

Ganz offensichtlich fällt es uns leichter, neue Verhaltensweisen den alten hinzuzufügen. Aber genau dieses Verhalten erzeugt kurz bis mittelfristig eine Überforderung. Das führt zu Stress und am Ende in einen Zustand des Burnouts. Optimal wäre sicher, die Beendigungsphase möglichst schnell zu verlassen und die neutrale Zone ebenso schnell zu durchschreiten, um sich dem Neuanfang zu widmen. Das bewusste Erleben der Phasen 1 und 2 aber ist entscheidend dafür, dass wir wirklich loslassen und uns neu einüben können, bevor alles einfach anders und neu ist. Denn besonders das Loslassen ist unsere schwierigste Aufgabe beim Übergang.

Für den erfolgreichen Abschluss der ersten Beendigungsphase können dramatische Interventionen hilfreich sein, wie sie z. B. in der Redensart „Schiffe hinter sich verbrennen" beschrieben werden. Die Schiffverbrennung ist ein alter historischer Topos – so verbrannten schon die Frauen der Flüchtlinge aus dem zerstörten Troja die Schiffe am Strand Siziliens. Sie wollten damit ihren Männern zeigen, dass sie für einen Neuanfang nicht nur psychisch bereit, sondern auch physisch gerüstet waren. Wilhelm der Eroberer soll die Schiffverbrennung nach seiner Landung in England im Jahre 1066 angeordnet haben, und im Lied der Nibelungen zeugt die Schiffsverbrennung vom Kampfeswillen Hagens von Tronje: Als ihm die Donaunixen den Untergang der Nibelungen in Etzels Land weissagen, zerschlägt er – zur Verwunderung seiner Gefolgsleute – das Fährschiff.

Auch der spanische Eroberer Hernán Cortés (1485–1547) handelte so. Als er im Jahr 1519 mit seiner Mannschaft von Kuba nach Mexiko übersetzte, wusste er, dass die Gefühle seiner Männer mit Blick auf das, was vor ihnen liegen könne, ambivalent waren. Einige von ihnen waren angesichts des neuen Kontinents ängstlich und mit Blick auf die einheimischen Widersacher ohne Hoffnung. Wahrscheinlich wünschten manche von ihnen, sie wären niemals dorthin gesegelt. Genau in dieser Situation forcierte Cortés das Ende von Phase 1 und läutete Phase 2 mit eben jenem genialen Handstreich ein: Er verbrannte sämtliche Schiffe (Hayes 2002).

In Abb. 3 füge ich die 4 Typen der Veränderung und die 3 Phasen des Veränderungsprozesses zusammen. Damit zeige ich die direkte Relation zwischen dem Grad der Intensität der Veränderung und dem damit einhergehenden Stresslevel für die

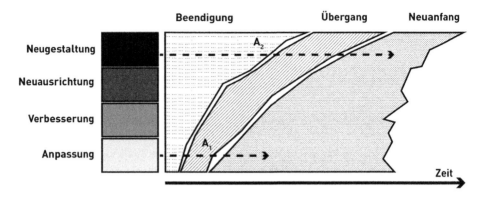

Abb. 3 Veränderungstypen und Dauer der Veränderungsphasen

Organisation. Ich zeige auch, dass die Geschwindigkeit, mit der Menschen Phase 1 verlassen können, direkt mit dem Stresslevel des Veränderungsprozesses korrespondiert (siehe Abb. 3).

Es gilt: Je weitreichender und also intensiver und komplexer eine Veränderung ist, desto mehr Zeit braucht die Organisation. Es gilt auch: Je länger der Veränderungsprozess dauert, desto höher ist der Wahrscheinlichkeitsgrad für Korrekturen während der Phase des Neuanfangs. Solche Korrekturen können als Störungen empfunden werden und zu noch mehr Komplexität und Frustration werden. Genau hierdurch steigt das Risiko für den Veränderungserfolg.

Die beiden Pfeile A1 und A2 zeigen die beiden extremen Ausprägungen.

Für Pfeil A_1 gilt: Die beabsichtigte Veränderung ist gering, wie z. B. eine kleine Anpassung der Arbeitsroutine. Eine solche Veränderung gilt weder als schwer zu verstehen noch als schwer zu akzeptieren. Außerdem hat eine solch kleine Veränderung keinen nennenswerten Einfluss auf die gewohnten Arbeitsprozesse. Die Veränderung führt auch zu keinem Identitätsverlust. Deshalb ist sie leicht zu akzeptieren, und die veränderten Anforderungen können einfach in die bestehenden Prozesse integriert werden. Ein solcher Veränderungsprozess durchläuft eine kurze Phase 1 der Beendigung ebenso wie eine kurze Phase 2 des Übergangs, bevor er in die Phase 3 des Neuanfangs eintritt.

Ganz anders verläuft ein umfassender und stressiger Veränderungsprozess, wie er durch Pfeil A_2 dargestellt wird. Wenn Organisationen sich mit einer Veränderung durch Neugestaltung befassen, sind die grundlegenden Parameter der Organisation betroffen. Zu den grundlegenden Parametern gehören z. B. umfassende oder gar Massenentlassungen, Umzüge in andere Regionen oder Länder, die Veräußerung von größeren Geschäftsanteilen, der Merger mit einem Wettbewerber oder die Beendigung des bestehenden Geschäfts und der Eintritt mit einem neuen Produkt in einen neuen Markt, wie das unter anderem bei Nokia der Fall war.

Es ist wohl mehr als verständlich, dass solche massiven Umwälzungen die Menschen in der Organisation nicht nur nervös, traurig, ängstlich und desorientiert zurücklassen.

Manche Mitarbeiter reagieren im wahrsten Sinne des Wortes verrückt, und in der Regel findet sich bei ihnen keine freiwillige Unterstützung für die Veränderung. Im Gegenteil, in der Regel werden sich die Mitarbeiter gegen die Veränderung stemmen, und im besten Fall bleiben sie einfach passiv und tun nichts. Aber auch beim Nichtstun kommen Frustration und Stress auf. Bei einem solch umwälzenden Veränderungsprozess benötigen die Mitarbeiter für die Phase 1 der Beendigung nicht nur sehr viel Zeit, sie erleben diese Phase auch extrem stressig. Und wie ich weiter oben bereits ausgeführt habe, wächst das Risiko im Veränderungsprozess mit der Zeit, die dieser durchläuft.

Auf dem Titel des Buches *„Managing Transitions"* (Bridges und Bridges 1991a, b) heißt es:

> Wenn Restrukturierungen, Firmenzusammenschlüsse (Merger), Insolvenzen oder Entlassungen eine Organisation treffen, dann erleben die Angestellten und das Management die damit einhergehenden Veränderungen als herausfordernd. Dabei sind es vor allem die psychologischen Veränderungsprozesse, die größeren Stress bedingen. Organisationale Veränderungsprozesse greifen Menschen an. Sie betreffen immer die Menschen – und weniger die Organisation – die sich der neuen Situation stellen und diese den Anforderungen gemäß meistern müssen.

Bei großen Ereignissen, die seelische Störungen zur Folge haben – wie lebensbedrohende Momente, Tod in der Familie oder eben auch umwälzende Neugestaltungs-Programme in unserer Organisation – dann durchlaufen wir emotional belastende Phasen, wie sie in Abb. 4 dargestellt sind. Für die Bewältigung solcher belastenden Begleiterscheinungen gilt es, die Dauer der Kluft so kurz wie möglich zu gestalten (siehe Abb. 4).

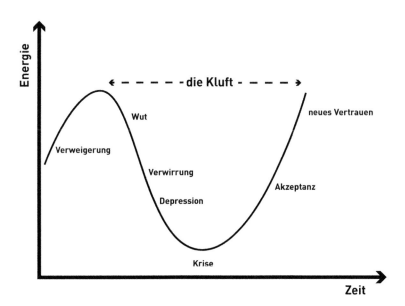

Abb. 4 Phasen emotionaler Veränderung

3   Was sagen die Menschen?

Im letzten Kapitel habe ich dargelegt, dass der Veränderungsprozess mit einem Neu-anfang endet. Tatsächlich aber bleiben die Umstände nicht lange so, wie sie sind, und deshalb ist der Neuanfang nicht das Ende, sondern der Auftakt für einen nächsten Ver-änderungsprozess. Daher ist das Rad der andauernden Veränderung ein geschlossener Kreis oder eine Spirale, die niemals endet. Wir leben in einer Welt der andauernden Veränderungen, der kleinen, eher unbedeutenden und der großen, wirklich gewaltigen Umwälzungen.

In der Geschwindigkeit, mit der andauernd Neuerungen auftauchen, wie z. B. immer perfekter ausgefeilte Roboter, vergrößert sich auch die Geschwindigkeit, mit der sich die Veränderungsspirale dreht. Deshalb leben wir in einer Welt der andauernden und immer rasanteren Veränderungsprozesse.

Das bisher Dargelegte sowie die Betrachtungen im Folgenden befassen sich mit Erkenntnissen von Menschen, die Teil eines organisationalen Veränderungsprozesses gleich welcher Art waren. Die Studien zu Verhalten und seelischen Zuständen zeigen uns, wie Menschen auf ein sich andauernd wandelndes Umfeld reagieren.

Die grundlegenden Erkenntnisse zum Verhältnis zwischen dem Stresslevel und dem Grad der Veränderung habe ich weiter oben angeführt. Hier möchte ich Ihnen noch einige detaillierte Zahlen einer dänischen Studie unter Angestellten vorstellen (von 60.000 zufällig ausgewählten Angestellten zwischen 18 und 64 haben 50 % die Frage-bögen ausgefüllt) (NFA 2017b), sowie einer deutschen Studie der Techniker Kranken-kasse (TK 2016). Beide Studien haben den Zustand der seelischen Gesundheit bei Angestellten im Vergleichszeitraum 2012/2016 untersucht (Tab. 1).

Die deutschen Zahlen in Klammern sind nicht einhundertprozentig deckungsgleich mit den dänischen, lassen aber aufgrund der Vergleichbarkeit den Schluss zu, dass die Umstände in beiden Ländern ähnlich sind und die Zahlen somit für ganz West-Europa gelten dürften.

Die Durchschnittszahlen sind jedenfalls hoch: Beinahe jede/r Fünfte leidet an Stress! Darüber hinaus bewegen sich auch die anderen seelischen Erkrankungen weiter auf dem Vormarsch – wir werden immer deprimierter, ängstlicher und nervöser. Wir schlafen

Tab. 1 Zustand der seelischen Gesundheit bei Angestellten

	2012	2016	
Depressionen	8,5 %	10,9 %	(13 %)
Angstzustände	12,5 %	14,4 %	(14 %)
Stress	15,6 %	15,6 %	(23 %)
Schlafstörungen	Keine Angaben	Keine Angaben	(30 %)
• *Nachts aufwachen Einschlafschwierigkeiten*	*16,9 %*	*28,9 %*	*Keine Angaben*
• *Nicht ausgeruht aufwachen*	*29,9 %*	*41,3 %*	*Keine Angaben*

zunehmend schlecht und fühlen uns morgens wie gerädert. Viele würden diesen Umstand gerne ändern, haben aber keine Vorstellung davon, wie sie das schaffen könnten. Und mit dieser pessimistischen Perspektive bleiben ihnen wenige Chancen für eine Veränderung.

Immer neue Herausforderungen, neue Marktbedingungen, neue Erfindungen und neue Kundenanforderungen fordern immer neue Antworten der Organisationen und damit andauernde Veränderungsprozesse. Hinzu kommt, dass der Anspruch an die immer noch höhere Geschwindigkeit bei der Bereitstellung von Lösungen dazu führt, dass sich das Hamsterrad schneller und schneller dreht. Und bei alldem ist ein *„Haltet die Welt an, ich will aussteigen"* keine Option.

3.1   Ursachen für Stress

Die dänischen und deutschen Studien erlauben uns ein Verständnis für die Gründe hinter dem Stressgefühl, bzw. hinter der Wahrnehmung von Stress. Grundsätzlich können diese Gründe in zwei thematische Gruppen zusammengefasst werden: 1) Zeitaspekte, 2) Management und organisationale Aspekte.

In Deutschland geben mehr als 60 % Überarbeitung als Hauptursache für Stress an. Ihr Gefühl ist, dass ihnen niemals genügend Zeit bereitsteht, um ihr Arbeitspensum bewältigen zu können – hier besteht in der Wahrnehmung ein Missverhältnis zwischen Arbeitsmenge und Arbeitszeit. Wenn nicht einmal genügend Zeit bleibt, die alltäglichen Aufgaben zu erfüllen, dann bleibt ganz sicher gar keine Zeit für planende oder gar kreative Momente. In Konsequenz verliert man angesichts des Abarbeitens eines nicht kleiner werdenden Aufgabenbergs leicht die Übersicht, und das führt zu weiterem Stress.

Ein weiteres Drittel der Befragten gibt an, dass Gründe wie *„nicht rechtzeitig fertig werden", „hohes Arbeitstempo", „nötige Überstunden"* oder auch *„allzeit geforderte Erreichbarkeit, auch nach der Arbeit"* zu Stress führen.

Wir alle möchten für unsere Leistungen gelobt werden – interessant ist angesichts dessen, dass beinahe ein Drittel der Befragten angibt, dass sie niemals Anerkennung durch ihre Vorgesetzten erfahren. 10 % der Befragten fühlen sich sogar respektlos behandelt und ungefähr jede/r Fünfte gibt an, nicht an Entscheidungen beteiligt zu werden bzw. keine Mitsprache zu haben. Solche und ähnliche Erfahrungen führen zu einem Gefühl der eigenen Belanglosigkeit.

Fehlendes Lob, ein respektloser Umgang und Ausschluss von Mitsprache sind ernst zu nehmende Stressfaktoren, und es wundert angesichts dessen nicht, dass rund ein Drittel der Befragten angibt, dass die Führungsqualität ihrer Vorgesetzten bzw. ihres Managements niedrig sei.

Grob zusammengefasst können wir also festhalten, dass Stress durch ein zu hohes Arbeitspensum bei gleichzeitig zu geringer Erledigungszeit, durch verweigerte Mitsprache bzw. Teilhabe an Gestaltungsprozessen sowie durch fehlende Anerkennung seitens eines schlecht agierenden Managements verursacht wird.

4   Information, Kommunikation und Involvierung

Fasst man die dargelegten Erkenntnisse zusammen, wird deutlich: In einem sich immer schneller ändernden Umfeld sind Unternehmen zu andauernden und immer schneller ablaufenden Veränderungsprozessen gefordert. Alte Gewohnheiten müssen abgelegt und neue Routinen und Prozesse akzeptiert werden, damit die Organisation den neuen Umständen und Anforderungen so effizient wie effektiv begegnen kann.

Wenn alte Gewohnheiten nicht abgelegt werden, sondern die neuen Anforderungen mit den alten Gewohnheiten kombiniert werden, dann nimmt die Arbeitsbelastung automatisch zu. Und je weniger das Personal mit Blick auf Mitsprache und Mitgestaltung in die Veränderungsprozesse miteinbezogen wird, desto geringer wird seine Bereitschaft sein, die Veränderungen zu akzeptieren, geschweige denn, deren Erfolg zu unterstützen. Die Mitarbeiter werden vielmehr mit Widerstand reagieren, der einmal mehr angeheizt wird, wenn das Management für das Personal unerreichbar ist, nicht für eine angemessene Information sorgt oder auch die Arbeitsergebnisse nicht aktiv und spürbar anerkennt und wertschätzt.

Inspiriert durch den US-amerikanischen Change Experten Rick Maurer stelle ich hier das Rad des optimalen Veränderungsprozesses dar, der die Mitarbeiter miteinbezieht und dadurch dafür sorgt, dass minimaler Stress angesichts der geforderten Veränderung aufkommt (Maurer 2010) (siehe Abb. 5).

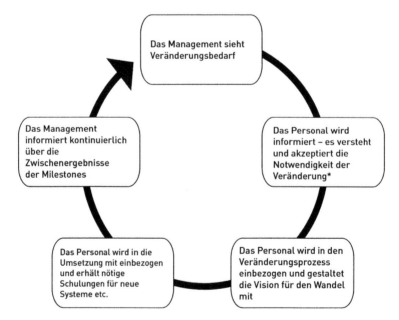

Abb. 5 Der optimale Veränderungsprozess (*Wenn die Menschen in der Organisation zu wenig oder ungenügende Information über eine geplante Veränderung erhalten, werden sie mit ziemlicher Sicherheit weder die Notwendigkeit für die Veränderung verstehen, noch werden sie den Veränderungsprozess unterstützen – stattdessen machen sich unter ihnen Widerstand, ein schlechtes Arbeitsklima und Stress breit)

Die Lehren die hieraus gezogen werden müssen, sind einfach: Das Management muss von Beginn an die Belegschaft informieren und sicherstellen, dass jeder der Mitarbeiter versteht, warum eine Veränderung für den Bestand oder die Weiterentwicklung der Organisation nötig ist. Das Management muss außerdem sicherstellen, dass die Mitarbeiter den Informationen vertrauen können dadurch, dass sie die Beweggründe dahinter verstehen. Erst wenn die Beweggründe verstanden und Veränderung als nächster logischer Schritt von den Mitarbeitern akzeptiert wird, werden diese den Veränderungsprozess unterstützen.

Nachdem sichergestellt wurde, dass die Mitarbeiter die Notwendigkeit der Veränderung verstehen und Vertrauen hergestellt wurde, muss das Management im nächsten Schritt gemeinsam mit den Mitarbeitern die angestrebte Veränderung planen. Dazu gehört in erster Linie die Entwicklung einer gemeinsamen Vision für den Zustand, der durch die Veränderung erreicht werden soll. Gemeinsam werden Zeitplanungen und Milestones entwickelt, die Projektpläne werden etabliert und Projektteams benannt. Nachdem alle Planungen inklusive eines Kommunikationsplans abgeschlossen sind, wird der geplante Veränderungsprozess in die gesamte Organisation kommuniziert. Erst dann kann die Veränderung beginnen.

Während der Phase der Implementierung der Veränderungen muss das Management kontinuierlich darüber berichten, welcher Stand der Entwicklung – und damit verbunden: welche Ergebnisse – erreicht wurden. Durch die Kombination aus enger bereichsübergreifender Zusammenarbeit während der Implementierungsphase und den kontinuierlichen kommunikativen „Wasserstandsmeldungen", baut das Management Vertrauen bei den Mitarbeitern auf und sorgt für deren Verständnis ebenso wie für deren eigenverantwortliches Engagement. Angst und Unsicherheit angesichts der Veränderung selber können weichen.

Mit Blick auf die Phasen der emotionalen Veränderungen in einem Change Prozess (siehe auch Abb. 4) sorgt die oben beschriebene Führung eines Veränderungsprozesses jedenfalls dafür, dass die Größe der Kluft zwischen den Phasen von Ärger und Verwirrung sowie von neuem Vertrauen und Akzeptanz deutlich verringert wird. Mit Blick auf Abb. 3 gilt es dann, die Zeitdauer zwischen der Beendigungsphase und dem Neuanfang zu verkürzen – so, wie es eben Cortés tat, als er alle seine Schiffe verbrannte.

Allerdings empfehle ich hier eine abgewandelte Form der Intervention. Und wie diese aussehen kann, sei dahingestellt – ganz sicher kann ich aber festhalten, dass der Name des „Intervention-Spiels" *Kommunikation und Involvierung* ist.

5 Ein selbstkritischer Blick

Für unseren Stress können wir natürlich nicht alleine das Management verantwortlich machen – und auch nicht die verschiedenen Veränderungsmaßnahmen, die dieses vielleicht initiiert hat. Schließlich kann auch die Qualität der Zusammenarbeit mit Kollegen oder im Projektteam zur Quelle von allerlei Stress werden. Nicht zuletzt bietet auch unser Privatleben in der Regel genügend Anlässe für Stress, wie z. B. bei Problemen in der Partnerschaft oder bei Auseinandersetzungen mit dem lärmenden Nachbarn.

Vielleicht fühlten wir uns ja schon als Kinder auf dem Schulhof missachtet. Vielleicht drängt uns unser Team aus den sozialen Beziehungen, und vielleicht bekommen wir deshalb nicht die Unterstützung, die wir von unseren Kollegen erwarten dürfen. Vielleicht werden wir in der Kantine nicht gebeten, uns zu den anderen dazuzusetzen. Vielleicht mobbt uns irgendjemand. Vielleicht gibt es sexuelle Übergriffe der alltäglichen Art. Nicht selten wird von uns erwartet, dass wir uns für die Probleme der Anderen engagieren sollen, und das kann sehr stressig für uns sein. Auch körperliche Gewalt verursacht großen Stress. Tatsächlich gaben 6 % der Befragten der dänischen Studie an, im vergangenen Jahr Opfer physischer Gewalt geworden zu sein (NFA 2017c). So können der Verlust sozialer Beziehungen und andere emotionale Störungen, die nicht unmittelbar mit unserem Arbeitsalltag verbunden sind, zu ernsthaften Beeinträchtigungen unserer Gesundheit und eben auch unserer Leistungsfähigkeit führen.

Der Stress hat also viele Väter – und zugleich zeigen die Zahlen, dass das alltägliche Arbeitsumfeld in der Hauptsache die Ursache für Stress darstellt. Darüber hinaus haben tatsächlich unsere Haltung gegenüber belastenden Situationen ebenso wir unser Verhalten in denselben einen nicht unmaßgeblichen Einfluss darauf, wie sehr wir unter Stress leiden.

Der dänische Philosoph Per Jepsen fordert diesbezüglich, wir sollten aufhören, immer positiv sein zu wollen (Jepsen 2018). Pessimismus sei tatsächlich gar nicht mal so schlecht, so Jepsen, weil er uns dazu bringe, kritischer zu reflektieren. Ist da vielleicht was dran?

Die meisten von uns halten es mit einer positiven Grundeinstellung, denn der Optimist wird in der Regel sozial höher geachtet als der Pessimist. Erleben Sie es nicht auch so, dass andere die Augen genervt nach oben drehen, wenn Sie einen negativen oder pessimistischen Kommentar abgeben? Es macht doch einfach viel mehr Spaß, mit einem glücklichen und optimistischen Menschen zusammen zu sein! Tatsache ist jedenfalls, dass wir schnell traurig werden und in einen deprimierten Zustand rutschen, wenn wir gering geschätzt werden.

Eine positive Grundeinstellung erlaubt weniger Zweifel und weniger Fragen, die möglicherweise unserem schnellen aktiven Fortkommen im Weg stehen könnten. Dabei bergen Zweifel und Fragen durchaus Potenzial: Bzgl. einer geplanten Aktion oder einer geäußerten Unterweisung zwingen sie uns, inne zu halten und eine angemessene Antwort zu formulieren.

So kann eine kritische Haltung dazu führen, dass wir die Geschwindigkeit unseres Handelns drosseln und damit Raum für Gedanken und Erwägungen schaffen, sodass wir die Umstände sowie uns und unser Tun am Ende besser verstehen können. Eine kritische Haltung kann also durchaus positive Wirkung zeugen. Leider aber wird sie nicht als konstruktiv, sondern in der Regel als destruktiv wahrgenommen.

Wie oben beschrieben, besteht in vielen Organisationen ein Missverhältnis zwischen dem Arbeitspensum und der Arbeitszeit, und dieser Umstand verbietet förmlich jede strategische Planung und jede kreative Phase. Wer mit Arbeit überladen ist, kommt nicht auf dumme Gedanken, er sollte lieber sein Schicksal annehmen und lächeln. Er sollte einfach mal optimistisch sein!

Was würde wohl passieren, wenn wir die negative Äußerung wagen würden: *„Das ist nicht OK!"* Wahrscheinlich bekämen wir sofort den Stempel „Pessimist", weil wir Kritik geäußert haben. Kritik aber ist genau das, was bei einem solchen Umstand benötigt wird. Denn sie kann zu dem dringend benötigten neuen Denken und zu neuen Handlungen führen. Und wenn wir das erreicht haben, können wir uns wieder einen optimistischen Blick auf die Umstände leisten – bis eine veränderte Situation erneut eine konstruktiv kritische Reflexion fordert.

6   Herrscht Überarbeitung? Das Paradox

Wir hören oft Sätze wie: *„Wir haben viel zu viel zu tun und viel zu wenig Zeit".* Stimmt das eigentlich oder sagen wir solche Sätze, weil sie gesellschaftlich anerkannt sind? Tatsache ist jedenfalls, dass solche Sätze wie *„ich bin nicht so beschäftigt, ich langweile mich sogar ein bisschen"* für unsere Ohren sehr ungewöhnlich klingen.

Umso bemerkenswerter ist der Umstand, dass der durch Langeweile verursachte Stress mittlerweile derart weit verbreitet ist, dass dafür bereits ein neuer Begriff eingeführt wurde: „bore out".

In einer Studie aus 2009 äußerten 39 % der Deutschen, dass sie ihren Tag nicht mit ausreichend Arbeit füllen könnten (Nørmark und Jensen 2018b). Solche Umstände begünstigen Langeweile. Normalerweise würden wir zwar davon ausgehen, dass Stress durch zu viel Arbeit verursacht wird, Tatsache aber ist, dass Stress auch durch extreme Langeweile, durch ein zu geringes Maß an Herausforderungen oder durch unsinnige bzw. sinnfreie Aktivitäten verursacht wird. Diesen Umstand beschreibt das Sprichwort *„Wir sind sehr damit beschäftigt, nichts zu tun".* Dieses Beschäftigt-sein verursacht viel Stress.

Die Äußerungen über Stress durch Arbeit können also zwei Ursachen haben: zu viel oder zu wenig Arbeit. Hierzu finden sich noch einmal im oben erwähnten Text von Keynes die Worte *„Für den normalen Menschen ohne besondere Begabung ist es eine beängstigende Vorstellung, sich selbst zu beschäftigen, besonders dann, wenn er nicht im Boden der traditionellen Gesellschaft wurzelt oder keine direkte Verbindung mehr zu deren geliebten Konventionen hat"* (Keynes 1963, S. 359).

Müßiggang ist die Wurzel allen Übels – oder von Stress! Weiter oben habe ich erwähnt, dass 60 % derer, die häufig an Stress leiden, gerne ihr Leben verändern würden, nicht aber wissen, wie ihnen das gelingen könnte. Der Wunsch nach Veränderung kann sich eben auch auf die empfundene Langeweile beziehen.

Langeweile im Job, die z. B. durch zu wenig Arbeit oder durch Unterforderung verursacht wird, sollte immer mit dem Vorgesetzten besprochen werden – eine durchaus sinnvolle Forderung, die im Alltag alles andere als leicht umzusetzen ist, weil sie nicht produktiv ist. Dem eigenen Vorgesetzten zu erzählen, dass man zu wenig zu tun habe und sich langweile, kann diesen in eine unangenehme Situation bringen, insbesondere dann, wenn er tatsächlich keine weitere Arbeit zu vergeben hat.

Möglicherweise ist der Manager aber auch alles andere als bereit, zu akzeptieren, dass das Arbeitspensum seine Leute unterfordert. Würde er das nämlich eingestehen, dann müsste er konsequenterweise die Anzahl der Stellen in seiner Abteilung reduzieren. Da aber, wo die Zahl der Untergebenen zugleich als Lackmus für den Erfolg des Managers dient, somit eine hohe Mitarbeiterzahl zum Statussymbol geriert, genau da wird der Manager ungern seine eigene Reputation nach unten schrauben.

In Folge neigt der Angestellte sein Haupt und gibt vor, beschäftigt zu sein. Ein guter Angestellter erweist sich als Fleischwerdung der Behauptung von Frederick Winslow Taylor: *„Hier wird sich kein kompetenter Arbeiter finden, der sich nicht dem intensiven Studium der maximalen Arbeitsverlangsamung ergeben und zugleich seinen Vorgesetzten davon überzeugen würde, dass er eine gute Performance bietet"* (Taylor 1911).

Und so fügen sich die Angestellten in die Gegebenheiten und stellen sich dabei zunehmend existenzielle Fragen wie *„War mein Leben wirklich so gedacht?"* oder *„Warum mache ich eigentlich diese Arbeit?"*.

In einer Studie aus 2015 gaben 37 % der Befragten an, dass ihre Arbeit keinen wertvollen Beitrag in der Welt leiste (Nørmark und Jensen 2018c). Das ist nicht nur kein motivierendes Statement, sondern führt in Folge dazu, dass Menschen erst demotiviert dann desinteressiert und schließlich seelisch gestört werden mit der Folge, dass sich Stress einstellt.

Um ihre Tage mit Tätigkeiten zu füllen, beschäftigen sich solche Menschen mit den erstaunlichsten Dingen. Und was dabei ganz sicher nicht zu diesen Dingen gehört, sind Arbeiten, die Wert für das Unternehmen schöpfen: 70 % des Web-Traffics auf Pornoseiten fallen auf die Stunden zwischen 9 Uhr morgens und 5 Uhr nachmittags. Auch der Umfang des webbasierten Warenhandels explodiert während der üblichen Arbeitszeit und nimmt am Abend und am Wochenende vergleichsweise dramatisch ab (Nørmark und Jensen 2018d).

7   Gibt es ein Fazit?

Auf die eine oder andere Art sind Menschen andauernd beschäftigt und haben volle Arbeitstage – und folgen damit vielleicht Parkinsons Gesetz: *„Wir können generell beobachten, dass sich Arbeit derart ausdehnt, dass sie genau die Zeit ausfüllt, die sie für ihre Erledigung braucht"* (The Economist 1955).

Menschen können sich durchaus mit wertschöpfenden Aktivitäten beschäftigen, häufig aber wird die Zeit mit komplett unwichtige Dinge vertan. Und in diesem Zusammenhang empfinden Menschen dann auch sämtliche Aktivitäten rund um eine sinnlose Arbeit als reine Zeitverschwendung.

Sowohl die Überarbeitung als auch die Unterforderung führen zu Stress. Denken Sie noch einmal an Keynes Worte über die Schwierigkeit, sich selbst zu beschäftigen und darüber, dass auch Müßiggang zu Stress führe – die beiden gegensätzlichen Umstände also, zu viel oder zu wenig Arbeit, führen beide zum selben Ergebnis, zu Stress.

Leider leisten viele Menschen an ihrem Arbeitsplatz eine Menge absurde und auch sinnlose Arbeit. Wenn sie also behaupten, dass ihr Stress durch ihre Arbeit verursacht wird, dann mag das nicht immer nur daran liegen, dass sie zuviel arbeiten. Auch andere Stressfaktoren – wie eben z. B. Sinnlosigkeit – müssen ins Kalkül gezogen werden.

In Summe können wir also sagen: Überarbeitung, Unterforderung und/oder sinnlose Aufgaben, unsoziales Verhalten der Kollegen, bemitleidenswerte Manager, ausbleibende Kommunikation, Zeitdruck, keine Mitsprache, keine Mitgestaltung, keine Teilhabe, keine Anerkennung – all diese Faktoren führen in Verbindung mit den andauernden Veränderungsprozessen zu seelischen Störungen und zu Stress.

Wiewohl: Das Hamsterrad wird sich nicht selbst anhalten. Insbesondere dann nicht, wenn wir darin weiterlaufen. Ich habe bereits erwähnt, dass wir nur etwas verändern können, wenn wir bereit sind, alte Gewohnheiten loszulassen und neue Möglichkeiten willkommen zu heißen – und: Je schneller uns das gelingt, desto besser. So könnten wir uns z. B. vom herkömmlichen Reporting verabschieden und ganz neue Wege in der Information und vor allem Kommunikation einschlagen.

Wir müssen bereit und fähig sein, unsere Arbeitswelt kritisch zu reflektieren, weil die Arbeitswelt von morgen eine andere sein wird. Wenn wir uns dem verweigern, sind wir am Ende als Verhindernde unserer eigenen Weiterentwicklung und damit auch Zerstörer unseres Selbsterhalts. Wenn sich unsere Organisationen weiterentwickeln und wir nicht mitgehen, dann werden wir einfach zurückgelassen und schließlich überflüssig sein. Vielleicht verlieren wir gar unseren Job. Und das wird uns dann unmittelbar und endgültig in Zentrum der Demotivation, der sozialen Ächtung, der Schlafstörungen und des Stresses katapultieren.

Es liegt ganz bei jedem Einzelnen, ob er Teil des Wandels sein will. Dafür aber braucht es ein Management, das in die Lage ist, die Bühne für den Wandel zu bereiten. Es muss den jeweiligen Grund für die nötige Veränderung identifizieren, definieren und kommunizieren. Es muss die nötigen Strukturen für Mitsprache und Mitgestaltung im Veränderungsprozess gestalten und schließlich dafür sorgen, dass der Veränderungsprozess angemessen bzw. erfolgskritisch durchgeführt wird. In Abb. 5 sind die grundlegenden Phasen eines erfolgreichen Veränderungsprozesses dargestellt, und allen Phasen sind die drei erfolgskritischen Aspekte gemein: *Involvierung*, d. h. die Einbeziehung der Angestellten, *Teilhabe und Mitsprache* durch kooperative Prozesse und schließlich *Kommunikation* über den gesamten Prozess hinweg inklusive nötiger Voraussichten auf das Geplante und Rückblicke auf das gemeinsam Erreichte.

Gelingt dem Management die Einbeziehung der Mitarbeiter nicht, besteht die große Gefahr, dass sich Widerstand oder sogar Gegenwehr gegen die Veränderung formiert, was Unruhe verbreiten und die Organisation vor zusätzliche Herausforderungen stellen wird. Im Ergebnis werden die Mitarbeiter demotiviert und das Scheitern der nötigen Veränderung vorprogrammiert sein. Die Stärke des Unternehmens kann dadurch maßgeblich geschwächt werden, die Business Performance gerät suboptimal. Nicht zuletzt werden seelische Störungen und ein hoher Stresslevel die Folge sein.

8   Gönn' Deinem Verstand eine Pause

Der Wunsch, die Welt anzuhalten und auszusteigen, ist wie gesagt nicht erfüllbar. Tatsächlich aber ist es von Zeit zu Zeit ratsam, einzuhalten und sich zurückzulehnen.

Die Herausforderungen und das geforderte Maß an geistiger wie seelischer Konzentration, die Veränderungsprozesse mit sich bringen, können Menschen regelrecht schwindlig machen. Und kaum zuhause angekommen, warten weitere Belastungen auf sie – ein hektisches Familienleben, kranke Kinder oder Eltern, Smartphones, Internet, etc. Beinahe jede Sekunde des üblichen Privatlebens gilt heute dem Abgelenktwerden oder dem sich Ablenken-lassen. Zeit für eigene Gedanken bleibt nicht. Zeit für Muße und Kreativität schon gar nicht. Die Folgen davon sind Schlaflosigkeit, Rückenschmerzen – und eben Stress.

Es könnte außerdem sein, dass wir schon bald einen Zustand erreicht haben, in dem wir unsere Probleme und die Anforderungen an uns nicht mehr in den Griff bekommen oder bewältigen können. Unser Verstand ist ununterbrochen zahlreichen Eindrücken ausgesetzt und hat keinen Moment die Chance, zur Ruhe zu kommen. Dazu kommt das inzwischen alltägliche und andauernde Bombardement mit Neuentwicklungen, denen wir uns stellen sollen, ja stellen müssen.

Das werden wir bald nicht mehr bewältigen, und manche tun es schon jetzt nicht mehr – der Verstand sagt; „Stopp". Und in diesem Moment findet die seelische Störung endgültig ihren Platz im System.

Der Verstand braucht eine Pause, um sich in die Kontemplation zu vertiefen oder dem kreativen Abschweifen hinzugeben. Der dänische Psychiater und Hirnforscher Peter Lund Madsen hat erst jüngst sein Modell der „Hirn-Bremse" vorgestellt. Wenn sich unser Verstand von den alltäglichen Herausforderungen ausruht, so Madsen, beginnt er nach kurzer Zeit, in seinem eigenen Rhythmus zu arbeiten. Ohne Druck von außen beginnt er frei, ungebunden und assoziativ zu denken – in diesem Zustand findet er sein Gleichgewicht, und genau in solchen Momenten entsteht Kreativität. Die Synapsen verbinden sich zu neuen Gedanken und Ideen.

Lund Madsen schlägt vor, dass wir uns täglich solche Momente der Hirn-Bremse gönnen. Wir sollten nicht mehr als 50 Stunden pro Woche arbeiten, Urlaube planen und meditieren. Die Botschaft ist eindeutig: Wir brauchen an jedem Tag stille Momente, in denen wir zur Ruhe finden und unseren Gedanken Freiraum zur Entfaltung schenken.

Unser Hirn braucht immer mal wieder eine solche Bremse, damit wir unsere Aufmerksamkeit vom äußeren „Dauer-Bombardement" der Neuigkeiten, denen wir uns stellen sollen, ab- und uns unserem Inneren zuwenden können. Erst hier finden wir unsere Quelle für die freie kreative Beschäftigung, und sie ist wirklich wertvoll angesichts der andauernden Über- wie auch Unterforderung, der wir tagtäglich ausgesetzt sind. Achtsamkeit und Meditation sind die Antwort auf diesen Alltag.

Literatur

APA. (2018). *Stressdefinition*. American Psychological Association. www.apa.org.

BIE. (2017). *Business transformation implementation and delivery*. London: BIE Excecutive Ltd.

BIE. (2018). *Business transformation implementation and delivery*. London: BIE Excecutive Ltd.

Bridges, W., & Bridges, S. (1991a). *Managing transitions* (S. 5–10). Philadelphia: Da Capo Press/ Perseus Books Group.

Bridges, W., & Bridges, S. (1991b). *Managing transitions* (S. 38–39). Philadelphia: Da Capo Press/Perseus Books Group.

Diels, H. (1903). *Fragment 91/Die Fragmente der Vorsokratiker* (Walther Kranz, Hrsg.).

Epinion. (2016). www.epinionglobal.com.

Eurostat. (2018). Europäische Statistiken der Europäischen Kommission. https://ec.europa.eu/commission/index_de.

Gallup. (2016). The worldwide employee engagement crisis. *Gallup Business Journal*, Jan. 7, 2016. http://news.gallup.com/poll/189071/little-change-employee-engagement-january.aspx.

Hayes, J. (2002). *The theory and practice of change management* (S. 24–32). Basingstoke: Palgrave Macmillan.

HK. (2016). HK ist die größte dänische Gewerkschaft für Angestellte in Handel und öffentlicher wie privater Verwaltung.

Jepsen, P. (2018). *Pessimisme*. Aarhus, Dänemark: Århus Universitetsforlag.

Jyllands-Posten. (11. April 2018). *Jyllands-Posten* (The Danish news paper).

Keynes, J. M. (1963). *Economic possibilities for our grandchildren/Essays in persuasion* (S. 358–373). New York: Norton. https://www.amazon.de/Essays-Persuasion-John-Maynard-Keynes/dp/161427374X/ref=sr_1_2?ie=UTF8&qid=1528273878&sr=8-2&keywords=keynes+essays+in+persuasion (Erstveröffentlichung 1930).

Maurer, R. (2010). *Beyond the wall of resistance*. Texas: Bard Press.

NFA. (2017a). Det Nationale Forskningscenter for Arbejdsmiljø, København. *Analyser om mentale sundhedsudfordringer (MSU) og forebyggende initiativer for erhvervsaktive i Danmark* (S. 12–22). København.

NFA. (2017b). Det Nationale Forskningscenter for Arbejdsmiljø, København. *Analyser om mentale sundhedsudfordringer (MSU) og forebyggende initiativer for erhvervsaktive i Danmark* (S. 12–22). København.

NFA. (2017c). Det Nationale Forskningscenter for Arbejdsmiljø, København. *Analyser om mentale sundhedsudfordringer (MSU) og forebyggende initiativer for erhvervsaktive i Danmark* (S. 76). København.

Nørmark, D., & Jensen, A. F. (2018a). *Pseudoarbejde – Hvordan vi fik travlt med at lave ingenting* (S. 24–25). Kopenhagen: Gyldendal Business.

Nørmark, D., & Jensen, A. F. (2018b). *Pseudoarbejde – Hvordan vi fik travlt med at lave ingenting* (S. 49–50). Kopenhagen: Gyldendal Business.

Nørmark, D., & Jensen, A. F. (2018c). *Pseudoarbejde – Hvordan vi fik travlt med at lave ingenting* (S. 51). Kopenhagen: Gyldendal Business.

Nørmark, D., & Jensen, A. F. (2018d). *Pseudoarbejde – Hvordan vi fik travlt med at lave ingenting* (S. 45). Kopenhagen: Gyldendal Business.

OECD. (2017). http://data.oecd.org/emp/hours-worked.htm.

Selye, H. (1973). The evolution of the stress concept. *American Scientist, 61*(6), 692–699.

Sital-Singh, L. (2018). Nothing stays the same. http://www.songtexte.com/songtext/luke-sital-singh/nothing-stays-the-same-b5ff98e.html.

Taylor, F. W. (1911). *The principles of scientific management*. New York: Harper & Brothers.

Techniker Krankenkasse. (2016). *Entspann Dich Deutschland*. TK Stressstudie.

The Economist. (1955). Parkinson's law. https://www.economist.com/node/14116121. Zugegriffen: 19. Nov. 1955.

World Health Organization. (2017). *Depression and other common mental disorders, Global Health Estimates.* WHO/MSD/MER/2017.2.

Steen Bjerre, geboren 1952 in Kopenhagen, Dänemark, lebt seit 2010 in Berlin. Mit einem Abschluss als Diplomkaufmann von der Copenhagen Business School hat er in verschiedenen leitenden Positionen internationaler Unternehmen gearbeitet. In den 90er Jahren bekam er seine erste CEO-Position und leitete große und komplexe Organisationen mit zahlreichen Auslandsniederlassungen in Europa, Nordamerika und Asien.

Die Rekonstruktion von Unternehmen, die vor der Schließung, Modernisierung und Internalisierung von Unternehmen stehen, Re-Engineering-Projekte einschließlich des Umzugs von Produktionsstätten und Büros gehören zu seinen Aufgaben. Auch M&A (Merger & Acquisition) sind wesentliche Bestandteile seiner Berufserfahrung.

Mehr als 10 Jahre lang war er Prüfer an der Copenhagen Business School und hat in den letzten Jahren als Dozent für BA- und MBA-Studenten am European Business College in Berlin gearbeitet.

Steen Bjerre hat mehrere Ehrenämter als nicht geschäftsführender Direktor inne und ist Vorsitzender des Copenhagen Summer Festival, einem großen Festival für Kammermusik.

Vom Traum zum Trauma – Ehrgeiz und Verstrickung in einem Familienunternehmen

Marion Lockert

Inhaltsverzeichnis

Zusammenfassung

Dieser Beitrag schildert, wie eine Verquickung von Geschäften und Freundschaften, wie sie in Familienunternehmen häufig der Fall ist, ein Firmentrauma potenzieren kann. Zu der wirtschaftlichen Erschütterung kommt hier hinzu, dass tiefe Beziehungen zerbrechen und damit das wichtige Thema „Vertrauen" nachhaltig torpediert wird. Vertrauen jedoch ist für jede Organisation und Zusammenarbeit unerlässlich. Fehlendes Vertrauen führt nicht nur zu Überwachung, sondern zu Lähmung von

M. Lockert (✉)
Hannover, Deutschland
E-Mail: ml@marion-lockert-institut.de

© Springer-Verlag GmbH Deutschland, ein Teil von Springer Nature 2019
S. Hartung (Hrsg.), *Trauma in der Arbeitswelt,*
https://doi.org/10.1007/978-3-662-58622-8_7

Kooperation und Innovation und damit zur Verhinderung tragfähigen Erfolges. Nicht zuletzt zeigt der Beitrag, dass eine familientraumatische Parallele eine mögliche Prädisposition für eine Beteiligung an einem Firmentrauma erhöhen könnte.

1   Das ist ein (Familien-)Trauma

Ein Trauma ist definiert als ein – meist plötzlich erfolgendes – physisch oder psychisch gewaltsames Ereignis, das die Verarbeitungskapazitäten der Betroffenen übersteigt. Familientraumata, also schockhafte Ereignisse oder Handlungen, die Leib und Leben oder die Persönlichkeitswürde und psychische Unversehrtheit eines oder mehrerer Mitglieder einer *Familie* bedrohen, werden häufig von Familienmitgliedern selbst begangen. Und manchmal kommen diese Ereignisse auch durch Naturgewalten, Schicksalhaftes oder auch Menschengemachtes von außen.

Heute ist hinlänglich bekannt, dass Traumata auch transgenerational wirken. Das bedeutet, dass sie in (Familien-)Systemen die Neigung haben, sich in den verschiedenen Generationen in ähnlicher Weise zu wiederholen. Bestimmt kennen Sie selbst Familien, in denen Krankheitsbilder „vererbt" zu werden scheinen. Meist wird dieses einer genetischen Disposition zugeschrieben. Die systemische Familientherapie postuliert jedoch eine weitere mögliche Ursache von Krankheit. Sie geht davon aus, dass (Krankheits-) Symptome auch mittels Anbindung an eine Art quantenphysikalisches Informationsfeld fortgeschrieben werden können.

Auf welcher Hypothese fußt diese Idee nun? Stellen Sie sich dafür Folgendes vor: Gedanken und Emotionen sind, wie alles in der Welt, eine Form von Energie, die ja laut dem Energieerhaltungssatz des Physikers Helmholtz nicht verloren gehen kann. Diese Energien bilden Strukturen von (sich auch überlappenden) sogenannten morphogenetischen Feldern, die also alle bewussten und unbewussten Erlebnisse und Erinnerungen als gespeicherte Energien enthalten, so die moderne Quantenphysik. Systeme wie z. B. Familien, aber auch Kulturen, Orte und andere Zusammenhänge bilden dabei deren Verdichtungen.

Mitglieder eines Systems sind unbewusst alle an „ihr" Feld angeschlossen und von ihm in Wechselwirkung beeinflusst. Nicht aufgelöste psychosomatische Impulse und blockierende Verhaltensmuster, angsterfüllte innere Haltungen, sogenannte hinderliche Glaubenssätze oder Grundüberzeugungen in Familien, bilden dabei Verknäulungen von Energien. Je freier aber sich Energien bewegen können, desto mehr ressourcevolle Bewegung ist auch den einzelnen Mitgliedern des jeweiligen Systems möglich. Der Grad der individuellen Beeinflussung bis zur „Übernahme" bestimmter Symptome ist also unterschiedlich ausgeprägt.

So würde es erklärlich, dass sich schicksalhafte Vorkommnisse wie z. B. frühe Tode und Verluste, unglückliche Beziehungen, Trennungen und Fortgeben von Kindern oder Ausgrenzung von Familienmitgliedern in verschiedenen Generationen wiederholen und reinszenieren.

In dieser Denkweise jedenfalls lassen sich die seltsamen Zusammenhänge lesen, die für einige Personen in unserer Geschichte „Vom Traum zum Trauma" gelten.

2 (Firmen-)Trauma und inhabergeführte Familienunternehmen

Meines Erachtens wird der Begriff Trauma bisher ausschließlich in Zusammenhang mit menschlichen Individual- oder Gruppenschicksalen benutzt. Aber der Gedanke liegt nahe, dass Traumata auch in anderen Systemen wie Unternehmen zu finden sind. Hier könnte der Begriff Trauma im Sinne eines *„überraschenden Vorkommnisses, das gegen die Regeln und ‚guten Sitten' verstößt und Existenz, Würde, Ruf und Frieden des Unternehmens nachhaltig bedroht"* definiert sein.

Das morphogenetische Feld des Systems „Firma" ist ein eigenes.

Anderes als in Konzernen, in denen die Bindung der Mitarbeiter an ihr Unternehmen in der Regel viel geringer ist, wie sich an der Fluktuation und kurzen Verweildauer ablesen lässt, kann man in Familienunternehmen von einer Addition oder Überlappung der Felder „Firma" und „Familie" ausgehen. Es resoniert also gleichzeitig mit den „Familienfeldern" der Beteiligten, bildet einen Attraktor für die individuellen Dispositionen der Mitarbeiter. Dabei scheint es so, als ob der Grad der Verantwortlichkeit im Unternehmen die Stärke der Resonanz beeinflusst. Im Folgenden nun zeigt unsere Geschichte, wie sich verschiedene Feldströmungen hier gegenseitig „befruchten" können …

3 Familientrauma – die Geschichte

Da gibt es zum Beispiel Kurt Tigow. Er ist der Sohn von Carl Tigow, einem erfolgreichen und wohlhabenden Kaufmann, der in den 1920er und 30er Jahren gute Geschäfte mit Händlern in Übersee macht. Bis nach China führen ihn seine Reisen, während seine Frau mit den beiden Kindern in Bremerhaven einen luxuriösen Haushalt leitet. Es gibt Bedienstete und einen Chauffeur, und die Kinder besuchen das örtliche Gymnasium. Und auch, wenn er das Talent seines Vaters geerbt hat, schnell gute Kontakte zu schaffen: Der junge Kurt will, wenn er schon nicht Schiffskoch werden darf, so gerne Pastor werden! Und so büffelt er in der altsprachlichen Schule Latein, Hebräisch und Altgriechisch. (siehe *Abb. 1 Die Familien Tigow und Perr*).

1932, Kurt ist sechzehn und in der 11. Klasse, geschieht Einschneidendes. Ein guter Freund von Vater Carl ist in finanzieller Not und bittet ihn um eine Bürgschaft, die dieser gewährt. Es ist ja schließlich ein naher Freund, der ihn da fragt. Doch die hohe Bürgschaft platzt. Von heute auf morgen leben die Tigows am Rande ihrer Existenz. Kurt muss die geliebte Schule verlassen, um nun eine kaufmännische Lehre zu machen.

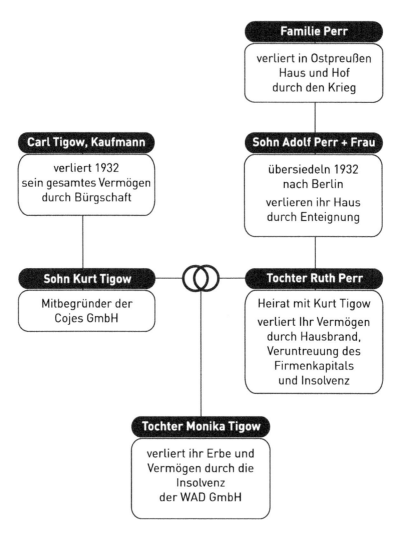

Abb. 1 Die Familien Tigow und Perr

Das bringt ein bisschen Geld. Und ab nachmittags verkauft er Schnürsenkel, geht von Tür zu Tür. Ein individuelles und ein Familientrauma. Das heißt, nie wirklich besprochen und gemeinsam getragen, die Gefühle nie gezeigt, vielleicht sogar nie gefühlt. Und deswegen auch nicht bewältigt, geschweige denn kompensiert. Denn was nicht sein darf, das ist auch nicht. So ist die nachkaiserzeitliche Welt.

Kurts „Glück" ist, dass er durch einen frühen Unfall ein Auge verloren hat. Das bewahrt ihn nämlich vor einer raschen Rekrutierung als Soldat zu Kriegsbeginn, erst am Ende wird er als Funker eingezogen. Vater Carl, der den traumatischen Abstieg niemals verwinden konnte, stirbt mit Anfang sechzig kurz nach Kriegsende an einem Herzinfarkt.

Der nun zwanzigjährige Kurt beginnt, als Vertreter bei der Varta auf Reisen zu gehen – wie sein Vater. Und er ist genauso erfolgreich, heiratet und zeugt zwei Kinder. Doch die Ehe hält den Reisen nicht Stand. 1949 kommt die Scheidung. Und er lernt Anfang der fünfziger Jahre die attraktive Ruth Perr kennen.

Ruth kommt aus einem Familienfeld, das ebenfalls mit dem Thema Verlust verbunden ist. Gebürtig aus Ostpreußen, wo die Großeltern und weitere Verwandtschaft durch die Kriegsereignisse gerade Haus und Hof verloren hatten, wird auch die Familie Perr enteignet: Ihr Haus steht in Schöneiche nahe Berlin und wird vom neuen Staat entschädigungslos konfisziert. Ruth folgt ihren Eltern nach Westdeutschland, begegnet Kurt, und 1953 halten sie Hochzeit.

Anders als in seiner ersten Ehe begleitet die jetzige Ehefrau Kurt auf seinen Geschäftsreisen, fährt ihn von Kunde zu Kunde. Kurts humorvolle und kontaktfreudige Art lässt seinen Kundenkreis schnell wachsen. So baut man in den Wirtschaftswunderzeiten eine erfolgreiche Existenz auf. Die beiden Kinder, die 1954 und 1958 zur Welt kommen, werden im neu gebauten Haus von einem Kindermädchen betreut. Die Karriere Kurt Tigows mündet in der stolzen Gründung eines eigenen Unternehmens. Und die Geschichte wird zeigen, wie sich das Thema Verlust in dem nun gemeinsamen Familienfeld der Tigows und Perrs auch in der Folge fortsetzt.

4 Ein Firmentrauma in einem Familienunternehmen

In der Geschichte dieses neuen Unternehmens verbinden sich nämlich die Traumata der Familienfelder mit einem Firmentrauma. Dabei spielt die Verquickung von Freundschaft und Verlust eine besondere Rolle. Wie in der Familie Kurt Tigows. Doch zunächst kommt es zur Gründung und Blüte eines aufstrebenden Geschäfts...

4.1 Wie es begann ... die guten Zeiten

Das Wirtschaftswunder in den 50er Jahren ermöglicht dem Technischen Kaufmann und Handelsvertreter Kurt Tigow also gute Geschäfte. Und er versteht es, Kontakte zu machen, die ihm auch in der Folgezeit von Nutzen sein würden. Zu diesen Kontakten gehört der Ingenieur Wilhelm Stark. Mit ihm entsteht die Idee, ein eigenes Unternehmen zu gründen. 1962, Tigow ist 48 Jahre alt, ist es dann so weit: Die Cojes GmbH wird aus der Taufe gehoben. Stark als Ingenieur, der sich auf die Konstruktion von Pumpen und Dosiertechnik versteht und einen kreativen Geist besitzt, ist ein idealer Partner für den kundenorientierten Tigow, der sich ein starkes Netzwerk, wie man es heute nennen würde, erarbeitet hat. Die beiden sind auch persönlich längst dicke Freunde geworden, und die Familien treffen sich auch häufig privat. Und ist es nicht ein witziger Zufall, dass beide ihren Töchtern den gleichen Namen gegeben hatten?

Bald kommen als „Verstärkung" noch zwei weitere Gesellschafter dazu. So potenziert man Firmenkapital und Ideenpower: Vor allem der Ingenieur Gerd Esser bringt noch einmal frischen und moderneren Wind mit, sind die beiden Neuen doch gut zehn Jahre jünger als die Gründer. Gerecht teilt man sich die Anteile mit 4×25 %.

Innovative Produkte entstehen, die vor allem die Flüssigdosierung für Industrie, Wasseraufbereitung und Bewässerung regeln. Das Unternehmen blüht. Dependancen in Deutschland und dann auch im Ausland werden eröffnet, und die Zahl der Mitarbeiter steigt auf 80, bald auf 130. Anfang der Siebziger wird zur Entlastung der geschäftsführenden Gesellschafter ein Prokurist eingestellt. Denn die vier Freunde ersinnen auch andere geschäftliche Projekte wie eine Hotelanlage auf Mallorca. Mit dem Hotelrestaurant, das Stark und Tigow zusammen erstehen, gönnt sich Kurt Tigows dann die Erfüllung eines Jugendtraums.

Der junge Prokurist Norbert Weiß tut sich als gewiefter Kaufmann mit geschickten Ideen hervor und arbeitet ehrgeizig am Wachstum der Firma mit. Er ist ein gut aussehender Charmeur und gewinnt mit Leichtigkeit und Souveränität Aufmerksamkeit und Herzen, nimmt Dinge kraftvoll in die Hand. Und auch er freundet sich vor allem mit Kurt und Ruth Tigow an, man fährt zusammen in den Urlaub, und sogar der eigentlich äußerst introvertierte Tigow öffnet ihm sein Herz. Weiß wird zu dessen Vertrautem, vermittelt in der kriselnden Ehe.

4.2   Wenn man unbedingt etwas will…

Inzwischen, wir schreiben das Frühjahr 1978, ist Kurt Tigow mit 62 Jahren an Krebs erkrankt *(und Sie erinnern sich: Kurts Vater ist auch mit Anfang 60 gestorben…)*. Seine Krankheit verläuft rasch, auch wenn Tigow die Schwere der Erkrankung verleugnet und verdrängt. Im Herbst des gleichen Jahres lässt sie sich nicht mehr übersehen, und auf dem Sterbebett verspricht der Prokurist Norbert Weiß seinem Freund Kurt, die Interessen von dessen Frau treuhänderisch zu verwalten, denn auch zu ihr gibt es eine intensive freundschaftliche Verbindung.

Als Kurt Tigow im Oktober 78 verstirbt, rückt seine Witwe als Erbin automatisch zur Gesellschafterin auf, die sich allerdings aus den Geschäften völlig heraushält und auf ihren Treuhänder setzt. Eine unselige Entscheidung, wie sich dann zu spät herausstellen wird. Sie folgt in allem seinen Vorschlägen, investiert ihr Geld gut verzinst in das Unternehmen und lässt sich auch in den Gesellschafterversammlungen von ihm vertreten.

Nun sind es also nach dem Tod Tigows drei Gesellschafter und Geschäftsführer. Eine ungünstige Zahl, so finden sie. Daher stimmen sie gerne zu, die Aufstiegspläne von Weiß zu unterstützen. Den Posten eines Geschäftsführers bekommt er bald. Doch seine Zukunftsvision geht weiter: Weiß will Gesellschafter werden. Dafür müssen Anteile gekauft werden. Wie praktisch, dass zum gleichen Zeitpunkt die Anteilseigner Esser und Glad über einen Ausstieg nachdenken. So könnte Weiß deren Prozente übernehmen.

Aber die finanziellen Mittel fehlen ihm. Er versucht, die Banken von einem Kredit zu überzeugen, spricht mit Parteigenossen und Freunden, aber nein – es gelingt ihm nicht. Doch der Ehrgeiz ist groß. Da kommt ihm eine Idee.

4.3   Geheimnis

Heimlich entnimmt er dem Unternehmen Geld, um damit seine Gesellschafteranteile zu finanzieren. Aus seinen Gewinnen, so denkt er sich, wird er dem Unternehmen nach und nach die fehlenden Beträge verdeckt zurückzahlen. Er verbündet sich dafür mit dem Leiter der Finanzabteilung, der jeweils zum Ende des Jahres die Entnahmen kaschiert. Da zu dieser Zeit die Bilanzen intern angefertigt werden, ist dies gut möglich. Also: Ziel erreicht! Mit fünfzig Prozent sitzt er im Boot.

Doch ganz so leicht gestaltet sich die Rückzahlung nicht. Sein Plan, durch Sonderausschüttungen von Firmengewinnen die hohen Schulden zu tilgen, gelingt nicht, denn auch wenn das Unternehmen prosperiert, sind die Gewinne nicht hoch genug, um ihm seine anspruchsvolle Lebensführung *und* die Rückzahlung zu ermöglichen. Da klaffte also heimlich eine große Finanzlücke. Um diese zu füllen, überredet er eine Reihe von Freunden und Bekannten, ja sogar auch Mitarbeiter des Unternehmens dazu, Geld in die Firma zu investieren, und verspricht eine gute Verzinsung. Nutzen tut er diese Investitionen jedoch zur Deckung seiner Schulden.

4.4   Ehrgeiz, Verflechtung und Verstrickung

Es gibt ein weiteres ihm wichtiges Anliegen: Auch seine Kinder sollen versorgt sein und im Unternehmen eine gute Position gesichert bekommen. Zwar sind seine Tochter Andrea als Übersetzerin und sein Sohn Norman mit seiner abgebrochenen Kaufmannslehre fachlich nicht qualifiziert. Trotzdem werden sie Anfang der neunziger Jahre von der Cojes GmbH angestellt. Denn wie das in Familienunternehmen eben oft so ist – immerhin arbeitet auch die Tochter Starks schon seit vielen Jahren gut bezahlt und überfordert als Bürokraft dort. Als junge Frau schon sitzt Monika Stark stundenweise in der Buchhaltung. Später beschließt man, sie lieber dauerhaft zu beurlauben – bei gleichzeitiger Beibehaltung der Bezüge, versteht sich.

Natürlich, wie häufig in inhabergeführten Unternehmen, werden Kinder und Ehefrauen geschäftlich genutzt und eingebunden: Als eine Produktlinie nicht besonders erfolgreich ist und man außerdem eine Abschreibungsmöglichkeit sucht, hat Weiß die Idee, diese besondere Dosieranlage als eigenständiges Tochterunternehmen der Cojes GmbH auszulagern. Mit dem Geld der Cojes-Gesellschafter wird 1991 die WAD GmbH gegründet, und 2 Ehefrauen (Essers und Glads) und 2 Töchter (Starks und Tigows) der vier Gründer stehen als Gesellschafterinnen bereit, da die Cojes-Gesellschafter hier nicht namentlich auftauchen möchten. Den Damen wird die Unternehmung allerdings von Weiß als „besonders erfolgsträchtiges Objekt" vermittelt (Siehe *Abb. 2 Cojes GmbH und WAD GmbH*).

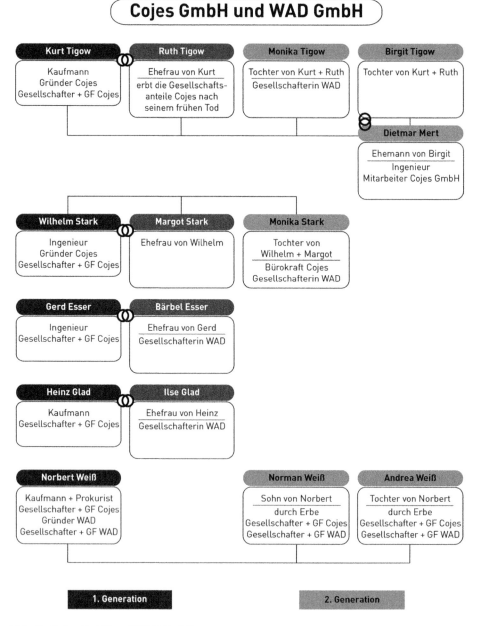

Abb. 2 Cojes GmbH und WAD GmbH

Leider erfüllt diese Tochterfirma die in sie gesetzten Erwartungen nicht sehr, sodass sich Frau Esser bald aus dem Unternehmen verabschiedet. Auch der jüngeren Tochter Tigows ist nicht mehr wohl bei ihrer Beteiligung, und sie meldet bei Norbert Weiß Zweifel an, ob sie ihre stille Mitwirkung weiterhin aufrechterhalten solle. Ein weiteres Ausscheiden jedoch überfordert die finanziellen Kräfte der Tochtergesellschaft, die ja ohnehin auf tönernen Füßen steht. Deswegen überredet er sie, ihre Position beizubehalten. Vertrauensvoll willigt sie ein.

Der neue Ehemann von Tigows älterer Tochter, Dietmar Mert, ist zum gleichen Zeitpunkt mittlerweile als Ingenieur ins Unternehmen eingetreten, um das Qualitätsmanagement und eine DIN ISO Zertifizierung zu übernehmen. Seine Familie erhofft sich davon auch, einen größeren qualifizierten Einblick in die Unternehmensführung zu erhalten. Denn zwar nehmen die beiden Töchter Tigows an den Gesellschafterversammlungen teil, jedoch ohne fachlich versierte Beurteilungen der Lage vornehmen zu können. Sie verlassen sich einfach blind auf die Aussagen von Nobert Weiß – und später auch auf die seiner Kinder. Dietmar Mert wird währenddessen in seinen Bestrebungen nach Aufstieg und Interessenvertretung der Familie Tigow von der Weiß'schen Geschäftsleitung durch eine reduzierte Informationspolitik möglichst gebremst und ausgegrenzt.

Das Mutterunternehmen also wächst – die Rechnung Norbert Weiß' bezüglich der Rückzahlungen geht trotzdem nicht auf. Auch 1998 ist noch eine große Summe offen. Der mittlerweile schwer erkrankte Weiß positioniert kurze Zeit vor seinem Tod noch seine beiden Kinder Norman und Andrea wie selbstverständlich als Geschäftsführer, zur der Verwunderung der Belegschaft, haben die beiden doch keinerlei Qualifikation für diesen Posten. Aber innerhalb des Unternehmens ist man das ja gewöhnt, und als Norbert Weiß verstirbt, steigen seine Erben, schon lange von strategischer Hand für diese Position gesetzt, zu geschäftsführenden Gesellschaftern auf. Und versäumen diese Gelegenheit, die illegale Transaktion offenzulegen.

5   Das Trauma – Familie und Firma verbinden sich

In 2001 und 2002 dann geschieht Einschneidendes.

Zunächst im familiären Feld der Tigows bzw. Perr: Es ist der Weihnachtsabend des Jahres 2001, man hatte in der kleinen Familie zusammengesessen, die Kinder sind nach Hause gefahren und die 80jährige Witwe Tigows hat sich ins Schlafzimmer im Obergeschoss zurückgezogen. Und kann nicht schlafen – zum Glück! Merkwürdig knackende Geräusche lassen sie ans Fenster gehen. Und so sieht sie von oben, wie die Flammen schon lichterloh aus dem Parterrefenster schlagen. Der defekte Kamin im Wohnzimmer hat ein Feuer entfacht, das schon weite Teile des Untergeschosses erfasst hat. Im Nachthemd und mit nichts als ihrer Handtasche flüchtet sie durch die Kälte zu den Nachbarn und kann nur noch zusehen, wie die Feuerwehr das völlig ruinierte Haus erreicht.

Sie beschließt wenig später, in ein betreutes Wohnen überzusiedeln. Die Versicherung hat ihre Immobilie gut abgesichert – der Rest ihres Vermögens liegt auf den Konten der Firma.

Dann 2002, auf Firmenseite, schlägt es für die Geschwister Weiß wie eine Bombe ein: Die Gesetzeslage ändert sich. Von nun an ist es nicht mehr möglich, die Jahresbilanzen intern vorzunehmen, externe Steuerprüfer müssen sie jetzt vorlegen. Und denen fallen seltsame Kontobewegungen zum Jahreswechsel auf. So wird sichtbar, dass es eine eklatante Unterdeckung der Liquidität des Unternehmens gibt. Das Unternehmen ist also viel weniger wert als angegeben. So könnten es jedenfalls die Banken sehen. Panik!

Norman Weiß versucht zu retten, was zu retten ist. Er besucht die Witwe Kurt Tigows und überredet die nun 81jährige, ihr restliches Vermögen, das sie als Auszahlung der Versicherungssumme aus dem vernichtenden Brand ihres Hauses erhalten hat, in die Firma zu geben. Von der Bedrohung sagt er nichts. Und sie, ihr Vertrauen in Nobert auf seinen Sohn übertragend und mit der für sie wichtigen Aussicht auf gute Verzinsung, stimmt zu. Wie sie es immer gemacht hat.

Bis zum bitteren Ende verschweigen die Nachkommen von Norbert Weiß die prekäre Situation. Um die Unterdeckung auszugleichen, geht Norman Weiß in seiner Verzweiflung sogar auf Mitarbeiter des Unternehmens zu und veranlasst sie, persönliches Vermögen als Anlage in die Firma zu geben. Eine Rückzahlung der Kapitaleinlagen sollte in Wirklichkeit natürlich nie erfolgen.

Nur wenig später müssen die Banken über die fehlende Liquidität informiert werden – und das Verhängnis nimmt seinen Lauf: Da die Firma nun offensichtlich weniger wert ist als angegeben, streichen die Banken sofort die Kreditlinien! Und nutzen als erste Tilgung alles verfügbare Kapital – auch die Finanzeinlagen. Von heute auf morgen ist Ruth Tigow dadurch mittellos, das eigentlich florierende Unternehmen von einem Insolvenzverwalter übernommen.

Natürlich ist auch die Tochterfirma WAD von diesem Niedergang betroffen, sodass deren Gesellschafterinnen in die finanzielle Verantwortung genommen werden. Die Tochter Starks wird dadurch ruiniert, die Tochter Tigows finanziell schwer angeschlagen, zudem sie nun Unterhalt für ihre mittellose Mutter zahlen muss. Noch zehn Jahre lang leisten die Gesellschafterinnen hohe monatliche Abzahlungen an die Bank.

Die Insolvenzverwaltung nimmt einige Jahre in Anspruch, in denen eine Nachfolge für die Cojes GmbH gesucht wird. Der Ehemann der ältesten Tochter Tigows, der noch eine längere Zeit im Unternehmen verbleibt, berichtet davon, dass sich ein seltsames Schweigen der Mitarbeiter über all die Vorkommnisse legt. Nach ein paar Jahren gelingt dann endlich der Verkauf des Unternehmens an einen Mitbewerber.

Während Norman Weiß rechtlich belangt und rechtskräftig verurteilt wird, verbleibt seine Schwester Andrea im Unternehmen. Eine Strafe ereilt sie nicht.

5.1   Folgen

Das neue Unternehmen gelangte bis heute nie wieder zu seiner früheren wirtschaftlichen Blüte. Die Zeit der Führung durch den Insolvenzverwalter wurde nicht dazu genutzt, eine etwaige Beteiligung weiterer Mitarbeiter an dem Betrugsmanöver zu untersuchen. Unter der neuen Leitung verbreitete sich die Haltung des Dienstes nach Vorschrift, das ehemals innovative Unternehmen entwickelte keine wesentlichen Neukonstruktionen mehr. Die Mitarbeiter, selbst diejenigen, die durch die Insolvenz finanziellen Schaden erlitten hatten, hielten still und hinterfragten nichts. Diese merkwürdige Kombination aus Lähmung und Schweigen ist im Individuellen kennzeichnend für ein Trauma. Und es scheint, als ob hier ein ganzes Unternehmen in eine traumatische Erstarrung gezogen wurde.

Eine systemische Organisationsaufstellung (s. u.) zeigte, dass vornehmlich Norman Weiß die treibende Kraft des betrügerischen Manövers war. Die Repräsentantin von Andrea Weiß gab sich verschämt und selbst wie gelähmt – was darauf hindeutet, dass möglicherweise auch in ihrer Familie ein vergangenes Trauma wirkt.

6 Morphogenetische Felder und Systemik oder: Die Psyche sucht sich Wiederholung

Die Geschichte der Familien Perr bzw. Tigow zeigen, dass sich ähnliche Muster von Ereignissen über Generationen wiederholen. Wie zu Beginn geschildert, könnte dieses Phänomen sehr wohl aus Existenz und Einfluss morphogenetischer Informationsfelder resultieren. Hier scheint sich insbesondere die Vermischung von persönlicher Verbundenheit und finanzieller Einbuße zu reinszenieren und zu neuen Traumata „einzuladen". Sie beeinflussen die Mitglieder familiärer Systeme auch dann, wenn sie ihnen nicht bewusst sind. Und im Zweifelsfall handeln Menschen in Gruppen weniger als Individuum denn als Teile des Systems.

Die Erfahrung lehrt, dass diese Musterwiederholungen wie zwanghaft erfolgen, bis die traumatischen Informationen gelöscht oder durch Lösungen ersetzt werden. Und auf ein Trauma weist im Individuellen hin, mit welcher vertrauensvollen Blindheit die Tigows dem „Freund" und Vertrauten Norbert Weiß gefolgt sind.

Aber nicht nur die Felder der Familien, auch diejenigen von Organisationen und anderen Systemen sind auf diese Weise erkennbar. Unternehmen sind, wie auch unser Beispiel zeigt, ein Kontext, in dem sich dann persönliche Strukturen, Muster, Urängste und auch Traumata manifestieren können und wirken. Hier zerbrachen als Folge durch den Betrug die langjährigen Freundschaften der Familien Tigow und Weiß, aber auch die Beziehungen zu den anderen Gesellschaftern wurden gemieden. Statt dass sich die hintergangenen Familien zusammenschlossen, entstand eine Fassungs- und Sprachlosigkeit, auch eine Lähmung, was die konsequente Verfolgung der Straftaten angeht. Wie das bei Traumata eine der typischen Folgen sein kann.

Ein weiteres Kennzeichen von Unternehmens-Trauma: Die vollständige Vorgehensweise und auch die Mitwisser, die es in der Finanzabteilung des Unternehmens gegeben haben muss, wurden nie ans Licht gebracht. Diese Art von Schweigen ist häufig Begleiterscheinung traumatischer Erlebnisse. Sogar die Mitarbeiter untereinander thematisierten die einschneidenden Vorkommnisse kaum, selbst diejenigen, die um Teile ihres eigenen Vermögens geprellt waren, schwiegen nachhaltig und taten so, als sei nichts geschehen.

7   Lösungswege

Die Hypothese, dass es sich um die systemisch-energetische Wirkung von Traumata durch morphogenetische Felder handeln könnte, wird gestärkt durch die Möglichkeit ihrer Beeinflussung durch sogenannte „systemische Aufstellungen". Deren starke lösungsfördernde und positive verändernde Wirkung ist bereits im familiären Kontext empirisch belegt.

Arbeiten wir mit diesen Feldern, ist es zum Beispiel durch systemische Familien- und Organisationsaufstellungen möglich, deren energetische Struktur zu verändern und so auch Schocks und Traumata positiv zu harmonisieren. So ist die Aufstellungsarbeit Beweismittel für die These, dass auch Unternehmen Traumata erleiden können – und Lösungsweg zugleich.

Marion Lockert, Jhrg.1958, hat Germanistik, Psychologie, Philosophie, Pädagogik, und Sozialwissenschaften studiert. Sie ist zertifizierte infosyon Professional für Organisationsaufstellungen, NLP-Lehrtrainerin/Lehrcoach (DVNLP) und Lehrtrainerin/Lehrtherapeutin für Systemaufstellungen (DGfS). 1988 gründete sie das Marion Lockert Institut (MLI) für Training, Coaching und Entwicklung, in dem sie als Management- und Persönlichkeitstrainerin und Senior Coach arbeitet. Das MLI bietet Unternehmen Begleitung von Veränderungsprozessen, Führungskräftecoaching und die Entwicklung emotionaler Führungskompetenz sowie Weiterbildungen, Persönlichkeitsentfaltung mit den Archetypen der Seele, spirituelle Aufstellungen und mediale Beratung für Privatpersonen. Sie ist außerdem Autorin mit den Schwerpunkten: Führungskräfteentwicklung, Lösungsaufstellungen und spirituelles Wachstum. Marion Lockert lebt in Hannover.

Die „Kleine vom August" – Aus der Innensicht einer engagierten Arbeitnehmerin

Elke Forster-Mahle

Inhaltsverzeichnis

Zusammenfassung

Der Text beschreibt den über 40 Jahre langen Berufsweg einer im Widerstand gewachsenen engagierten, selbstbewussten und kompetenten Frau, inmitten eines meist von Männern dominierten Berufsalltags. In einem Rückblick wird beschrieben, wie durch Reflexion und eine veränderte innere Haltung letztlich eine gesunde Entwicklung entstehen konnte.

E. Forster-Mahle (✉)
Mainz, Deutschland
E-Mail: forster-mahle@t-online.de

© Springer-Verlag GmbH Deutschland, ein Teil von Springer Nature 2019
S. Hartung (Hrsg.), *Trauma in der Arbeitswelt,*
https://doi.org/10.1007/978-3-662-58622-8_8

1   Der Anfang

„HURRA! – Abitur mit 1,9 bestanden! Jetzt steht mir die Welt offen…", so dachte ich in meiner jugendlichen Unbedarftheit, doch es sollte ganz anders kommen…

Durch den frühen Tod meines Vaters August – ich war damals erst 14 Jahre alt – hatte ich bereits früh gelernt, Verantwortung zu übernehmen und Eigeninitiative zu entwickeln. Ich war nun 18 Jahre alt und wollte Geld verdienen, um meiner Mutter einen Teil der finanziellen Sorgen abzunehmen – die Witwen- und Waisenrente für sie, meine kleine Schwester und mich betrug 550 DM. Das entsprach exakt der Höhe unserer Miete.

Während der ersten Ölkrise 1974 waren Arbeitsplätze rar und es war eine wirtschaftlich schwierige Zeit. Ich bewarb mich auf viele verschiedene Stellen. Ich wurde zu einigen Vorstellungsgesprächen eingeladen, aber letztlich wurden stets Männer eingestellt. So mancher Arbeitgeber machte dies auch mit seinen Worten ganz deutlich: *„Sie sind nun mal eine junge Frau und könnten schwanger werden. Daher haben wir uns für einen Mann entschieden"*. Ich war wütend, wollte zeigen, was ich kann. Schon in meiner Schulzeit hatte ich den Eindruck, dass die Jungs in meiner Klasse bevorzugt wurden und weniger leisten mussten, um gute mündliche Noten zu bekommen oder den einen oder anderen Zusatzpunkt in schriftlichen Arbeiten. Ich empfand es als echte Benachteiligung ein Mädchen zu sein und strengte mich umso mehr an. Mein Ziel war, zu beweisen, dass Mädchen klug und interessiert sind.

Ich hatte also mein Abiturzeugnis in den Händen und wollte Rechtspflegerin werden. In einem letzten Gespräch sollte die Wahl zwischen mir und einem Klassenkameraden fallen, dessen Vater genau an diesem Gericht beschäftigt war. Natürlich wurde er bevorzugt, um dann nach nur einem halben Jahr aufzugeben. Diese Information schmerzte einerseits, andererseits bestärkte sie mich auf meinem Weg, denn ich war sicher: ich hätte durchgehalten!

2   Ein ‚Klaps' auf den Hintern

Nach der Absage des Amtsgerichts und weiterer Vorstellungsgespräche in anderen Unternehmen begann ich bei dem Arbeitgeber meines verstorbenen Vaters – einem internationalen Unternehmen – zu arbeiten. Mir schien, dass sie bei der Vergabe der Stelle eine gewisse Verpflichtung gegenüber meinem verstorbenen Vater verspürten. Er hatte dort 26 Jahre lang verschiedene Abteilungen geleitet und zeitweise den Nachwuchs ausgebildet, ohne selbst die Meisterprüfung abgelegt zu haben. In seiner Familie – mein Großvater war Schuhmachermeister mit eigener Werkstatt – galt das Wort: *„Schuster bleib bei Deinen Leisten!"* Als mein Vater entschied, Feinmechaniker und kein Schuhmacher zu werden, hatte ihn mein Großvater kurzerhand enterbt. Und als die von meinem Vater August ausgebildeten „Lehrbuben" sich ihrerseits entschlossen, die Meisterprüfung zu machen, entschloss sich schließlich auch mein Vater August für diesen – seine Berufswahl krönenden – Schritt. Allerdings hatten sie alle – Lehrjungen wie auch August – von Algebra und Trigonometrie noch nie etwas gehört, sollten genau das jetzt für ihre Abschlussprüfung beherrschen.

Ich hatte mich damals nach Feierabend zu ihnen an den Esstisch in unserem Wohnzimmer gesetzt und lehrte sie, was ich gerade selbst gelernt hatte. Das war für mich ein beinahe erhebendes Gefühl. Wenige Wochen vor seinem Tod bestand August in allen Fächern mit „sehr gut". Ich war stolz auf mich, und ich war stolz auf meinen Vater, wollte werden wie er!

So sehr sich sein ehemaliger Arbeitgeber verpflichtet gefühlt haben mag, ich hatte dort stets einen schweren Stand. Viele Kollegen kannten mich ja von klein an und nahmen mich – inzwischen 19 Jahre alt – nicht ernst. Ich strengte mich über die Maßen an – und doch fehlte es an Respekt vor der jungen Erwachsenen und entsprechend fehlte die Wertschätzung. Ich blieb „die Kleine vom August".

Es kränkte mich, ich nahm es hin, schwieg und konzentrierte mich darauf, meine Arbeit besonders gut zu machen. Als mir allerdings ein Kollege auf dem Weg aus der Kantine auf der Treppe einen „Klaps" auf den Hintern gab, ohrfeigte ich ihn im Affekt und wusste im gleichen Moment: wenn ich weiterkommen will, muss ich kündigen und neue Wege gehen! Ich verließ meine heimatliche Kleinstadt, wollte meinen Lebensunterhalt andernorts verdienen.

3   In der Landeshauptstadt

Ich fand eine Arbeitsstelle in einem größeren Unternehmen in der Landeshauptstadt. Nun lebte ich in einer Wohngemeinschaft und genoss die Vorzüge einer Großstadt. Voller Freude und mit großem Engagement nahm ich mich meiner neuen Tätigkeit an und stellte schnell fest: ohne das Zeugnis eines Berufsabschlusses würde es hier kein Weiterkommen geben!

Daher bemühte ich mich um eine externe Zulassung zur Prüfung – eine Sondergenehmigung der Industrie- und Handelskammer – für den Abschluss als Bürokaufmann. Bürokauffrauen kannte man damals noch nicht. Aufgrund meiner kurzen Berufserfahrung war man jedoch wenig geneigt, mich zur Prüfung zuzulassen. Ich bestand mit Nachdruck auf dieser Chance und legte voller Scham meine persönliche Situation offen.

Unter größten Bedenken der Verantwortlichen wurde ich letztlich doch zur Prüfung zugelassen. Schriftlich bestand ich mit Bravour, und es zeigte sich, dass man mir in der mündlichen Prüfung ganz besonders „auf den Zahn fühlen" wollte. So fand ich mich als junge Frau vor einem „Tribunal" von sieben Männern wieder, die mir eine bohrende Frage nach der anderen stellten. Sie saßen verschanzt hinter ihren Tischen und ich auf einem Stuhl inmitten des Raumes. Es schien, als wollten sie meine Niederlage regelrecht erzwingen. Ich konnte glücklicherweise jede ihrer Fragen beantworten und bestand die Prüfung mit „gut". Dieser Kampf hatte sich gelohnt!

Es machte mir Spaß zu lernen und mich weiterzuentwickeln und ich erwarb ein weiteres Zertifikat in *„Commercial Correspondence"*. Bedauerlicherweise half auch diese Zusatzqualifikation nicht weiter, ich hatte die *„gläserne Decke"* schon bald erreicht.

Für mich blieb nur die Entscheidung, zu gehen und nach einer neuen Bewährungschance zu suchen. Diese schien im öffentlichen Dienst auf mich zu warten. Der Geschäftsführer einer Landeskammer stellte mir in Aussicht, nach einer Einarbeitungszeit eine Stelle mit weitreichenden Möglichkeiten der Entwicklung übernehmen zu können. Wie sich schnell herausstellte, hatte er diese Absicht nicht mit seinem Vorgesetzten abgestimmt. Es blieb ein Lippenbekenntnis, und es sollte dort keine Karrierechance für mich geben. So kündigte ich noch in der Probezeit.

4   Mädchen für „Alles"

Schnell war der nächste Job gefunden, in einem Unternehmen mit Geschäftsbeziehungen in die Vereinigten Staaten. Hier konnte ich meine Englischkenntnisse anwenden und hatte zunächst großen Spaß an der Tätigkeit. Nach sehr kurzer Zeit aber lernte ich die wahre Natur des Geschäftsführers kennen. Zunächst fand ich heraus, dass ich innerhalb eines Jahres bereits die dritte Besetzung an diesem Arbeitsplatz war. Vorsichtshalber hatte man deshalb meine Probezeit auf 6 Monate mit 3-monatiger Kündigungsfrist verlängert, was mir in meiner Unerfahrenheit erst später auffallen sollte.

Mit meiner Leistungsbereitschaft und meiner schnellen Auffassungsgabe hatte ich nach kurzer Zeit alle Arbeitsabläufe im Griff – bekam zusätzliche Arbeiten zugeteilt. So blieb ich – natürlich unbezahlt – abends häufig 1 oder 2 Stunden länger im Büro. Das wurde ganz selbstverständlich erwartet, ohne Dank, ohne Anerkennung. Ärger gab es nur, wenn ich morgens 5 min später kam, weil mein uralter VW Käfer wieder mal nicht angesprungen war.

Nach wenigen Wochen wurde die Reinemachefrau krank. Mein Chef bat mich, doch *„mal eben über die Schreibtische zu wischen und die Papierkörbe auszuleeren"* – kein Problem für mich. Dann bat mich seine Sekretärin *„bitte ganz kurzfristig"* einen Text zu übersetzen, den entsprechenden Lochstreifen zu schreiben und in die USA zu senden (für jüngere Leser: man nannte es Telex). Noch immer kein Problem: *„Das mache ich doch gerne für eine Kollegin"*, dachte ich. Schließlich fiel ein Kollege aus und ich wurde gebeten, *„ausnahmsweise, aber dringend"* in der Packerei für einen Eilauftrag auszuhelfen. Selbstverständlich habe ich auch das so nebenbei mit erledigt und wieder stillschweigend unbezahlte Überstunden angehängt.

An dem Tag jedoch, an dem mein Chef mich aufforderte – natürlich wieder *„mal eben"*– auch die gesamte Toilettenanlage zu putzen, platzte mir der Kragen. Seine Aufforderung brachte selbst für mich das Fass der engagierten Selbstverständlichkeiten zum Überlaufen! Bis dahin kannte ich die traumatisierenden Spiele der Macht noch nicht, hatte jetzt aber eine Ahnung davon bekommen. Ich war 24 Jahre alt und auf mein Einkommen angewiesen. Ich kündigte aus dem Bauch heraus sofort.

Als ich noch in der Mittagspause zu Hause die Kündigung auf einer alten Koffer-schreibmaschine schrieb, bekam ich eine Panikattacke. Denn ich wusste: Meine Kün-digung würde meine Existenzgrundlage vernichten. Gleich nach der Pause übergab ich meine Kündigung dem Chef persönlich. Er zeigte sich sehr erschrocken und bot mir spontan einen Firmenwagen und 500 DM mehr Gehalt – 1980 eine enorme Summe! Ich aber war so in meiner Ehre verletzt, dass ich nicht bereit war, hier auch nur einen einzigen Tag länger zu bleiben. Dem stimmte mein Chef mit Verweis auf meine Kündigungsfrist im bestehenden Arbeitsvertrag nicht zu. Ich musste noch über 3 Monate bleiben. Es wurde eine extrem harte wie lehrreiche Zeit für mich.

5   Grenzen erfahren

Gelernt hatte ich immerhin, welchen Marktwert ich mit meinen Qualifikationen hatte. So konnte ich beim nächsten Vorstellungsgespräch selbstbewusst meine Gehaltsvorstellung vortragen, die anstandslos akzeptiert wurde. Ich dachte, das sei ein Erfolg für mich. Ein weiteres Mal aber hatte ich mich zu früh gefreut!

Der neue Job bot schon nach kurzer Zeit keine wirklichen Herausforderungen mehr. Und so bewarb ich mich bald intern auf eine höher qualifizierte und besser bezahlte Tätigkeit im Hause, die mir tatsächlich auch mündlich zugesagt wurde. Zeitgleich aber hatte ich geheiratet und erwartete wunschgemäß mit 26 Jahren unseren ersten Sohn. Die mündliche Zusage für die neue Aufgabe wurde bei Bekanntwerden meiner Schwanger-schaft postwendend zurückgezogen. Der zuständige Abteilungsleiter „tröstete" mich mit chauvinistischer Überheblichkeit: „auch wenn Sie die neue Stelle nicht antreten kön-nen, immerhin haben Sie ja Ihren Ehemann hier kennengelernt...", was überhaupt nicht zutraf.

Zu jener Zeit gab es, nach der Geburt unseres ersten Sohnes, keine Möglichkeit der Weiterbeschäftigung, Halbtagsstellen wurden „bei uns grundsätzlich nicht" angeboten. Mir blieb wieder einmal nur die Kündigung.

1982 waren Kindergartenplätze spärlich gesät und die wenigen, die es gab, waren Müttern vorbehalten, die den Nachweis eines Arbeitsplatzes vorweisen konnten. Ohne Kindergartenplatz keine Arbeit und ohne Arbeit kein Kindergartenplatz! Es gab kein Ent-rinnen, ein Teufelskreis!

Schon bald erwartete ich ein zweites Kind und wir waren überglücklich, dass unser Sohn ein Geschwisterchen haben sollte. Mitte des sechsten Schwangerschaftsmonats erkannte die Ärztin, dass es sich um siamesische Zwillinge handelte, die keine Über-lebenschancen haben würden. Es begann eine traumatische und stark belastende Zeit für meine Familie.

Nach einem Jahr der Trauer durften wir uns über die Geburt unseres zweiten Sohnes freuen. Für den „großen Bruder" begann nach der belastenden Stille eine leichtere Zeit. In den folgenden Jahren engagierte ich mich im Elternbeirat des Kindergartens, später in der Grundschule und anschließend im Gymnasium meiner Söhne.

6   Wieder zurück und geradeaus in den Burnout

Nebenbei bildete ich mich weiter und machte 1991 einen Fortbildungsabschluss als staatlich geprüfte Betriebswirtin, Fachrichtung Datenverarbeitung. Mit der neu erworbenen Qualifikation fand ich umgehend eine Teilzeitstelle bei einem jungen Unternehmer. Das Einstellungsgespräch fand im Büro seines Vaters im ältesten Wohnturm am Ort statt. Mein erster Arbeitstag begann damit, dass wir gemeinsam aus einem Katalog Büromöbel aussuchten, die ich mir persönlich noch einmal ansehen und bestellen sollte. Das neu angemietete Büro war noch komplett leer und es fehlte an allem. Der junge Mann drückte mir ein Bündel Geldscheine und seinen Mercedesschlüssel in die Hand. Ich sollte losfahren, die Möbel bestellen und das benötigte Büromaterial einkaufen. Um die Technik würde er sich selbst kümmern. Stolz auf das mir entgegen gebrachte Vertrauen startete ich engagiert in diese neue Aufgabe und legte mich ordentlich ins Zeug!

Nach wenigen Jahren aber hatte ich wieder die mir schon vertraute Grenze der Unterforderung erreicht. Mein Anspruch an eine befriedigende Beschäftigung, die fordert und fördert, war wohl zu hoch. Ich suchte mir umgehend eine neue Herausforderung.

Ein noch junges gewerkschaftsnahes Unternehmen bot mir diese Chance und ich griff zu. Wir waren ein gutes Team, expandierten schnell und die Tätigkeiten waren so vielfältig, wie interessant. Die mannigfaltigen Aspekte der unterschiedlichen Anforderungen schienen mir „perfekt". Ich war sehr berührt, als ich zu meinem 40. Geburtstag von meinem Chef mit der Biografie einer Wissenschaftlerin überrascht wurde, die er mit der Widmung: „die Biografie einer engagierten Frau für eine engagierte Kollegin" versehen hatte.

Die folgenden Jahre bescherten mir eine interessante berufliche Zeit, mit vielen Herausforderungen. Entsprechend steigerte ich meine Arbeitszeit kontinuierlich. Das wurde möglich, weil meine Söhne mit den Jahren immer selbstständiger wurden. An manchen Tagen nahm ich sogar Arbeit mit nach Hause, es machte einfach großen Spaß Teil dieses Kollegiums zu sein.

Inzwischen hatten wir ein Haus gebaut und ich steigerte mein familiäres, wie berufliches Engagement derart, dass ich geradewegs in einen „Burnout" lief. Ich beantragte eine Auszeit und auf der langen Autofahrt in die Reha-Klinik wurde mir bewusst: So kann es nicht weitergehen, den Stress kann ich auf Dauer nicht bewältigen!

Erst dort begann ich wieder auf meinen Körper zu achten, regelmäßig Sport zu treiben, mir meiner Visionen, Hoffnungen und Wünsche bewusst zu werden. Es war vermutlich das erste Mal überhaupt, dass ich mich selbst richtig wahr- und vor allem wichtig nahm.

7   Der Wind dreht sich

Nach einigen Jahren gab es einen Wechsel in der Führung des Unternehmens. Die Freude am kooperativen Miteinander wich dem nun direktiven Führungsstil – Selbstständigkeit und Entscheidungsfreiheit wurden beschnitten, freie Meinungsäußerungen waren nicht länger erwünscht. An Verbesserungsvorschlägen oder gar innovativen Ideen bestand nun kein Interesse mehr.

Während eines Urlaubs – ich war nahezu 10 Jahre im Unternehmen tätig – erhielt ich einen Anruf des neuen Chefs. Ich solle kurzfristig vorbeikommen, man müsse mit mir reden. Noch vor Ende meines Urlaubs wurde mir eröffnet, dass mein Tätigkeitsbereich „*outgesourct*" werde. Ich müsse – und das bedaure man sehr – mir schnellstens einen neuen Job suchen.

Ich sah mich unvermittelt vor einer persönlichen Katastrophe: Ich würde arbeitslos sein, ohne Einkommen dastehen! Gerade erst hatte ich mich von meinem Ehemann getrennt und meine beiden pubertierenden, nach neuen Herausforderungen hungernden Söhne, stellten mich vor echte Herausforderungen.

Ich schrieb nahezu 80 Bewerbungen und wurde zu vielen Vorstellungsgesprächen eingeladen. Immer wieder hörte ich den Satz: „*Sie sind leider überqualifiziert und werden uns sicher schnell wieder verlassen! Zudem sind sie eine alleinerziehende Mutter, dass passt nicht zu uns!*"

Mir wurde schnell klar, dass auch in unseren „*modernen Zeiten*" die Tatsache eine erhebliche Rolle spielt, als Frau geboren worden zu sein und Nachteile akzeptieren zu müssen! Dies nicht zuletzt in finanzieller Hinsicht, Qualifikation hin oder her. Oder lag es möglicherweise daran, dass ich in einem gewerkschaftsnahen Umfeld mich als Betriebsrätin engagiert hatte?

Ich entschied, mich gegen das „*outplacement*" zur Wehr zu setzen und holte mir juristische Unterstützung. Mit deren Hilfe konnte ich nicht nur eine Abfindung aushandeln, sondern meinen Arbeitgeber veranlassen, mir im gewerkschaftlichen Umfeld einen anderen Arbeitsplatz zu suchen.

8 Vom Regen in die Traufe

Eine entsprechende Anfrage folgte auf dem Fuß. Ein politischer Sekretär einer großen Gewerkschaft suchte dringend eine Sekretärin. Ich vereinbarte umgehend einen Vorstellungstermin. Bereits die erste Begegnung war ernüchternd. Weit mehr als eine Stunde ließ man mich im Flur warten, mit der Begründung: „*Der Kollege sei so beschäftigt, eigentlich hat er überhaupt keine Zeit für Sie!*". Als es nach einer gefühlten Ewigkeit doch noch zum Vorstellungsgespräch kam, ging dieses kurz und unstrukturiert über die Bühne. Immerhin sagte er mir die Stelle zu. Auf dem Rückweg nach Hause wurde mir jedoch erschreckend klar, wie weit der tägliche Weg zur Arbeit sein würde.

Sie boten mir dasselbe Gehalt wie beim alten Arbeitgeber, hatten sich intern bereits informiert. Und natürlich wusste man um meine Nöte als Alleinerziehende. Immerhin – um mich ein wenig zu besänftigen – bot mir die Personalabteilung einen Fahrtkostenzuschuss an. Die tägliche Fahrstrecke betrug mehr als 100 km, eine massiv überlastete Strecke, über vier stark frequentierte Autobahnen. Dennoch, und wie stets voller Elan, startete ich in meine neue Tätigkeit, aber die Entfernung zwischen Arbeitsstätte und Wohnort kostete zunehmend Zeit und Nerven.

Der Beginn meiner Beschäftigung erfolgte zunächst nur auf die mündlichen Vereinbarungen hin. Wiederholt fragte ich nach meinem Arbeitsvertrag. *„Es dauere noch ein wenig, man sei überlastet…"* war die immer gleiche, unaufgeregte Antwort. Die erste Gehaltsabrechnung erfolgte: ohne Fahrtgeld! Ich fragte wieder nach: die immer gleiche Antwort! Mit dieser Verzögerungstaktik hielt man mich hin. Nach über einem halben Jahr erhielt ich endlich meinen Arbeitsvertrag, aber von einem Fahrtkostenzuschuss war darin keine Rede mehr: *Ich solle doch froh sein, in meinem Alter überhaupt noch eine Arbeitsstelle gefunden zu haben….* Ich war gerade 47 Jahre alt geworden.

Eine mündliche Zusage – im betriebswirtschaftlichen Umfeld gilt das als Vertrag – wurde nicht eingehalten. Und es sollte so weitergehen… Gleich zu Beginn übernahm ich die Vorbereitung und Organisation einer großen Konferenz. Ich fühlte mich allein gelassen, kannte die Gepflogenheiten noch nicht. Wie bisher auch, biss ich mich durch und es wurde ein Erfolg. Schnell merkte ich auch hier, dass meine Fähigkeiten und Kompetenzen bevorzugt genutzt und eingesetzt wurden, die Bezahlung hingegen war keinesfalls angemessen und wurde auch nicht entsprechend angepasst.

9   Die Unbequeme wird geboren

Das üblich fordernde, nicht aber fördernde Führungsgebaren gipfelte in der Anfrage, ob ich mich nicht nebenbei um die Betreuung und Anleitung eines Auszubildenden kümmern könne. Ich würde ja als alleinerziehende Mutter von zwei pubertären Jungs über die notwendigen Kompetenzen verfügen. Natürlich habe ich das gerne zugesagt, weil mir junge Menschen sehr am Herzen liegen und ich gerne lernbegleitend zur Verfügung stehen wollte. Und ich wollte es *„richtig"* machen.

Ich recherchierte die Möglichkeiten einer Fortbildung, wollte die Ausbildereignungsprüfung vor der Industrie- und Handelskammer ablegen und fragte meinen Arbeitgeber an, wann ich die Fortbildung beginnen könne. Zunächst wurde ich – wie gewohnt – hingehalten. Von Zeit zu Zeit fragte ich nach und wurde ein ums andere Mal vertröstet, man habe ja noch andere (zwischen den Zeilen: wichtigere) Dinge, um die man sich kümmern müsse. Nach vielen Monaten war meine Geduld am Ende. In einem Schreiben an die Personalabteilung setzte ich eine Frist für deren Genehmigung, mich zum nächsten angebotenen Kurs bei der Industrie- und Handelskammer anmelden zu können. Wieder keine Reaktion!

Ich entschied, die Betreuung des Auszubildenden nicht länger – unentgeltlich – neben meiner sonstigen Tätigkeit fortzuführen. Ein empörter *„Aufschrei"* war die Folge: *„Was fällt Dir eigentlich ein? Du erdreistest Dich, eine Frist zu setzen! Es ist ausschließlich Sache der Personalabteilung, wen Sie einsetzt und wer sich fortbilden darf!"* Ich war wie vor den Kopf geschlagen und sah immer klarer: Hier geht es nicht um die Sache, sondern einzig um Macht!

Mit meinem anspruchsvollen Verhalten war ich plötzlich nicht mehr die *„kleine Angestellte"*, die dankbar zu sein hatte, dass sie dort überhaupt arbeiten durfte – mein Ruf als unbequeme Mitarbeiterin war geboren.

Als Unbequeme durfte ich auch weiterhin viel und selbstständig arbeiten. Natürlich blieben aber Anerkennung und Wertschätzung aus. Es gab auch hier kein Weiterkommen für mich. Gerade erst hatte ich meinen 50. Geburtstag gefeiert und dachte: Das kann es noch nicht gewesen sein!

---

10   Am kürzeren Hebel

So bewarb ich mich intern auf eine höher dotierte Stelle in einem Vorstandssekretariat – und wurde genommen. Zunächst war ich froh. Dann erfuhr ich, dass ich die einzige Bewerberin gewesen war und sollte schon bald verstehen, warum sich keine andere Kollegin auf diese Stelle beworben hatte. Ich wurde beleidigt, gemobbt und in meinen Arbeitszeiten – trotz offizieller Gleitzeit – persönlich radikal eingeschränkt. Um seine Macht zu verdeutlichen, strich mir der Vorgesetzte die bereits angefallenen 100 Überstunden, natürlich ohne Zeit- oder finanziellem Ausgleich. Zusehends empfand ich meine monatliche Entlohnung als *„Schmerzensgeld"*:

Einerseits zwangen mich die äußeren Umstände zu bleiben, andererseits ließ mich die Aussicht ausharren, irgendwann vielleicht doch eine erfüllende Tätigkeit ausüben zu können. Gleichzeitig warnte meine innere Stimme vor einem neuerlichen Burnout. Mir war klar: Auf Dauer würde ich die ständigen Demütigungen und Entwürdigungen nicht hinnehmen können und wollen. Ich beschloss, meine Freizeit für eine systemische Beraterausbildung zu nutzen.

Die neue Ausbildung war heilsam für mich, ich reflektierte meine bisherigen Verhaltensweisen und -muster und konnte bald einiges verändern. Mehr und mehr erkannte ich, was gut für mich war. Mir wurde deutlich, dass ich es war, die ihre Leistungsbereitschaft von diesem Arbeitgeber schamlos ausnutzen ließ. Mein Verantwortungsgefühl blieb die treibende Kraft, um weiterzumachen. Jeden Morgen beim Aufstehen kurz nach 5 Uhr war mir klar: Ich will meine Kinder gut versorgen, mein Haus abzahlen und für meine Mutter da sein, die inzwischen alt geworden und immer stärker auf meine Unterstützung angewiesen war.

In dem ambivalenten beruflichen Umfeld überraschte mich indes, dass der Vorstandsvorsitzende mir respektvoll auf Augenhöhe begegnete, während seine *„Untergebenen"* mich geradezu herablassend behandelten. Es schien, dass sich von meiner wachsenden inneren Größe und Kompetenz viele männliche Kollegen bedroht fühlten. Zu diesen gehörte auch der Nachfolger meines Chefs. Der Neue versuchte von Anfang an mir zu zeigen, wer *„das Sagen"* hat, und dass ich ihm als Weisungsgebundene zu gehorchen habe.

Einmal unterstellte er mir, einen wichtigen Brief verlegt zu haben und ich solle ihn gefälligst suchen. Ich wusste, ich hatte ihm diesen Brief am Vortag in seine Postmappe gelegt, und er hatte diese mit nach Hause genommen. Er schrie mich an, ich solle gefälligst alles absuchen und ihm den Brief bringen. Ich war wütend, denn er war nicht bereit, meine Erklärung zu hören, sondern schob sein eigenes Versagen wieder einmal auf mich. Um den Anschein zu wahren, durchsuchte ich alle möglichen Plätze, aber der Brief blieb – natürlich – unauffindbar. Am nächsten Morgen lag dieser Brief plötzlich auf meinem Schreibtisch! Er rief mich zu sich in sein Büro und ließ mich am „Katzentischchen", der niedrigeren Rückseite seines beeindruckend großen Schreibtischs Platz nehmen. Er starrte mir mit grimmigem Gesichtsausdruck minutenlang in die Augen und mir war sofort klar: Dies ist ein Machtkampf! Ich wollte meine Würde wahren und schaute mit ausdruckslosem Gesicht über den Schreibtisch hinweg direkt in seine Augen.

Nach endlos langen Minuten schlug er die Augen nieder und ich wusste augenblicklich: Ich hatte zwar diese Schlacht gewonnen, aber den Krieg würde ich verlieren, denn er war auch mein Personalchef. Ich stand auf, wollte sein Zimmer verlassen und hatte bereits die Tür geöffnet, als er schrie: „Komm zurück und mach die Tür zu!" und dann kam die „Quittung" für meine Standhaftigkeit: „Ich schicke dich zu einem Chefsekretärinnen-Seminar… oder …. **ich** suche Dir was Anderes… noch bin **ich** hier der Personalchef!!!"

Meine Antwort machte ihn dann allerdings gänzlich sprachlos: „Ja, such mir gerne eine andere Tätigkeit im Haus, so können wir beide nur gewinnen: Du bekommst die Sekretärin, die Du Dir wünschst, denn ich bin keine Sekretärin, ich bin Betriebswirtin!" Das traf ihn ganz persönlich, denn er selbst war Volkswirt und damit hatte ich rein formell und ganz frech auf Augenhöhe geantwortet. Mir war bewusst, dass ich in diesem Hause kaum eine Chance bekommen würde, noch eine zufriedenstellende Arbeit erwarten konnte. Und dann hat er entschieden: „Du wirst Springerin!". Ich musste von diesem Zeitpunkt an drei Jahre lang als „Springerin" immer dort aushelfen, wo Rückstände aufzuarbeiten waren, teilweise in drei unterschiedlichen Abteilungen innerhalb einer Woche, eine extreme Belastung für mich!

11   Gleiche Arbeit, weniger Entgelt

Durch die permanent unterschiedlichen Anforderungen an meinen ständig wechselnden Einsatzorten – meine Flexibilität wurde extrem gefordert – baute ich vor allem auch kontinuierlich neues Wissen auf. Vor diesem Hintergrund beantragte ich alle vier sogenannten „Zusatzstufen" zu meinem Entgelt. Ich begründete jede einzelne Zusatzstufe substanziell. Zur selben Zeit startete gerade in diesem Unternehmen eine Kampagne zur Gleichbehandlung: bei gleicher Arbeit gleiches Entgelt.

Ich versah meinen Antrag auf Zusatzstufen mit einem Kampagnenaufkleber, denn ich hatte herausgefunden, dass viele Kolleginnen bei gleicher Arbeit ein deutlich höheres Gehalt bezogen. Und ich war zutiefst überzeugt, dass ich mir alle Zusatzstufen vollumfänglich verdient hatte. Mein Ansinnen traf erwartungsgemäß auf heftige Gegenwehr.

Als erste Maßnahme erwartete man von mir, ich sollte mein Schreiben zurücknehmen und es ohne den Aufkleber der Kampagne erneut einreichen, was ich jedoch nicht tat. Da hatte ich der Personalabteilung wohl zu sehr einen unangenehmen Spiegel vorgehalten. Meine Authentizität ließ mir indes keine andere Wahl.

Es wurde ein langer und harter Kampf, bis ich endlich, nach zähem Ringen, **eine** Zusatzstufe bewilligt bekam, mehr könne man mir „*beim besten Willen*" nicht genehmigen. Hier – und das schien nun ein für alle Mal geklärt – gab es keinen gleichen Lohn für gleiche Arbeit. Jedenfalls nicht in meinem Fall! In meinem Kopf allerdings schwirrte der Satz: „*Wasser predigen und selbst Champagner trinken!*"

12   Schlimmer geht immer

Bei meinen zahlreichen Einsätzen gab es Abteilungen, die meine Arbeit sehr schätzten und mir eine feste Stelle in ihrem Bereich anboten, doch mein Augenmerk lag stets auf einer Beschäftigung, die mich weiterbringen würde.

Irgendwann erfuhr ich von zwei frei werdenden höher qualifizierten Stellen im Bildungsbereich, die mich sehr interessierten. Ich bewarb mich auf beide. Die Aufgabenbereiche waren spannend und ich brachte für beide die notwendigen Voraussetzungen mit. Leider wurden meine internen Bewerbungen ein weiteres Mal nicht zur Kenntnis genommen. Selbst auf Nachfrage in der Personalabteilung, ob man mir den Eingang meiner Bewerbungen bestätigen könne, wurde ich mit dem bekannten Muster vertröstet: „*Es ist ja gerade so viel zu tun*". Ich ließ nicht locker und fragte jede Woche telefonisch oder per Email nach – jedoch ohne Erfolg.

Also wurde ich persönlich im Vorzimmer des Personalchefs vorstellig, um mit Nachdruck auf einer Unterredung mit dem Chef zu bestehen. Vielleicht machte mein entschiedenes Auftreten Eindruck, jedenfalls lud man mich kurze Zeit später zum Gespräch. Ich war sehr verwundert, erstmalig auf der schwarzen Ledercouch im „*Allerheiligsten*" der Personalabteilung Platz nehmen zu dürfen und es machte mich – wie sich später zeigen sollte, zurecht – skeptisch. Man freue sich über meine Bewerbungen, so seine Aussage, könne mir jedoch keine Hoffnungen machen, da man sich „*bereits von außen*" verstärkt habe, was „*zum gegenwärtigen Zeitpunkt unglaublich wichtig ist*". Aber meine nächste Bewerbung würde ganz sicher berücksichtigt, das verspreche er mir.

Ich versuchte mein Glück beim Betriebsrat, von dem ich annahm, dass er ein Interesse daran haben müsste, interne Bewerbungen bevorzugt zu berücksichtigen. Aber nein, auch von hier bekam ich – wie viele Male zuvor – keine Unterstützung! Ich war enttäuscht und fragte mich, wie lange ich es in einem solchen Umfeld aushalten würde.

Inzwischen hatte ich durch meine Ausbildung in der systemischen Beratung viel dazu gelernt, war Regionalgruppensprecherin in der *Deutschen Gesellschaft für Systemaufstellungen* geworden und arbeitete dort im Leitungsgremium mit. Damit wurde meine Entwicklung öffentlicher und von meinen Kollegen auch wahrgenommen. Meine Erfahrung war, dass Gewerkschaftsmitglieder häufig stereotypische Vorurteile in Sachen

Spiritualität und Religion haben. Meinen männlichen Kollegen war ich suspekt, was ein Zettel *„esoterikfreie Zone"* an ihrer Glastür deutlich machen sollte. Für sie galt: Wer spirituell ist, ist anders und leidet unter Realitätsverlust! Gleichzeitig waren die Kolleginnen, denen ich den Rücken stärkte, dankbar für die Unterstützung. Im persönlichen Gespräch mit Kolleginnen und Kollegen stellte ich fest, dass einige bereits systemische Fortbildungen gemacht hatten. Erstaunlicherweise wurden diese sogar teilweise vom Arbeitgeber finanziert! Doch letztlich schien das eine Alibi-Funktion zu erfüllen, denn eine Anwendung des Erlernten wurde konsequent verhindert! Ich vermutete: Man hatte Angst vor Transparenz, sie hätte möglicherweise einen Machtverlust bedeutet.

Nach einiger Zeit wurde wieder eine qualifizierte Tätigkeit angeboten und – die Tätigkeit entsprach exakt meinen Vorstellungen einer spannenden Aufgabe – ich bewarb mich darauf. Die ausgeschriebene Stelle für das Betriebliche Eingliederungsmanagement und als Suchtbeauftragte hätte perfekt zu meinem neuen Profil gepasst. Dann aber folgte das interne Vorstellungsgespräch. Es wurden zwei Fragerunden mit mehreren Personen durchgeführt, und anhand der Fragestellung konnte ich erkennen: Sie suchen nach Gründen, mir diese Stelle wieder zu verweigern. Ich verwies im Gespräch auf das ausdrückliche Versprechen des Personalchefs, meine nächste Bewerbung *„ganz sicher"* zu berücksichtigen. Aber man ließ mir ausrichten: *„Er habe das zu keinem Zeitpunkt zugesagt, ganz sicher nicht!"*.

Es schien ganz eindeutig, dass auch meine neu erworbenen Qualifikationen in systemischer Beratungsarbeit keinerlei Rolle spielten, denn ich wäre für diese Stelle eine gute Wahl gewesen. Ich hätte meine Erfahrung und meine Kompetenzen hervorragend einbringen können. Darüber hinaus: Es gab keine weitere Bewerbung! Vielmehr wurde eine Kollegin, die gerade ein Projekt beendet hatte, auf diese Stelle versetzt: *„Schließlich muss sie ja jetzt irgendwo untergebracht werden."*

Letztlich blieb mir nur eine Möglichkeit: die Zeit abzuwarten, bis ich endlich in die Ruhephase der nun vereinbarten Altersteilzeit würde eintreten können. Ich hatte den letzten Funken Erwartung verloren, wollte einfach meiner Arbeit nachgehen. Ich hatte die Hoffnung, nun nicht mehr enttäuscht zu werden, keinem Mobbing mehr ausgesetzt zu sein.

13   Der ‚krönende' Abschluss

Die Wirklichkeit zeigte dann: Dies sollte noch nicht das Ende meines Martyriums sein, denn es wurden neue Angriffe gestartet. Während meiner urlaubsbedingten Abwesenheit fiel die Entscheidung, dass ich mein Einzelbüro zu räumen habe. Ich sollte im umgebauten Großraumbüro meinen Schreibtisch an einem, mir zugewiesenen Platz, in der Mitte einnehmen. Von dieser Entscheidung ahnte ich bei meiner Rückkehr aus dem Urlaub nichts. Kurz darauf kam ein Kollege, mit dem entsprechenden Umzugsantrag, zu mir und bat mich diesen zu unterschreiben. Auf meine Frage, warum ich umziehen solle, sagte er nur lapidar: *„Das ist so beschlossen und Du füllst jetzt diesen Antrag aus!"* Ich recherchierte und stellte fest: Alle Kollegen in der Abteilung wussten Bescheid, nur mich hatte man nicht informiert!

Bei meiner Arbeit musste ich mich auf präzise Abrechnungen mit hohen Summen für Drittmittelgeber konzentrieren. Angesichts dessen konnte ich es kaum glauben, dass ich fortan inmitten vieler Arbeitsplätze, die lediglich mit Glaswänden voneinander getrennt waren, sitzen sollte – alle Türen der umliegenden Büros öffneten sich zu meinem geplanten Platz hin. Laute Gespräche, ständiges Telefonklingeln und ein permanentes Rein und Raus hätten ein sorgfältiges Arbeiten unmöglich gemacht.

Ich bat – ein letztes Mal – beim Betriebsrat um Unterstützung. Und selbst bei meinen nächsthöheren Vorgesetzten musste ich feststellen: Hier wie dort hatte niemand ein Interesse daran, mich zu unterstützen. Letztlich bat ich eine Fachärztin um Unterstützung. Sie attestierte, dass es mir im Kontext meines Aufgabenbereiches und angesichts meines Alters – inzwischen hatte ich die 60 überschritten – nicht zugemutet werden könne, im Zentrum eines Großraumbüros zu sitzen, in dem eine derartige Unruhe herrschte. Das war mein Glück!

Kurz bevor ich in die Ruhephase der Altersteilzeit eintrat, gab es einen letzten unwürdigen Zwischenfall. Mein Abteilungsleiter stellte – nach immerhin 6 Jahren in dieser Abteilung – meine Kompetenz grundsätzlich infrage: *„Ich vertraue ‚Deinen Zahlen' nicht, sie stimmen nicht!"* Ich hatte ihn im Vorfeld um Zusammenarbeit und inhaltliche Abstimmung gebeten. *„Das interessiert mich nicht im Geringsten!"* war die übliche Reaktion. Er hatte sich bereits abgewandt und den Raum verlassen. Dabei waren wir als Team für Drittmittelprojekte verantwortlich, insbesondere oblag mir die finanzielle Verantwortung gegenüber den Mittelgebern. Auch eine konzeptionelle Abstimmung war notwendig und fand doch kaum statt.

Mir zu unterstellen, dass die Zahlen nicht stimmen, bekam an dieser Stelle für mich den Beigeschmack einer Veruntreuung. Das spürte ich ganz genau. Dieser Angriff auf meine Integrität brachte das Fass zum Überlaufen. Ich drohte an, ihn wegen übler Nachrede zu verklagen, wenn er diese Anschuldigung aufrechterhält. Soweit kam es dann nicht, weil sich sein Vorgesetzter auf meine Seite stellte und mir versicherte, dass diese Behauptung nicht aufrechterhalten würde.

Ich war erleichtert, als ich nach 16 Jahren in diesem Unternehmen und mehr als 40 Jahren in der Arbeitswelt in die verdiente Ruhephase gehen konnte.

14   Resümee: Mut tut gut

Vielleicht lesen sich meine Erinnerungen für den Leser an der einen oder anderen Stelle wie eine überzeichnete Karikatur. Tatsächlich aber ist hier nichts erfunden oder hinzugedichtet. Gleichzeitig handelt sich nur um „Ausschnitte" einer Vielzahl von Erniedrigungen und Entwürdigungen, denen ich im Laufe der Jahre ausgeliefert war.

Alles hat sich genau so zugetragen und mich in meinem Berufsleben viel Lebenskraft gekostet. Es gab in diesen über 40 Berufsjahren nur wenige, wenn auch für mich nachhaltig eindrückliche Situationen, in denen ich gefördert, ermuntert und bereichert, oder in denen mir angemessene Anerkennung zuteilwurde. Es gab hingegen viele Phasen, in denen ich keine Lebendigkeit und kaum Lebensfreude mehr verspürte.

Rückblickend und vor dem Hintergrund einer neuen inneren Haltung erstaunt es mich, wie oft ich in Krisen nicht den Mut verloren habe, risikobereit war und meine Chancen erkannte und nutzen konnte. Die zahlreichen Traumata, die ich im Verlauf meines Berufslebens erfahren habe, entstanden sämtlich im Zustand des herrschenden Mangels: in der fehlenden Chancengleichheit, fehlender Würde, unangepasster Kommunikation, aber ganz besonders durch fehlende Wertschätzung und Empathie!

Einen Aspekt möchte ich sehr deutlich hervorheben: die nach wie vor existierende Benachteiligung von Frauen im Berufsleben! Augenscheinlich ist die Beziehung zwischen Mann und Frau – im Berufsalltag – eine ganz besondere. Meine Erfahrung war: Je stärker meine Persönlichkeit als Frau und meine Kompetenzen als Mitarbeiterin in einer männlich geprägten Arbeitswelt wurden, desto mehr schien sich bei den männlichen Vorgesetzten das Bedürfnis nach Macht- und Rangordnungskämpfen auszuprägen. Obwohl formal festgeschrieben und hinlänglich bekannt, wer hierarchisch wem unterstellt war, wurde überflüssig häufig und ausdrücklich betont: *„Ich bin hier der Chef!"*.

Unangenehm wurde es besonders dann, wenn sachlich wie fachlich das Arbeiten auf kooperativer Augenhöhe zwar durchaus möglich, aber ganz sicher nicht gewollt war. Offensichtlich funktionierte die Beziehung „männlicher Chef – weibliche Weisungsbefugte" nur hierarchisch und autoritär.

Neben fehlenden Karrierechancen für mich und zahlreiche kompetente und engagierte Kolleginnen, die ich in meinem Berufsleben kennenlernen durfte, war vor allem die Kommunikation, beziehungsweise der Umgang einer (stets männlichen) Führungskraft wesentlich und richtungsweisend. Eine angemessene Kommunikation geschieht in gegenseitigem Respekt und auf Augenhöhe, jenseits vom Ausbildungsgrad und unabhängig von der Hierarchieebene. Sie soll klar, unmissverständlich, nachvollziehbar und verlässlich sein. Und sie erfordert stetige Reflexion! Geschieht sie ausschließlich in „Top-Down-Haltung" – also Eltern-Kind- oder Täter-Opfer-Manier – verursacht sie Stress und wirkt verletzend.

Im Rahmen des kommunikativen Miteinanders habe ich schmerzhaft erfahren, dass Menschen, mit denen ich ehrlich und offen kommunizierte, mir im Gegenzug Versprechungen machten, ohne sie einhalten zu wollen oder zu können. Diese boten sich immer dann an, wenn der wahre Sachverhalt verborgen bleiben sollte, wie beispielsweise bei der Besetzung einer neuen Stelle. Zu Lügen ist das Eine und Versprechen nicht einhalten das Andere. Ein Versprechen aber, das (bewusst) nicht eingehalten wird, verkommt zur Lüge und wer lässt sich schon gern belügen?

Ich war kompetent, engagiert, motiviert und fleißig, und ich habe mich stetig weitergebildet. Bei allem war mein vorrangiges Ziel: Selbstständig, unabhängig und würdevoll arbeiten zu können. Doch das sollte mir im Angestelltenverhältnis selten gelingen.

Wie gut, dass Entwürdigung und Erniedrigung auch Kräfte freisetzen können, die mich stets zu Höchstleistungen angetrieben haben oder mich zu notwendigen Entscheidungen zwangen.

Die systemische Beratungsausbildung zeigte mir ganz neue Sichtweisen auf. Ich konnte, ganz nebenbei, meine negativen Erfahrungen und belastenden Themen aufarbeiten und mich neuen Anforderungen stellen. Wenn Schicksal eine Chance in sich trägt, dann war es für mich die Chance zur Reflexion meiner Lebenssituation. Sie hat mir stets neue Lebenswege eröffnet.

Rückblickend kann ich sagen: Ohne meine Resilienz und ohne meinen Mut, Neues zu wagen, wäre mein 40-jähriges Berufsleben mit dieser Biografie kaum denkbar gewesen.

Heute führe ich eine Praxis für systemische Beratung. Meine obersten Ziele sind Authentizität, Achtsamkeit und Wertschätzung. Wichtig ist die Begegnung auf Augenhöhe. Diese Werte lebe ich, mit Würdigung des persönlichen Lebensweges eines jeden Menschen, empathisch und aufrichtig. „Meine Themen" begegnen mir immer wieder. Viele meiner Klienten kommen mit ähnlichen Problemen aus der Arbeitswelt in meine Praxis. Sie alle erzählen Geschichten von Trauma.

Wir haben noch einen langen Weg vor uns!

Elke Forster-Mahle, Jahrgang 1955, Mutter zweier erwachsener Söhne, ist Betriebswirtin und anerkannte Systemaufstellerin in eigener Praxis. Sie arbeitet seit vielen Jahren im Leitungsgremium der Deutschen Gesellschaft für Systemaufstellungen DGfS mit.

Mein Beruf als Trauma-Überlebensstrategie und Weg zu mir selbst

Franz Ruppert

Inhaltsverzeichnis

Zusammenfassung

Dieser Beitrag beschreibt den beruflichen Weg des Autors als etappenweises gewahr werden der eigenen Traumabiografie. Im beruflichen wie privaten Leben an Grenzen zu gelangen, wurde anfangs stets als sehr bedrohlich erlebt, konnte dann aber immer als Chance genutzt werden, die eigene Lebensgeschichte und die eigene Psyche in ihrer Tiefe zu verstehen. Statt in den Aktionismus im Außen zu verfallen, erwies es sich als wesentlich zielführender, emotionale innere Prozesse zu klären. Dadurch entstanden

F. Ruppert (✉)
München, Deutschland
E-Mail: professor@franz-ruppert.de

© Springer-Verlag GmbH Deutschland, ein Teil von Springer Nature 2019
S. Hartung (Hrsg.), *Trauma in der Arbeitswelt,*
https://doi.org/10.1007/978-3-662-58622-8_9

stets neue Optionen im beruflichen wie privaten Kontext und ein grundlegendes Identitätsverständnis, das dazu verhilft, Täter-Opfer-Dynamiken aus dem Weg zu gehen und stattdessen gut und sinnvoll zu leben und zu arbeiten.

1 Warum bin ich Psychotherapeut geworden?

Warum habe ich Psychologe studiert? Warum wurde ich Psychotherapeut? Warum habe schließlich ich sogar eine eigene Psychotherapie-Richtung ins Leben gerufen? Wie führten meine Psychotraumata dazu, dass ein Großteil meines Berufs- und Arbeitsleben fast nur aus Trauma-Überlebensstrategien bestand? Bin ich heute von meinen Traumata geheilt und kann aus meinen gesunden Anteilen heraus arbeiten? Auf diese Fragen soll der folgende Aufsatz Antworten geben.

Ich bin 1957 in einem winzig kleinen bayerischen Weiler zur Welt gekommen, der zu einem etwas größerem Dorf gehört, in dem meine Mutter auf einem Bauernhof geboren wurde und aufwuchs. Mein Vater war als „Heimatvertriebener" mit seiner Schafherde durch dieses Dorf gezogen und hatte meine Mutter auf einem nahe gelegenen Gutshof kennengelernt, auf dem sie als Magd arbeitete. Zwei einsame Menschen hatten in den schweren Nachkriegsjahren schnell Gefallen aneinander gefunden. Offenbar viel zu schnell wurde meine Mutter mit mir schwanger und meine Eltern mussten heiraten, denn ein lediges Kind wäre in dieser Zeit eine zu große Schande gewesen.

In diesem Heimatdorf meiner Mutter bin ich vier Jahre lang in eine Zwergschule gegangen. Dann aufs Gymnasium in einer Kleinstadt sieben Kilometer entfernt. Meine Mutter hatte mir immer gedroht, wenn du nicht lernen willst, dann musst du, wie dein Vater, in den Steinbruch zur Arbeit gehen. Das war für meinen Vater, der wegen der Kriegswirren nur die Hauptschule besucht und keine Lehre gemacht hatte, die berufliche Alternative, nachdem er die Schäferei aufgegeben hatte. Nachdem ich ihn zum ersten Mal in Augenschein genommen hatte, war der Steinbruch für mich ein Ort des Schreckens, abgrundtief und lebensgefährlich. Dort zu arbeiten bedeutete, tonnenschweren Steinquadern, Sprengpulver, windschiefen Holzkränen bei Wind und Wetter ausgesetzt zu sein. Ich war ohnehin ein sehr ängstliches Kind und betete danach jeden Tag noch intensiver zum „lieben Gott", dass mein Vater doch abends wieder heil nach Hause kommen möge. Der Tod des Vaters und Familienernährers, das war die Horrorvision, die aufseiten meiner Mutter bereits bittere Wahrheit geworden war. Ihr Vater war bei der Waldarbeit durch einen herabfallenden Ast bei der Mittagspause erschlagen worden, als meine Mutter gerade 18 Jahre alt war. Zudem musste sie noch den zerschundenen Leichnam ihres Vaters zusammen mit ihren Schwestern waschen und für die Beerdigung herrichten. Ein Schock- und Verlusttrauma, von dem sie sich zeitlebens nie erholte. Da dieser Unfall am 23. Dezember geschehen war, wurde jedes Weihnachten bei uns zu Hause zu einer Tragödie. Erwartungsgemäß rannte meine Mutter am Heilig Abend mitten im besinnlichsten Moment aus dem mit dem Weihnachtsbaum geschmückten Wohnzimmer und sperrte sich für Stunden in einem kleinen Zimmer ein. Das war für mich als Kind jedes Jahr ein seelischer Tiefschlag und ich stellte mir natürlich die Frage, was habe ich jetzt schon wieder falsch gemacht. Von Trauma und Retraumatisierung durch Trigger Reize hatte ich zu diesem Zeitpunkt ja nicht die geringste Ahnung.

2 Bloß nicht im Steinbruch arbeiten!

Also lernte ich. Ich wurde Klassenbester, dann auch auf dem Gymnasium. Das brachte mir den Ruf als „Streber" ein. Aber was half es, wenn man nicht wie der eigene Vater als einfacher Arbeiter enden wollte? Während meiner Gymnasialzeit hatte ich ein Lieblingsfach, von dem ich mir vorstellte, dass ich es gut in einen Beruf umsetzen könnte: Deutsch. Ich schrieb gerne und konnte mir vorstellen, sowohl Deutschlehrer wie Journalist zu werden. Da ich auch in Physik gute Noten hatte, ermunterte mich mein Physiklehrer, eventuell Physik zu studieren. In meine engere Studienwahl kam dann auch noch die Lebensmitteltechnologie hinzu, weil ich mir dachte, Lebensmittel bräuchten die Menschen ja immer und deshalb sei das ein sicherer Beruf.

Was Arbeitslosigkeit bedeutete, erfuhr ich hautnah einige Male bei meinem Vater. Der musste öfter im Winter „stempeln" gehen, also sich sein Arbeitslosengeld in einem Amt in der nächsten Stadt abholen. Wenn er zuhause war und nicht beim Arbeiten, war die Stimmung eher bedrückt und die Geldsorgen wuchsen. Auch wenn er Nachschichten arbeitete, war das für uns Kinder zu Hause eine bedrückende Stimmung. Denn tagsüber mussten wir besonders ruhig sein, damit der Vater schlafen konnte und nachts war er nicht da und deshalb machte ich mir noch einmal besondere Sorgen, dass ihm nichts passiert und er am Morgen wieder heil nach Hause kam.

Meine Mutter drehte aufgrund ihrer Kindheitsarmut jede Mark zweimal um, bevor sie sie ausgab. Und sie arbeitete unablässig. Es gab immer etwas für sie zu tun: kochen, waschen, bügeln, putzen, Holz machen. Sie kam nie zur Ruhe. Und so konnte sie es auch nur schwer mit ansehen, wenn wir Kinder – ich bin der Älteste von insgesamt fünf – untätig waren und einfach nur spielten. Sie beauftragte uns ständig mit diesem und jenem. Als sie dann auch noch eine Halbtagsstelle als Näherin und später als Putzfrau annahm, wälzte sie die Hausarbeit und das Versorgen der jüngeren Geschwister, so weit wie möglich, auf mich und meine nächstältere Schwester ab. „Erst die Arbeit, dann das Vergnügen" wurde schon früh zu meinem Lebensmotto. Erst wenn alles erledigt ist, was gemacht werden muss, kommt die Freizeit.

Geld verdiente ich mir als Kind vor allem durch Gefälligkeiten für meine Großmutter mütterlicherseits, indem ich sie zur Kirche begleitete, ihre Rente bei der Sparkasse abholte oder mit ihr Kaffee trank und mir ihre Sorgengeschichten geduldig anhörte. Auch von einem jüngeren Bruder meiner Mutter bekam ich immer wieder den einen oder anderen Geldschein in die Hand gedrückt. Er war Junggeselle geblieben, hatte einen einigermaßen einträglichen Job in einer Marmorfabrik und eigentlich zu viel Geld, weil er keine Hobbys hatte. Dadurch war er auch zu oft in den Wirtshäusern des Dorfes und trank und rauchte viel zu viel.

Als ich 16 war, suchte ich mir in den großen Sommerferien eine Arbeit auf dem Bau und in der Marmorfabrik. So verdiente ich mir das Geld für mein Moped und lernte zugleich, was es bedeutet, früh aufzustehen und den ganzen Tag lang Minuten und Stunden bis zum Schichtende zu zählen. Zum Glück vertrage ich keinen Alkohol, sodass mir das Schicksal erspart blieb, mich in üblicher Arbeitermanier in den Pausen und zum Feierabend eigentlich nur noch auf das nächste Bier zu freuen.

3   Wofür ist die Psychologie gut?

Warum habe ich, aus so einem bildungsfernen Milieu entstammend, dann eigentlich Psychologie studiert? Vordergründig, weil ich mir von meinem Taschengeld nicht nur Werke deutscher Schriftsteller kaufte, sondern auch die Taschenbuchausgaben eines gewissen Herrn Freud, die mir den Eindruck vermittelten, man könne Menschen damit besser „durchschauen".

Jedenfalls brach ich mein Volontariat bei der Kirchenzeitung sofort ab, als ich die Zusage für einen Psychologiestudienplatz in München erhielt. Ich besuchte die Vorlesungen in den ersten Semestern mit großem Respekt, ehe ich dann schon im 3. Semester in die Fänge linker Studentenvertreter geriet, die mir erklärten, was für eine „bürgerliche" Wissenschaft die Psychologie doch sei und wie sie die Menschen nur an die Zwänge des Kapitalismus anzupassen versuche. Ab dann traute ich den Lehren der Professoren nicht mehr über den Weg. Ich schloss mein Studium zwar dann doch irgendwie noch mit relativ guten Noten ab. Inhaltlich hatte ich von der menschlichen Psyche und ihren besonderen Nöten danach so gut wie keine Ahnung. Auch weil ich mich nicht dem üblichen Weg der Mitstudierenden anschloss, die „Klinische Psychologie" als ihren Schwerpunkt wählten und wohl hofften, irgendwann einmal Therapeuten und Berater zu werden.

Mich zog es dagegen in den Bereich der „Arbeits- und Organisationspsychologie". Mit „echter" Arbeit kannte ich mich ja aufgrund meiner Kindheit gut aus, glaubte ich zumindest. Auch mit der Ausbeutung der Arbeiter durch schlechte Arbeitsbedingungen und niedrige Bezahlung. Allerdings schwankte ich dabei hin und her zwischen der Idee, durch Wissenschaft und Psychologie die Arbeitsbedingungen zu verbessern zu können, und der Erkenntnis, dass die Verbesserung von Arbeitsbedingungen nur systemerhaltend ist und den Kapitalismus weiter am Leben hält. Immerhin gab es in dieser Zeit sogar noch Professoren in der Arbeitspsychologie, die Bücher mit so kritischen Titeln wie „Lohnarbeitspsychologie" schrieben (Großkurth und Volpert 1975).

Irgendwie brachte ich es in der Abteilung für Arbeits- und Organisationspsychologie zur wissenschaftlichen Hilfskraft und dann auch zum wissenschaftlichen Mitarbeiter. Nach dem Diplom-Abschluss konnte ich auf diesem Gebiet sogar in der Forschung weiter tätig sein und meine Promotion anfertigen. Dabei stellte ich mit Verwunderung fest, wie leicht man vergleichsweise viel Geld verdienen kann, wenn man im Trockenen und

Warmen eines Büros sitzt, Bücher liest, ab und zu telefoniert, den ein oder anderen Artikel verfasst und stundenlang in Meetings herumhockt.

Im Hinterkopf hatte ich dabei meine eigenen, ganz anders gearteten Arbeitserfahrungen in kalten Werkshallen und auf zugigen Baustellen. Auch verglich ich mich zu dieser Zeit noch mit meinen Geschwistern, die als Schneiderin, Metzger oder Bäckerin für viel weniger Geld weit mehr und härter arbeiten mussten als ich, aber dafür immerhin so etwas Handfestes wie Kleider, Fleisch und leckere Kuchen zustande brachten. Dass zwischen Lohn und Leistung keine direkte Korrelation besteht, sondern sich darin ein gesellschaftlich vermitteltes Kräfte- und Macht-Verhältnis ausdrückt, konnte ich jetzt zumindest schon einmal denken.

Bei einem Forschungsprojekt zum Thema „Wahrnehmen und Erkennen von Gefahren", bei dem ich ab und zu mein Büro an der Universität verlassen und mich in die raue Wirklichkeit des Lohnarbeitslebens begeben musste, fand ich mich plötzlich bei der Analyse der Tätigkeit von Waldarbeitern wieder. Mitten in tiefsten Schwarzwald erinnerte ich mich daran, dass mein Großvater bei der Waldarbeit tödlich verunglückt war. Plötzlich schien mir meine Forschungsarbeit einen Sinn zu machen. Damit konnte ich möglicherweise verhindern, dass ähnlich Katastrophales in anderen Familien auch passiert.

4 Wissenschaftler oder Praktiker sein?

Meine Promotion auf dem Gebiet der Arbeitssicherheitsforschung war die Eintrittskarte für meine weitere wissenschaftliche Karriere, die mich schließlich an eine Fachhochschule brachte, an der ich als Professor Sozialarbeiter in Psychologie unterrichten konnte. Fast über Nacht sah ich mich am Ziel meiner beruflichen Wünsche angelangt: Professor Dr.! In einer Studentenzeitung wurde ein Interview mit mir abgedruckt, in dem ich sagte, „dass sich der kleine Junge in mir freut." Das wurde von einigen Kolleginnen und Kollegen mit Verwunderung zur Kenntnis genommen – ein erwachsener Professor hat noch einen kleinen Jungen in sich?!

Ich hatte es mir allerdings auch zu einfach vorgestellt. Zum einen wollte das weibliche, feministisch inspirierte Kollegium zu dieser Zeit lieber eine Psychologin als einen weiteren männlichen Kollegen. Zum anderen waren die Studierenden der Sozialen Arbeit weniger an Wissenschaft als an Praxis interessiert – was immer sie unter Praxis verstanden. Auch bestimmten dann bald die Neoliberalen Denkschablonen – Wettbewerb, Privatisierung, Globalisierung – immer stärker die Diskurse auch an unserer Hochschule. Das schreckte mich zunehmend davon ab, meine Energien in die Weiterentwicklung einer solchen Hochschule zu stecken, in der die inhaltlichen Diskurse zugunsten formaler Umgestaltungen zunehmend auf der Strecke blieben.

Stattdessen verlegte ich meinen Schwerpunkt mehr auf die Psychotherapie und die Frage, wie Phänomene wie „Schizophrenie" und „Psychosen" zustande kommen und was man zu deren Heilung tun könnte. Dass die biologisch orientierte Psychiatrie mit ihrer Medikamententherapie ein Holzweg ist, wurde mir schnell klar.

Den Wendepunkt in meinem beruflichen Leben brachte allerdings meine private Situation. Ich war noch nicht verheiratet, hatte zwar eine feste Freundin und verliebte mich dennoch in eine Studentin. Ich stand nun zwischen zwei Frauen, war innerlich völlig zerrissen und zu keiner Entscheidung für die eine oder andere Frau fähig.

In dieser Situation kam ich in Berührung mit einem gewissen Herrn Hellinger, der eine Therapiemethode vertrat, die er „Familienstellen" nannte (Hellinger 1994). Ich nahm an einem seiner Seminare an der Münchner Universität teil. Ich wurde gleich einige Male als Stellvertreter in Aufstellungen gewählt und war völlig geplättet, was ich in den jeweiligen Rollen erlebte. Das war mehr als nur ein Rollenspiel!

Diese Spur wollte ich weiterverfolgen. Ich kam so in Kontakt mit der sogenannten Aufsteller-Szene, in der ich als Professor für Psychologie gleich hohes Ansehen gewann. Wichtig war mir jedoch zunächst die Lösung meines eigenen Liebesproblems. Dieses entschied ich mit Blick auf eine „gute Ordnung" zugunsten meiner bisherigen Freundin, die ich einige Jahre später auch heiratete.

Mit dem Familienstellen glaubte ich, den Stein des Weisen gefunden zu haben. Ich stürzte mich daher mit Eifer darauf. In der Tat kann diese Methode, bei der andere Menschen als Stellvertreter für Familienmitglieder fungieren, die psychische Realität eines „Klienten" treffsicher abbilden. Auch wenn sie diesen gar nicht kennen, können die verbalen und nonverbalen Äußerungen von Stellvertretern tiefe Einblicke in die zwischenmenschlichen Beziehungen eines Klienten geben.

Zum ersten Mal in meinem Leben wurde mir klar, dass und wie ich Beziehungen durch mein Verhalten und vor allem durch meine inneren Haltungen beeinflussen kann. Dass ich ihnen nicht länger blind und hilflos ausgeliefert sein muss. Ich erkannte, wie beziehungsunfähig ich mit meinen immerhin schon 40 Lebensjahren war. So konnte ich mithilfe der Familienaufstellungen nicht nur Anderen bessere Wege ihrer Beziehungsgestaltung aufzeigen. Durch jede Arbeit mit einer Klientin oder einem Klienten lernte ich für mich selbst etwas Neues hinzu. Eine spannende Reise in die Tiefen der menschlichen Psyche hatte seinen Anfang genommen.

5 Mobbing am Arbeitsplatz

Kaum glaubte ich mich auf einem guten Weg, kam von außen wieder der Dämpfer. Ich hatte begonnen, Familienaufstellungen auch als Hochschulseminare anzubieten und ich lud Bert Hellinger zu einem Vortrag an die Hochschule ein. Das rief einen Sturm öffentlicher Entrüstung hervor, sowohl seitens des Kollegiums wie von Studierenden verschiedener Münchner Hochschulen und auch von Institutionen aus der sozialen Arbeit. Hellingers provokative Haltung zu verschiedenen Themen („*Die Frau folgt dem Mann in sein System*", „*Missbrauchsopfer verneigen sich vor dem Täter, weil es der eigene Vater ist*", „*Hitler war auch ein verstrickter Mensch und ihm muss deshalb auch ein Platz im*

Herzen eingeräumt werden") waren zu dieser Zeit in den Fokus der öffentlichen Kritik geraten, umso heftiger, je mehr Anhänger sein Familienstellen in Deutschland fand.

Ich war befangen und sah zu diesem Zeitpunkt nur das Positive an Hellinger und der Aufstellungsmethode, da sie mir selbst geholfen hatte und mir einen vertieften Zugang zu psychologischen Fragestellungen ermöglichte. So rang ich lange Zeit mit mir, ob ich mich von Hellinger distanzieren sollte. Das Klima an der Hochschule war diesbezüglich für mich bald vergiftet. Nur durch eine innerkollegiale Moderation konnte ein erträgliches Miteinander wiederhergestellt werden.

Im Nachhinein sehe ich klarer, wie solche Mobbingprozesse verlaufen. Zum Glück hatte ich mich damit zumindest theoretisch bereits befasst (Leymann 1993). Jeder fühlt sich unschuldig und im Recht und sammelt Mitstreiter um sich herum. Briefe und Mails werden hin- und hergeschickt, die Öffentlichkeit wird weiter involviert. Dem direkten Gespräch wird aus dem Weg gegangen. Dadurch verhärten sich die Fronten immer weiter und die Täter-Opfer-Dynamik gewinnt an Energie.

In dieser Situation kam mir die Aufstellungsmethode zu Hilfe. Sowohl in einer Gruppe als auch für mich alleine machte ich einige Aufstellungen. Daraus zog ich die wichtige Erkenntnis, dass eine solche Mobbing-Dynamik nicht aufhört, wenn der eine gewinnt und der andere verliert, sondern nur, wenn alle Beteiligten selbstbewusster werden. Statt win-lose-Verhältnisse müssen win-win-Situationen geschaffen werden.

Ich zog mich nun mit meiner praktischen Arbeit völlig aus dem Hochschulkontext zurück und verlegte sie in meine private Praxis, die jetzt umso mehr intensivierte. Meine Seminare außerhalb der Universität erhielten immer mehr Zulauf, ich konnte mich vor Anfragen nach therapeutischer Begleitung bald nicht mehr retten.

6   Hilfloser Helfer

Wieder machte mich nach etwa 2 Jahren mein Privatleben darauf aufmerksam, dass etwas noch immer nicht stimmte. Ich war immer länger und für immer mehr andere Menschen da, vergaß mich dabei aber selbst. Zweifelsohne traf für mich zu diesem Zeitpunkt das zu, was Wolfgang Schmidbauer einen „Hilflosen Helfer" genannt hatte (Schmidbauer 1977). Bei einem Sommerurlaub mit meiner Frau in Frankreich geriet ich in eine tiefe Depression. Ich getraute mich sogar zum ersten Mal in meinem Leben, ihr das einzugestehen und vor ihr in Tränen auszubrechen.

Mittlerweile weiß ich, dass immer dann, wenn ich zu einer Veränderung innerlich bereit bin, auch die Unterstützung von außen kommt. Dieses Mal war es ein Buch von Peter Levine, einem der weltweit bekanntesten Traumatherapeuten (Levine 1998). Das Wissen, dass es Traumata gibt, die vielfältige Symptome auf der Verhaltens-, Gefühls- und Handlungsebene nach sich ziehen, eröffnete mir eine ganz neue Sichtweise. Es war, als wären die Jalousien in einem zuvor finsteren Zimmer hochgezogen worden. Plötzlich kam Licht ins Dunkel der Seele. Ich verschlang daraufhin sämtliche Traumaliteratur, die ich finden konnte (u. a. Fischer und Riedesser 1998; Herman 2003; Putnam 2003).

Zeitgleich entdeckte ich auch die Werke von John Bowlby, der über die Eltern-Kind-Bindung geforscht und geschrieben hatte (Bowlby 1998). Auch damit kam ich meiner eigenen Depression ein Stück weiter auf die Spur. Nun musste ich nur noch eins und eins zusammenzählen und so entstand meine erste eigene Grundlagentheorie: die mehrgenerationale Psychotraumatologie. Ihre Kernthese lautet: Bindungsstörungen bei Kindern entstehen weil ihre Eltern traumatisiert sind, sie setzen sich dann über Generationen im Eltern-Kind-Verhältnis fort.

Ist die Großmutter z. B. durch ihre Kriegserfahrungen traumatisiert, so hat die Mutter keine sichere Bindung an ihre Mutter und diese kann dann später als Frau, die Kinder bekommt, auch ihren Kindern keine sichere Mutterbindung anbieten. Etwas abgeschwächt gilt das auch für die väterliche Abstammungslinie. Und überhaupt finden sich bevorzugt Paare zusammen, die ähnliche Traumata haben.

So wurde mich klar, dass meine Großmutter mütterlicherseits, die ich sehr liebte, eine traumatisierte Frau war. Sie konnte daher meiner Mutter keine ausreichende Liebe schenken, was wiederum meine Mutter zu dieser arbeits- und streitsüchtigen Frau machte, die uns Kindern keine mütterliche Wärme geben konnte. Das Flüchtlingsschicksal meines Vaters nach dem 2. Weltkrieg färbte ebenfalls auf uns Kinder ab. Er war emotional im Schock und im Grunde ebenfalls nicht beziehungsfähig.

Mit diesem Wissen ausgestattet, konnte ich jetzt auch mit Leichtigkeit einige Bücher über meine therapeutische Arbeit und ihre jeweiligen Entwicklungsfortschritte schreiben (Ruppert 2002, 2005, 2007, 2010). Ich wandelte die Aufstellungsmethode immer weiter ab und nannte meine Vorgehensweise für eine Weile „Traumaaufstellungen". Er war für mich nun klar, dass die allermeisten Themen, die in der klinischen Psychologie und Psychiatrie verhandelt werden, letztlich Traumafolgestörungen sind. Er machte mir nun auch wenig Mühe, auf Kongressen und auf eigene Initiative Vorträge über meine Erkenntnisse zu halten. Aufgrund meiner umfangreichen Praxiserfahrungen konnte ich bei den Fallbeispielen aus dem Vollen schöpfen.

7 Vereinbarkeit von Beruf- und Privatleben?

Doch wiederum hatte ich es mir zu einfach vorgestellt. Je erfolgreicher ich wurde, desto mehr geriet ich in das Hamsterrad einer nicht enden wollenden Arbeit. Einerseits die Hochschule mit einer hohen Lehrverpflichtung für Vorlesungen, Seminare und die Betreuung von Abschlussarbeiten. Andererseits meine eigene therapeutische Praxis und offene Seminar und Weiterbildungen, die dann meist an den Wochenenden stattfanden. Darunter litt die Beziehung zu meiner Frau, die sich zudem nicht entschließen konnte, den Weg der tiefen Selbsterforschung, den ich eingeschlagen hatte, mitzugehen. Sie blieb ihrem feministischen Engagement und damit ihrer Außenorientierung treu. So gingen wir immer mehr unsere eigenen Wege, die sich oft nur noch in den gemeinsamen Urlauben kreuzten. Das machte mir Stress.

Ohne die durch viele therapeutische Begleitungen gefestigte Erkenntnis, dass auch eine Trennung nicht die Lösung ist und sich in einer anderen partnerschaftlichen Beziehung bald dieselben Probleme einstellen würden, wäre ich vermutlich diesen Weg gegangen. Jetzt brachten mich aber meine eigenen Erkenntnisse und das Miterleben so vieler ähnlicher Beziehungsgeschichten von den Menschen, mit denen ich therapeutisch arbeitete, auf eine andere Spur. Ich setzte mich nun noch viel tiefer als je zuvor mit mir selbst und meiner eigenen Lebensgeschichte auseinander.

Was ich dabei entdeckte, ließ keinen Stein mehr auf dem anderen. Ich hatte offenbar psychisch nur überlebt, aber nie wirklich richtig gelebt. Meine feste Überzeugung, dass ich ein Wunschkind meiner Eltern war, löste sich in Luft auf. Richtig war, dass meine Mutter und mein Vater erst einmal Geld verdienen und ein Haus bauen, bevor sie Kinder haben wollten. So kam ich höchst ungelegen und meine Mutter versuchte, mich wieder loszuwerden. Sie arbeitete bis zum 7. Schwangerschaftsmonat in einer lauten und kalten Marmorfabrik. Bis zum letzten Tag vor der Entbindung ging sie noch mit einem Ochsenwagen aufs Feld zum Pflügen. Die schwere Egge hätte sie nach ihren eigenen Aussagen am Ende des Tages dann nicht mehr auf den Wagen gehoben und die Ochsen ohne diese in den Stall zurückgebracht. Die Botschaft war nun klar: Erst kommt die Arbeit, dann das Kind!

Auch über meine Geburt hörte ich meine Mutter nur klagen, wie schwer diese gewesen sei und dass sie dabei fast verblutet wäre, wäre nicht am nächsten Tag der Arzt gekommen und hätte die Blutung gestillt. Kein einziges Wort darüber, dass sie sich über mich gefreut hätte. Und so ging es weiter. Nach den Berichten meiner Mutter wäre ich nach einem Jahr fast gestorben, weil ich das Milchpulver nicht vertrug, dass ich bereits nach sechs Wochen Stillzeit als Ersatz für echte Muttermilch bekam.

„Ich hatte ja selbst nichts!", war die lakonische Antwort meiner Mutter auf meine Frage, warum sie mich so früh abgestillt hatte. Hätte nicht wiederum der besagte Hausarzt Alarm geschlagen und meine Nahrung auf einen Reisschleim umgestellt, wäre ich vermutlich heute nicht mehr am Leben. Meine Mutter war in dieser Zeit auch meist alleine mit mir, da mein Vater damals noch als Schäfer mit seiner Herde über die Dörfer zog. So war ich wohl auch noch ein „Schreikind", das meinem Vater furchtbar auf die Nerven ging, wenn er zwischenzeitlich einmal nach Hause kam und mit seiner Frau sein Schäferstündchen halten wollte. So erzählten mir meine Eltern bei meinem 50. Geburtstag, dass eines Nachts, als ich nicht mehr aufhörte zu schreien, mein Vater an mein Kinderbett trat und mich so anbrüllte, dass ich augenblicklich verstummte und von da an wohl auch nicht mehr geschrien habe. *„Dann war Ruhe!"*, sagte meine Mutter stolz. Mir hatte es bei dieser scheinbar lustigen Anekdote aus meiner frühen Kindheit ein weiteres Mal die Sprache verschlagen!

Doch so kam ich immer mehr zu mir und meiner wirklichen Kindheitsrealität, konnte die Illusionen über eine glückliche Kindheit und liebevolle Eltern Schritt für Schritt zu Grabe tragen. Schon von der Zeugung an war ich nicht gewollt und hatte danach auch keine wirkliche elterliche Liebe und Herzenswärme erfahren. Ich wurde oft alleine gelassen. Hinzu kam, dass beide Eltern keinerlei Hemmungen kannten, uns Kinder körperlich zu züchtigen. Sie schlugen mit ihren Händen, traten mit ihren Füßen nach uns und benutzen Ruten, Kochlöffel und Gürtel, um uns körperliche Schmerzen zuzufügen und uns psychisch zu demütigen. Zimmerarreste und Ausgehverbote taten ein Übriges.

Die Lieblosigkeit und Grausamkeit meiner eigenen Kindheit immer mehr wahrhaben zu können, half mir auch, bei den Menschen, mit denen ich therapeutisch arbeitete, die bittere Realität ihrer Kindheitstraumata ernst zu nehmen. Ich wandte mich ab von „systemischen" Ansätzen, die „Systeme", also Familien oder Unternehmen höher bewerten als die Einzelperson. Niemand sollte mehr nach einem passenden Platz in einem „System" suchen müssen, wenn dieses „System" ihm nur traumatische Wunden zufügte. Statt wie bisher von einer eher spirituellen Idee wie „Seele" auszugehen, entwickelte ich einen Begriff von Psyche, der besagt, dass die menschliche Psyche dafür da ist, einem lebendigen menschlichen Organismus den Zugang zur Realität zu verschaffen, im Außen wie in seinem Inneren.

Damit konnte ich auch Trauma klarer definieren: Traumata zwingen Menschen dazu, emotional unerträgliche Realitäten auszublenden und zu verleugnen (Ruppert 2012). So arbeite ich bis heute auf dieser Grundlage an der Entwicklung einer eigenen praktischen Vorgehensweise: der Identitätsorientierten Psychotraumatheorie und -therapie (IoPT). Aus der Auseinandersetzung mit meiner eigenen vorgeburtlichen Geschichte entstand dann auch das Buch „Frühes Trauma", das ich zusammen mit Kolleginnen schrieb, die nun ebenfalls meiner Richtung folgten (Ruppert 2014).

8   Bei der eigenen Wahrheit und Wirklichkeit ankommen

Warum bin ich also Psychologe und Psychotherapeut geworden? Weil ich es selbst nötig hatte! Weil ich lernen musste, mein eigenes Inneres zu erkennen, einen sprachlichen Ausdruck finden und Wege erkunden musste, mich selbst zu entdecken. So waren all meine beruflichen Schritte zunächst immer auch Trauma-Überlebensstrategien. Sie führten mich immer wieder in persönliche Notlagen und damit zu meinen noch nicht erkannten Traumata hin und zu immer erweiterten Möglichkeiten, ihnen zu begegnen.

Mein berufliches wie privates Leben hatte mich also immer wieder mit neuen Herausforderungen konfrontiert, denen ich psychisch nicht gewachsen war. Zunächst versuchte ich, diese mit meinen gewohnten Überlebensstrategien zu bewältigen. Weil das nicht klappte, konnte es leicht geschehen, dass ich eine neue Trauma-Überlebensstrategie kreierte, die für eine Weile weiterhalf, aber dann doch wieder in einer Sackgasse endete. Mittlerweile erkenne ich in solchen Situationen immer schneller, sodass jetzt eine Chance besteht, wieder eine Schicht tiefer bei mir selbst anzukommen und einen bislang noch abgespaltenen Anteil von mir zu integrieren. Ich kann dazu auf die von mir selbst entwickelte Methodik zurückgreifen und mich von erfahrenen Kolleginnen und Kollegen dabei begleiten lassen.

Mein Wissen und meine Erfahrungen kann ich daher auch jenen zugutekommen lassen, die berufliche Anliegen haben. Ich kann ihnen helfen, ihre Überlebensstrategien zu erkennen und die Traumata zu sehen, die es notwendig gemacht haben, in die Abspaltung von sich selbst und ihren Gefühlen zu gehen. Auf dieser Basis können dann die weiteren Schritte zur Gesundung der eigenen Psyche getan werden.

9 Die Traumabiografie

Wie ich aus meiner therapeutischen Praxis weiß, bin ich kein Einzelfall. Viele Menschen wachen erst auf, wenn sie an ihre Grenzen stoßen. Erst dann suchen sie therapeutische Unterstützung. Meist erweist es sich, dass sie mit ihren gewohnten Trauma-Überlebensstrategien nicht mehr so weitermachen können wie bisher. Ich habe herausgefunden, dass viele Menschen nicht nur eine einzelne traumatische Lebenserfahrung gemacht haben, sondern dass ihr gesamtes Leben bereits eine „Traumabiografie" darstellt (Siehe Abb. 1).

Diese Traumabiografie beginnt mit dem, was ich als „Trauma der Identität" bezeichne (Ruppert und Banzhaf 2017). Dieses ist dann gegeben, wenn ein Mensch eigentlich gar nicht da sein soll. Wenn er also von seiner Mutter, die mit ihm schwanger wurde, nicht gewollt ist. Was häufiger vorkommt, als manche denken. Frauen werden aus Vergewaltigungen schwanger. Sie sind noch zu jung, um Mutter zu werden. Sie haben noch einen Säugling zu versorgen und stellen fest, dass sie schon wieder schwanger sind. Sie möchten nicht so viele Kinder haben oder haben mit dem Kinderbekommen innerlich schon abgeschlossen und stellen fest, noch einmal schwanger zu sein.

All das ruft schnell Abtreibungsgedanken hervor, und selbst wenn keine Abtreibung vorgenommen wird, sitzt das Ungeborene möglicherweise für Wochen eher wie in einer eiskalten Todeszelle statt in einem ihn willkommen heißenden, warmen und nährenden Mutterbauch. Das kann schon die Einnistung der befruchteten Eizelle zu einem Abenteuer auf Leben und Tod machen.

Abb. 1 Die Psychotrauma Biografie

Trauma durch eigene Täterschaft

⬆

Trauma der Sexualität

⬆

Trauma der Liebe

⬆

Trauma der Identität

Die Psychotrauma Biographie

© Prof. Dr. Franz Ruppert

Solche Situationen führen dazu, dass sich das Kind bereits im Mutterleib psychisch spaltet und zu Überleben versucht. Dazu gibt es vor allem das eigene gesunde Ich und sein authentisches Fühlen auf und entwickelt stattdessen schon ganz früh ein Überlebens-Ich und fühlt nicht mehr. Es passt sich geschickt an die Mutter an, um möglichst unauffällig zu sein und der Mutter so wenig wie möglich zu Last zu fallen. Das Kind fühlt sich als schuldig am Leid der eigenen Mutter. Es ist wie eine Daseins-Schuld, die die nie abgetragen werden kann, solange es lebt.

Daher gibt es auch immer einen latenten Hang zum Suizid, denn wenn ich nicht mehr bin, geht es meiner Mutter besser. Aus dieser grundsätzlichen Opferhaltung heraus wird man dann auch leicht zur Angriffsfläche anderer, die spüren, wie unsicher, ängstlich und im Grunde wehrlos man ist. Daraus entstehen u. a. die Mobbingprozesse in Schulen oder am Arbeitsplatz.

Wir kommen voller Lebensfreude und Elan in einem neuen Umfeld an, zunächst im Bauch der Mutter, dann in einer Schulklasse oder in einer Firma und schon bald folgt das Nein von außen, von der eigenen Mutter, von den Schulkameraden oder von den Kolleginnen und Vorgesetzten: Du sollst hier nicht sein! Wir haben nur die Alternative zu gehen, aber zu gehen bedeutet im Mutterleib zu sterben. Daher bleiben wir und verstricken uns in eine Täter-Opferdynamik mit unserem schulischen oder beruflichen Umfeld als ginge es immer noch um Leben und Tod. So war es zumindest in meinem Fall immer wieder, bis ich an den Ursprung meiner eigenen Opfer-Täter-Biografie angekommen war.

Die Aufgabe des gesunden eigenen Ichs bringt als Trauma-Überlebensstrategie zweierlei hervor,

- Sich zu identifizieren mit dem nahen und fernen Umfeld und mit diesem zu verschmelzen (Familie, Verwandtschaft, Beziehungen)
- und die Akzeptanz von Zuschreibungen von außen: Ich bin angeblich Münchner, Deutscher, Christ, Professor, Ehemann, Anhänger des Sportvereins XYZ, psychisch krank …

Umgekehrt erscheint es einem auch als normal, andere Menschen nach diesen Kriterien zu bewerten und ihre Zugehörigkeit als ihre Identität zu missszuverstehen.

Identität ist die Summe aller Lebenserfahrungen eines Menschen und wie er damit umgeht. Mit der Außenorientierung ist der Bezugspunkt jedoch nicht bei einem Menschen selbst.

Auch durch seine Abgrenzungsbemühungen und Anstrengungen, besser zu sein als andere, entsteht keine Identität, weil auch hier der Bezugspunkt andere Menschen, äußere Institutionen und Umstände sind. Daher sind konkurrenzorientierte Systeme extrem identitätsbehindernd.

Ein „Trauma der Identität" führt zwangsläufig zu einem „Trauma der Liebe", weil der Fokus des eigenen psychischen Geschehens nicht mehr bei dem betreffenden Menschen selbst liegt, sondern im Außen bei anderen Menschen. Dieses Außen ist bei einem kleinen Kind die Mutter. Die Mutter ist seine Welt und wird so zum Zentrum seiner Psyche. Das Kind bezieht sich aber auf eine Mutter, die es ablehnt. Das ist ein fundamentaler Widerspruch, der stets zulasten der eigenen psychischen Gesundheit geht. Das Kind ist bereit, sich für seine Mutter aufzuopfern. Er stellt sich für deren Trauma-Überlebensstrategien zur Verfügung nach dem Motto: Wenn die Mutter mir schon das Leben geschenkt, d. h. mich nicht getötet hat, dann muss ich ihr auch meine Dankbarkeit erweisen.

Die Verstrickung mit der Mutter kann so weit gehen, dass das Kind auch die Traumagefühle der Mutter so tief verinnerlicht, dass es nicht unterscheiden kann, was seine Ängste, seine Wut, sein Schmerz oder seine Scham ist und was die Gefühle seiner Mutter sind. Das „Trauma der Liebe" bedeutet folglich auch, dass ein Mensch in seiner Kindlichkeit verhaftet bleibt und nie wirklich erwachsen wird.

Dies zeigt sich dann auch in seiner Bildungs- und Berufsentwicklung. Er orientiert sich am Außen und an Autoritäten, von denen er sich erhofft, wahrgenommen und gesehen zu werden. Solche Kinder werden angepasste und brave Schüler, die lernen, was ihnen vorgegeben wird. Da sie zu ihrem eigenen Ich keinen Zugang haben, fällt es ihnen nicht schwer, auch Sachverhalte zu lernen und Aufgaben zu erledigen, die rein gar nichts mit ihnen selbst zu tun haben.

Weil das gesamte Schul- und Ausbildungssystem prinzipiell konkurrenzorientiert ist (Kohn 1989), muss jeder, der im Leben weiterkommen will, im Vergleich zu seinen Mitschülern und Mitstudierenden besser sein. Ich schaue nicht auf mich und meine Wünsche, Bedürfnisse und Ziele, sondern orientiere mich an anderen, an den Mitkonkurrierenden und an denen, die durch Noten, Zeugnisse und Gutachten die Gewinner und Verlierer der Konkurrenz festlegen, also den Lehrern, Professoren und Vorgesetzten in der Firma. Das gesellschaftliche Umfeld liefert dafür noch die passenden Ideologien: „Kinder mit einem Willen, bekommen eins auf die Brillen!"; „Frage nicht, was die Gesellschaft für dich tun kann, sondern womit du der Gesellschaft dienen kannst!"; „Sich selbst in den Mittelpunkt zu stellen, ist Egoismus und Narzissmus!"; „Geben ist seliger denn Nehmen!"

10 Die gespaltene Psyche

Psychische Traumata führen prinzipiell zu einer Aufspaltung der Persönlichkeit eines Menschen in drei psychische Hauptstrukturen (siehe Abb. 2):

Nach wie vor verfügen wir auch als traumatisierte Menschen noch über gesunde psychische Funktionen. Das Grundprinzip der menschlichen Psyche, dem lebendigen Organismus den Zugang zu seiner Umwelt wie seiner Innenwelt zu ermöglichen, bleibt intakt.

Jedoch müssen die traumatisierenden Erfahrungen abgespalten werden, die nicht dauerhaft als real anerkannt werden können. Also z. B. die Tatsache, von den eigenen Eltern nicht gewollt, nicht geliebt und nicht geschützt zu werden. Die damit verbundenen

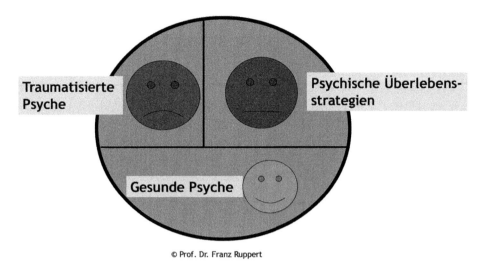

© Prof. Dr. Franz Ruppert

Abb. 2 Spaltung der Persönlichkeitsstruktur nach einem Psychotrauma

Gefühle der Angst, Wut, Scham und des körperlichen Schmerzes sind nicht dauerhaft aushaltbar, weswegen sie blockiert werden müssen. Dies kann durch die Botenstoffe geschehen, die in einem menschlichen Organismus betäubende und narkotisierende Funktionen ausüben. Je nachdem, in welchem Alter ein Mensch zum Trauma-Opfer wird, entstehen so innere Persönlichkeitsanteile. Es kann sogar sein, dass sich manche Anteile noch wie im Mutterleib fühlen oder noch im Geburtskanal feststecken.

Als Gegenspieler zu den traumatisierten Anteilen entstehen in einer gespaltenen Psyche dann die Überlebensstrategien. Diese behaupten schlicht, das Trauma wäre nicht wahr und gar nicht geschehen. Sie blenden es aus und erfinden sich in ihren Vorstellungen eine Gegenwelt, die schön und unbelastet erscheint. Notfalls greifen sie auf Drogen und solche Verhaltensweisen zurück, welche diesen schönen Schein erzeugen können, zumindest kurzfristig. Je extremer sein Psychotrauma ist, desto extremer werden die Überlebensstrategien bei einem Menschen.

11 Höchste Anpassungsbereitschaft

Für das Arbeitsleben bedeutet dies, dass traumatisierte Menschen sich auch in Systeme einpassen können, die ihren eigenen Bedürfnissen nicht entsprechen und ihnen sogar schaden. Sie blenden diese Realität einfach aus und reden sich diese auf vielfältige Weise schön. Sie wehren Kritik an ihren Anpassungsstrategien vehement ab, weil sie sich ansonsten mit den eigenen abgespaltenen Traumagefühlen konfrontieren müssten.

Auf diese Weise können auch ganze Wirtschaftssysteme entstehen, bei denen die Abspaltung menschliche Gefühle grundsätzlich notwendig ist, damit sie überhaupt funktionieren. An die Stelle eigener Bedürfnisse, für die jemand arbeitet, treten dann abstrakte Phänomene wie „Geld", „Gewinn" oder „Wachstum". Die Arbeit dient dann nicht mehr den Menschen zur Befriedigung ihrer Lebensnotwendigkeiten und zum Erreichen eines guten Lebens (Bauer 2013). Sie wird Mittel zum Zweck der Geldvermehrung und der Profitmaximierung.

Menschen arbeiten nicht mehr, um gut zu leben, sie leben mehr recht als schlecht, um von morgens bis abends zu arbeiten. Je mehr sie arbeiten, umso mehr schaffen sie in einem solchen Wirtschaftssystem dann wiederum ihre eigenen Arbeitsmöglichkeiten selbst ab und stehen immer wieder vor dem Abgrund ihrer Arbeitslosigkeit. Nicht mehr arbeiten zu müssen ist deshalb kein erfreulicher Zustand, weil sie mit Geldlosigkeit verbunden ist und damit zum Ausschluss von all den erzeugten Produkten führt, die nur für Geld zu bekommen sind.

Das konkurrenzbasierte Wirtschaftssystem der Warenproduktion (Varoufakis 2015) erzeugt immer neue Konsumbedürfnisse und verstärkt die Außenorientierung derer, die es auf der Grundlage ihres Traumas der Identität und des Traumas der Liebe mit ihren Trauma-Überlebensstrategien am Laufen halten.

„Wir sind überall, nur nicht bei uns", betitelt Gerhard Milzner treffend sein Buch über die digitale Konsumgesellschaft (Milzner 2017). Durch die Konkurrenz werden auch laufend Täter-Opfer-Dynamiken geschaffen, die immer mehr Gewaltanwendung notwendig machen. So wird auch die Politik dafür benutzt, ein Wirtschaftssystem am Leben zu erhalten, das immer mehr Arme auf Kosten immer weniger superreicher Menschen schafft. In diesem kann sich die vermeintlich naturwüchsige „unsichtbare Hand des Marktes" nur mittels der deutlich sichtbaren Faust von Polizei und Militär gewaltsam zum Wohl der Konkurrenzgewinner durchsetzen.

12   Anliegenmethode und Resonanztechnik

Ich hatte 1994 mit Familienaufstellungen therapeutisch zu arbeiten begonnen. Mittlerweile habe ich eine eigene Theorie einwickelt, dich ich IoPT nenne. Die dazu passende Methode nenne ich Anliegenmethode. Diese besteht darin, dass ein Mensch, den ich therapeutisch begleite, ein eigenes Anliegen formuliert. Das kann eine konkrete Frage sein (z. B. Wie habe ich meine Geburt erlebt?), eine Zielvorstellung (z. B. Ich will mich selbst lieben.) oder ein Gedanke, der einen beschäftigt (z. B. Warum bekomme ich nie genug?).

Jedes Wort eines Anliegens ist eine gesonderte Information, die Aufschluss über die Psyche eines Menschen und deren Entwicklung gibt. Um zu verstehen, was hinter einem Wort an psychischer Struktur steckt, verwende ich die Resonanztechnik. Dazu werden in einer Gruppe andere Menschen gebeten, in Resonanz mit dem jeweiligen Wort des Anliegens zu gehen. In einer Einzelsitzung werden die Worte auf Bodenanker gelegt und der Anliegen-Einbringer stellt sich dann auf diese und geht damit selbst in Resonanz.

Diese Technik funktioniert nach meinen Erfahrungen äußerst präzise. Binnen kurzem wird z. B. in einer Gruppensituation die Grundstruktur eines Anliegens deutlich.

Die einzelnen Resonanzgeber drücken gesunde, traumatisierte und Überlebensanteile des Anliegens-Einbringers in verschiedenen Altersstufen aus. So kann das Anliegen oft einem bestimmten Ausschnitt der Traumabiografie eines Menschen zugeordnet und einer psychischen Integration zugeführt werden.

Von 1994–1998 hatte ich noch gesondert offene Seminare für Arbeits- und Organisationsaufstellungen angeboten In ihnen konnten die Teilnehmer arbeits- und firmenbezogene Anliegen thematisieren. Es stellte sich dabei regelmäßig heraus, dass die Probleme, die Menschen in ihrem Arbeits- und Berufsleben haben, sich auf Traumata zurückführen lassen, die bereits in ihrer Kindheit entstanden sind und sich nun mit unterschiedlicher personeller Besetzung immer wieder reinszenieren.

Statt der ablehnenden Mutter ist es jetzt der Vorgesetzte, an dem man sich die Zähne ausbeißt, statt dem Geschwisterkind ist es jetzt die Arbeitskollegin, mit der man sich in einer Hass-Liebe-Symbiose verstrickt (Ruppert 2001). Trauma bedeutet, dass wir mit den Überlebensmustern von gestern die Probleme im Heute zu lösen versuchen. Wir kämpfen selbst an Stellen, an denen es nur um Kleinigkeiten wie ein besseres Arbeitszimmer, ein wenig mehr Gehalt oder die Möglichkeit geht, öffentlich erwähnt zu werden, als ginge es noch immer um Leben und Tod wie damals in unserer frühen Kindheit, als unsere Mutter uns nicht haben wollte.

Das muss immer wieder schiefgehen und erzeugt jede Menge an Täter-Opfer-Dynamiken im Berufsleben. Solange uns der Kontakt mit uns selbst, unseren frühen Traumaerfahrungen und den damals unterdrückten Traumagefühlen nicht gelingt, kommen wir aus solchen zwischenmenschlichen Kämpfen nicht heraus.

Bei der Anliegenmethode ist es jedem selbst überlassen, aus welchem Bereich der Anliegensatz kommt. Es können berufliche wie z. B. krankheitsbezogene Anliegen sein. Ein Anliegen kann auch durch eine Zeichnung zum Ausdruck gebracht werden. Dann werden die verschiedenen Elemente der Zeichnung identifiziert und durch Resonanzgeber zum Ausdruck gebracht. Vor kurzem formulierte ein Mann das Anliegen: Ich will das Gehalt verdienen, das mir zusteht. Wie kaum anders zu erwarten, war das „Gehalt" sein Vater, um dessen Anerkennung er nach wie vor kämpfte.

13   Traumatisierte Gesellschaften

Wenn in einer Gemeinschaft die meisten Menschen psychisch traumatisiert sind, dann bilden sie zusammen auch traumatisierte und traumatisierende Gesellschaften (Ruppert 2018). Wie kann das geschehen? Am offensichtlichsten durch Kriege.

Kriege sind systematische Projekte, um Menschenmassen zu traumatisieren, sowohl als Trauma-Opfer als auch als Trauma-Täter. Auch konkurrenzorientierte Wirtschaftssysteme erzeugen millionenfach Trauma-Opfer und Trauma-Täter. Ebenso können Mann-Frau-Beziehungen leicht zu einer Quelle gegenseitiger Traumatisierung werden. Und schließlich machen traumatisierte Eltern die Kindheit zu einem Albtraum, aus dem die Menschheit gerade erst erwacht (deMause 1980). Auf ihre jeweils eigene Art findet anscheinend jede Elterngeneration Mittel und Weg, ihrer Kindergeneration schwere psychische Schäden zuzufügen. Heutzutage sind es u. a. Höchstraten von Kaiserschnittgeburten, frühe Fremdbetreuung in Kinderkrippen, massenhaft geschiedene Eltern und ein konkurrenzorientiertes Schulsystem, das Kindern schon früh die Höchstleistung abverlangt, von ihren Spielbedürfnissen Abstand zu nehmen und an ihre berufliche Zukunft zu denken.

In einer traumatisierten Gesellschaft ist es nicht leicht, sowohl privat wie beruflich zu sich selbst zu finden. Daher muss das als eigenes Ziel gesetzt werden.

- Wie finde ich aus meiner Identitätsaufgabe heraus und komme dazu, über ein stabiles und verlässliches Ich zu verfügen?
- Wie finde ich zu meinem eigenen, freien Willen, der nicht durch frühe Traumata blockiert ist?
- Wie finde ich einen Partner, der ähnliches will?
- Wie finde ich eine berufliche Nische, in der ich mich nicht verbiegen und selbst verleugnen muss und genügend finanzielle Mittel erhalte, um ein gutes Leben führen zu können?
- Wie kann ich es eigenen Kindern ersparen, schon früh den Weg des „Traumas der Identität" und des „Traumas der Liebe" gehen zu müssen?

Ich bin im Moment froh darüber, dass ich diesen Weg heraus aus meiner Traumabiografie eingeschlagen habe und mit meinem Beruf so manchen Mitmenschen ein Stück weit auf seinem Weg begleiten kann. Ich vermute, dass dies jetzt mehr ist als nur eine Trauma-Überlebensstrategie von mir. Aber wer kennt schon seine Zukunft?

Literatur

Bauer, J. (2013). *Arbeit. Warum sie uns glücklich oder krank macht*. München: Heyne.

Bowlby, J. (1998). *Attachment and loss (Vol. III) Sadness and depression*. London: Random House Publishers.

deMause, L. (Hrsg.). (1980). *Hört ihr die Kinder weinen. Eine psychogenetische Geschichte der Kindheit*. Frankfurt a. M.: Suhrkamp.

Fischer, G., & Riedesser, P. (1998). *Lehrbuch der Psychotraumatologie*. München: Reinhardt Verlag.

Groskurth, P., & Volpert, W. (1975). *Lohnarbeitspsychologie Berufliche Sozialisation Emanzipation zur Anpassung*. Frankfurt a. M.: Fischer.

Hellinger, B. (1994). *Ordnungen der Liebe*. Heidelberg: Carl-Auer.

Herman, J. (2003). *Die Narben der Gewalt*. Paderborn: Junfermann Verlag.

Kohn, A. (1989). *Mit vereinten Kräften. Warum Kooperation der Konkurrenz überlegen ist*. Weinheim: Beltz.

Levine, P. (1998). *Trauma-Heilung Das Erwachen des Tigers*. Essen: Synthesis Verlag.

Leymann, H. (1993). *Mobbing Psychoterror am Arbeitsplatz und wie man sich dagegen wehren kann*. Reinbek: rowohlt.

Milzner, G. (2017). *Wir sind überall, nur nicht bei uns Leben im Zeitalter des Selbstverlusts.* Weinheim: Beltz.

Putnam, F. W. (2003). *Diagnose und Behandlung der dissoziativen Identitätsstörung.* Paderborn: Junfermann Verlag.

Ruppert, F. (2001). *Berufliche Beziehungswelten.* Heidelberg: Carl-Auer.

Ruppert, F. (2002). *Verwirrte Seelen.* München: Kösel Verlag.

Ruppert, F. (2005). *Trauma, Bindung und Familienstellen.* Stuttgart: Klett-Cotta.

Ruppert, F. (2007). *Seelische Spaltung und innere Heilung.* Stuttgart: Klett-Cotta.

Ruppert, F. (2010). *Symbiose und Autonomie.* Stuttgart: Klett-Cotta.

Ruppert, F. (2012). *Trauma, Angst und Liebe.* München: Kösel Verlag.

Ruppert, F. (Hrsg.). (2014), Frühes Trauma. Stuttgart: Klett-Cotta.

Ruppert, F. (2018). *Wer bin Ich in einer traumatisierten Gesellschaft? Wie Täter-Opfer-Dynamiken unser Leben bestimmen und wie wir uns daraus befreien.* Stuttgart: Klett-Cotta.

Ruppert, F., und Banzhaf, H. (Hrsg.). (2017). *Mein Körper, mein Trauma, mein Ich. Anliegen aufstellen, aus der Traumabiografie aussteigen.* München: Kösel Verlag.

Schmidbauer, W. (1977). *Hilflose Helfer – Über die seelische Problematik der helfenden Berufe.* Reinbek: Rowohlt Verlag.

Varoufakis, Y. (2015). *Time for Change. Wie ich meiner Tochter die Wirtschaft erkläre.* München: Bastei Lübbe Verlag.

Prof. Dr. Franz Ruppert, Jhrg. 1957, studierte Diplom Psychologie an der Ludwigs-Maximilians-Universität in München und promovierte 1985 zum Dr. phil. an der Technischen Universität München bei Carl Graf Hoyos am Lehrstuhl für Psychologie.

1992 wurde er zum Professor für Psychologie an der Katholischen Stiftungshochschule München berufen, wo er Vorlesungen und Seminare für Sozial- und Kindheitspädagogen hält.

1999 erhielt er vom Bayerischen Staatsministerium für Arbeit und Sozialordnung die Approbation als psychologischer Psychotherapeut. Seit 2000 ist die Psychotraumatologie zum Hauptinhalt seiner Lehr- und Forschungstätigkeit geworden.

Franz Ruppert ist der Begründer der Identitätsorientierten Psychotraumatheorie und -therapie (IoPT). Er lebt mit seiner Frau in München.

Ihr Bonus als Käufer dieses Buches

Als Käufer dieses Buches können Sie kostenlos das eBook zum Buch nutzen.
Sie können es dauerhaft in Ihrem persönlichen, digitalen Bücherregal
auf **springer.com** speichern oder auf Ihren PC/Tablet/eReader downloaden.

Gehen Sie bitte wie folgt vor:

1. Gehen Sie zu **springer.com/shop** und suchen Sie das vorliegende Buch
   (am schnellsten über die Eingabe der eISBN).
2. Legen Sie es in den Warenkorb und klicken Sie dann auf:
   zum Einkaufswagen/zur Kasse.
3. Geben Sie den untenstehenden Coupon ein. In der Bestellübersicht wird
   damit das eBook mit 0 Euro ausgewiesen, ist also kostenlos für Sie.
4. Gehen Sie weiter **zur Kasse** und schließen den Vorgang ab.
5. Sie können das eBook nun downloaden und auf einem Gerät Ihrer Wahl lesen.
   Das eBook bleibt dauerhaft in Ihrem digitalen Bücherregal gespeichert.

EBOOK INSIDE

eISBN	978-3-662-58622-8
Ihr persönlicher Coupon	tSezFD3hfgrsXpS

Sollte der Coupon fehlen oder nicht funktionieren, senden Sie uns bitte
eine E-Mail mit dem Betreff: **eBook inside** an **customerservice@springer.com**.

Printed by Printforce, the Netherlands